用友 ERP 实验中心精品教材

会计信息系统实验教程

(用友 ERP-U8.72 版)

王新玲　汪　刚　主编

清华大学出版社

北　京

内 容 简 介

本实验教程是以普通高等院校本、专科会计专业、经济管理专业等相关学科"会计信息系统"课程教学及实验应用为基本目的而编写的。

全书共分 12 章，在第 1 章中简略介绍了会计信息系统实验教程的特色、设计思想及使用方法。在第 2 章至第 12 章以用友 ERP-U8.72 为蓝本，分别介绍了构成会计信息系统最重要和最基础的总账、报表、薪资、固定资产、应收应付款、供应链、采购、销售、库存和存货管理子系统的基本功能，并以实验的方式介绍了以上模块的使用方法。

本实验教程以财务业务一体化管理为主导思想，突破了只单纯介绍财务软件的局限，反映了软件发展的时代特征和最新进展，同时兼顾了可操作性。书中还编写了 13 个实验，并提供了实验准备账套和结果账套，每个实验既环环相扣，又各自独立，以适应不同层次的教学和应用需要。

本书封面贴有清华大学出版社防伪标签，无标签者不得销售。
版权所有，侵权必究。举报：010-62782989，beiqinquan@tup.tsinghua.edu.cn。

图书在版编目(CIP)数据

会计信息系统实验教程(用友 ERP-U8.72 版)/王新玲，汪刚　主编　—北京：清华大学出版社，2009.9
(2022.1重印)
(用友 ERP 实验中心精品教材)
ISBN 978-7-302-21116-7

I. 会… II. ①王…②汪… III. 会计—应用软件，ERP-U8.72—教材 IV.F232

中国版本图书馆 CIP 数据核字(2009)第 163539 号

责任编辑：	刘金喜
封面设计：	久久度文化
版式设计：	孔祥峰
责任校对：	胡雁翎
责任印制：	杨　艳

出版发行： 清华大学出版社
　　网　　址：http://www.tup.com.cn, http://www.wqbook.com
　　地　　址：北京清华大学学研大厦A座　　　邮　编：100084
　　社 总 机：010-62770175　　　　　　　　　邮　购：010-62786544
　　投稿与读者服务：010-62776969, c-service@tup.tsinghua.edu.cn
　　质 量 反 馈：010-62772015, zhiliang@tup.tsinghua.edu.cn

印 刷 者： 北京富博印刷有限公司
装 订 者： 北京市密云县京文制本装订厂
经　　销： 全国新华书店
开　　本： 185mm×260mm　　**印　张：** 16.25　　**字　数：** 375 千字
　　　　　　附 DVD 光盘 1 张
版　　次： 2009 年 9 月第 1 版　　　　　　**印　次：** 2022 年 1 月第 25 次印刷
印　　数： 201001～202000
定　　价： 58.00元

产品编号：034029-02

前　言

在信息技术日新月异、管理理念层出不穷、企业信息化建设全面推进的大背景下，高等教育作为为社会输送高端人才的基地，面临着优化课程体系结构，使教学内容更贴近社会、贴近应用的改革和推进。会计信息系统是一门典型的边缘学科，其内容随着管理理论、信息技术和企业应用的发展而不断更新。任何一门应用学科，只有紧密结合企业实际，才能使学科发展更具有生命力，由此对课程的实践性提出了更高的要求。在现行教育条件下，如何兼顾学科发展的前沿性、实践性和实验条件的差异性，为学习者提供一套先进、完整、可操作的实验体系，成为《会计信息系统实验教程》创作团队共同的目标。

1. 体系结构

本书共分 12 章，第 1 章简略介绍了会计信息系统实验教程的特色、设计思想及使用方法。第 2 章至第 12 章以用友 ERP-U8.72 为蓝本，分别介绍了构成会计信息系统最重要和最基础的总账、报表、薪资、固定资产、应收应付款、供应链、采购、销售、库存管理和存货核算子系统的基本功能和使用方法。本书附录中还提供了财务部分子模块自测题，旨在为不同层次的使用者提供学习检测服务。

2. 内容设计

除第 1 章和第 2 章外，每章都包括系统概述、系统业务处理和数量不等的上机实验等内容，系统概述部分着重用来描述本章所介绍的用友 ERP-U8.72 管理系统提供的功能、该系统与其他子系统的数据传递关系、业务操作流程，使学生对该系统有一个大致的了解。系统业务处理对子系统提供的功能做了一定程度的展开，使学生了解该系统能处理哪些类型的业务。上机实验部分是本教程的重点，每个上机实验都按照实验目的、实验内容、实验准备、实验资料、实验要求、操作指导的内容展开。实验目的单元明确了通过该实验学生应该掌握的知识和技能；实验内容单元简要地介绍了本项实验应完成的主要工作；实验准备单元指出了为了完成本实验应该具备的知识及应事先准备的数据环境；实验资料单元提供了企业真实的经营业务，作为实验的背景资料；实验要求单元对完成实验提出具体要求。为顺利完成实验，操作指导部分针对实验资料给出具体的操作方法，并借助注意事项对实验中遇到的问题给予特别提示。对于比较复杂的实验，在其后还附有参考答案。

此外，为方便教学，本实验教程提供了丰富的教学资源，其中包含用友 ERP-U8.72 演示版软件、各实验的备份账套数据、电子课件、实验资料、测试题等。

3. 特色品味

为了满足不同层次、不同教学条件会计信息系统实验的需要，经过反复论证和精心设计，形成本实验教程逻辑清晰、量身打造、独树一帜的风格，其特色归纳如下：

- **独具匠心的实验设计**

实验教程中的上机实验以一个核算主体的业务活动贯穿始终，每个实验反映企业核算的不同方面。尤其是购销存部分的实验指导，摒弃了一般实验指导书中按子系统功能展开的思路，以企业实际业务流程为主线，便于学员对系统的整体把握。

- **贴心备至的周密考虑**

考虑到实验环境的不稳定性，对每个实验结果都保留了一个标准账套。这样，学生既可以通过它对照自己的实验结果，也可以在实验数据不完备的情况下，按照实验中实验准备内容的要求，把基础数据引入系统，以开始下一内容实验，从而有效地利用教学时间。

- **随心所欲的拼装组合**

考虑到不同专业、不同教学对象的教学学时不同，因此，实验设计为"拼板"方式，既可以由上至下顺序进行，也可以由教师根据教学条件、学员基础和不同的教学目标，任意选择其中的若干实验，给予教学选择最大的自由度。

- **无师自通不再是梦**

考虑到在一定的教学条件下，很多实验在规定的教学学时内无法安排，需要由学生在课外自行完成，因此对每个实验的方方面面都做了周密考虑，尤其是操作指导部分，针对不同业务给予非常详尽的操作步骤，以此为对照，学生便可以按部就班地完成全部实验，掌握管理软件的要领。

本书主要供高等院校会计、经济信息管理等相关专业教学使用，也可以作为会计、财务人员及业务人员会计信息系统应用培训和业务培训的学习资料。

本书由王新玲、汪刚主编，此外，参加编写和资料整理工作的还有房琳琳、周宏、彭飞、赵建新、李孔月、吕志明、吴彦文、石焱、陈利霞、李静宜、王晨、王贺雯、李冬梅、赵笛、何晓岚、康莉、张恒嘉、张冰冰、张琳、张霞、辛德强、宋郁、王腾、陈江北、刘金秋等。本实验教程编写过程中得到了用友软件股份有限公司的倾力支持和帮助，在此深表谢意。

由于计算机会计是一个发展极为迅速的领域，其理论框架和方法体系还处于逐步发展和不断完善的阶段，因此在本实验教程的编写过程中我们虽然做了不少努力，但由于作者本身的局限，其缺点、错漏在所难免。我们诚挚地希望读者对本实验教程的不足之处给予批评指正。

作　者

2009 年 8 月

教学资源使用说明

欢迎使用《会计信息系统实验教程(用友 ERP-U8.72 版)》。

为便于教学和自学，本教程提供了以下资源：

- 用友 U8 V10.1 软件(教学版)；
- 实验账套备份；
- PPT 教学课件；
- 实验资料；
- 自测试题。

上述资源存放在百度网盘上，读者可通过扫描下方二维码，把文本内容推送到自己的邮箱来获得网盘链接地址(推送邮箱选项在扫码后出现的界面下方)。

资源下载地址

读者若因链接问题出现资源无法下载等情况，请致电 010-62784096，也可发邮件至服务邮箱 476371891@qq.com。

目 录

第1章 系统应用基础 ··· 1
  1.1 用友 ERP-U8 管理软件简介 ··· 1
    1.1.1 功能特点 ··· 1
    1.1.2 总体结构 ··· 2
    1.1.3 数据关联 ··· 3
  1.2 实验教程使用导航 ··· 3
    1.2.1 本教程设计思想 ··· 4
    1.2.2 实验教程特色 ··· 4
    1.2.3 教学建议 ··· 5
    1.2.4 教学系统安装 ··· 6

第2章 系统管理与企业应用平台 ··· 13
  2.1 系统管理 ·· 13
    2.1.1 功能概述 ··· 13
    2.1.2 比较相关概念 ··· 14
    2.1.3 建立新年度核算体系 ·· 15
  2.2 企业应用平台 ··· 16
    2.2.1 企业应用平台概述 ··· 16
    2.2.2 基础设置 ··· 17
    2.2.3 业务处理 ··· 18
  实验一 系统管理和基础设置 ··· 18

第3章 总账管理 ··· 29
  3.1 系统概述 ·· 29
    3.1.1 功能概述 ··· 29
    3.1.2 总账管理系统与其他系统的主要关系 ·························· 30
    3.1.3 总账管理系统的业务处理流程 ·································· 31
  3.2 总账管理系统初始设置 ·· 32
    3.2.1 设置控制参数 ··· 32
    3.2.2 设置基础数据 ··· 32
    3.2.3 输入期初余额 ··· 35
  3.3 总账管理系统日常业务处理 ·· 35

   3.3.1 凭证管理 ·········· 35
   3.3.2 出纳管理 ·········· 38
   3.3.3 账簿管理 ·········· 39
  3.4 总账管理系统期末处理 ·········· 40
   3.4.1 银行对账 ·········· 41
   3.4.2 自动转账 ·········· 42
   3.4.3 对账 ·········· 44
   3.4.4 结账 ·········· 44
  实验二 总账管理系统初始设置 ·········· 45
  实验三 总账管理系统日常业务处理 ·········· 55
  实验四 总账管理系统期末处理 ·········· 66

第 4 章 UFO 报表管理 ·········· 73
  4.1 系统概述 ·········· 73
   4.1.1 功能概述 ·········· 73
   4.1.2 UFO 报表管理系统与其他系统的主要关系 ·········· 74
   4.1.3 UFO 报表管理系统的业务处理流程 ·········· 74
   4.1.4 UFO 报表管理系统的基本概念 ·········· 75
  4.2 报表管理 ·········· 77
   4.2.1 报表定义及报表模板 ·········· 77
   4.2.2 报表数据处理 ·········· 79
   4.2.3 表页管理及报表输出 ·········· 79
   4.2.4 图表功能 ·········· 79
  实验五 UFO 报表管理 ·········· 80

第 5 章 薪资管理 ·········· 89
  5.1 系统概述 ·········· 89
   5.1.1 功能概述 ·········· 89
   5.1.2 薪资管理系统与其他系统的主要关系 ·········· 90
   5.1.3 薪资管理系统的业务处理流程 ·········· 90
  5.2 薪资管理系统日常业务处理 ·········· 91
   5.2.1 初始设置 ·········· 91
   5.2.2 日常处理 ·········· 92
   5.2.3 期末处理 ·········· 94
  实验六 薪资管理 ·········· 94

第 6 章 固定资产管理 ·········· 107
  6.1 系统概述 ·········· 107

		6.1.1 功能概述 ··· 107
		6.1.2 固定资产管理系统与其他系统的主要关系 ····························· 107
		6.1.3 固定资产管理系统的业务处理流程 ·· 107
	6.2	固定资产管理系统日常业务处理 ·· 108
		6.2.1 初始设置 ··· 108
		6.2.2 日常处理 ··· 109
		6.2.3 期末处理 ··· 112
	实验七	固定资产管理 ·· 113

第 7 章 应收应付款管理 ·· 123

- 7.1 系统概述 ·· 123
  - 7.1.1 功能概述 ··· 123
  - 7.1.2 应收款管理系统与其他系统的主要关系 ····························· 124
  - 7.1.3 应收款管理系统的业务处理流程 ·· 124
- 7.2 应收款管理系统日常业务处理 ·· 125
  - 7.2.1 初始设置 ··· 125
  - 7.2.2 日常处理 ··· 127
  - 7.2.3 期末处理 ··· 129
- 实验八 应收款管理 ·· 130

第 8 章 供应链管理 ·· 141

- 8.1 系统概述 ·· 141
  - 8.1.1 供应链管理系统应用方案 ·· 141
  - 8.1.2 供应链管理系统的业务处理流程 ·· 141
- 8.2 供应链管理系统初始化 ·· 142
  - 8.2.1 供应链管理系统建账 ·· 142
  - 8.2.2 基础档案设置 ··· 142
  - 8.2.3 供应链管理系统期初数据 ·· 144
- 实验九 供应链管理系统初始设置 ·· 145

第 9 章 采购管理 ·· 155

- 9.1 系统概述 ·· 155
  - 9.1.1 功能概述 ··· 155
  - 9.1.2 采购管理系统与其他系统的主要关系 ····························· 156
- 9.2 采购管理系统日常业务处理 ·· 156
  - 9.2.1 普通采购业务处理 ·· 156
  - 9.2.2 采购入库业务 ··· 158
  - 9.2.3 直运采购业务 ··· 160

		9.2.4 采购退货业务	160

- 9.2.4 采购退货业务 ·· 160
- 9.2.5 现付业务 ·· 161
- 9.2.6 受托代销业务 ·· 161
- 9.2.7 综合查询 ·· 162
- 9.2.8 月末结账 ·· 162
- 实验十 采购管理 ··· 162

第 10 章 销售管理 ··· 177

- 10.1 系统概述 ·· 177
  - 10.1.1 功能概述 ·· 177
  - 10.1.2 销售管理系统与其他系统的主要关系 ··········· 178
- 10.2 销售管理系统日常业务处理 ···································· 178
  - 10.2.1 普通销售业务处理 ····································· 178
  - 10.2.2 以订单为中心的销售业务 ·························· 180
  - 10.2.3 委托代销业务 ··· 181
  - 10.2.4 直运销售业务 ··· 182
  - 10.2.5 分期收款销售业务 ····································· 183
  - 10.2.6 销售调拨业务 ··· 184
  - 10.2.7 零售业务 ·· 185
  - 10.2.8 代垫费用 ·· 185
  - 10.2.9 销售退货业务 ··· 186
  - 10.2.10 现收业务 ·· 187
  - 10.2.11 综合查询 ·· 187
  - 10.2.12 月末处理 ·· 187
- 实验十一 销售管理 ··· 187

第 11 章 库存管理 ··· 207

- 11.1 系统概述 ·· 207
  - 11.1.1 功能概述 ·· 207
  - 11.1.2 库存管理系统与其他系统的主要关系 ··········· 208
- 11.2 库存管理系统日常业务处理 ···································· 208
  - 11.2.1 入库业务处理 ··· 208
  - 11.2.2 出库业务处理 ··· 209
  - 11.2.3 其他业务 ·· 210
- 实验十二 库存管理 ··· 211

第 12 章 存货核算 ··· 223

- 12.1 系统概述 ·· 223

12.1.1 功能概述 223
　　　12.1.2 存货核算系统与其他系统的主要关系 223
　　　12.1.3 存货核算系统应用模式 224
　12.2 存货核算系统日常业务处理 224
　　　12.2.1 入库业务处理 224
　　　12.2.2 出库业务处理 225
　　　12.2.3 单据记账 225
　　　12.2.4 调整业务 225
　　　12.2.5 暂估处理 225
　　　12.2.6 生成凭证 226
　　　12.2.7 综合查询 226
　　　12.2.8 月末处理 226
　实验十三　存货核算 226

附　录　财务部分分模块自测题 231
　实验一　系统管理与基础设置 231
　实验二　总账管理系统 233
　实验三　UFO 报表管理系统 236
　实验四　薪资管理系统 238
　实验五　固定资产管理系统 241
　实验六　应收款管理系统 243
　实验七　应付款管理系统 245

Chapter 1 系统应用基础

会计信息系统融会了会计、管理、信息技术等多门学科的相关知识，是一门典型的边缘学科。在信息技术日新月异、管理理念层出不穷的市场形势下，只有更密切地结合企业实际，才能使学科发展更具有生命力，由此对"会计信息系统"课程的实践性提出了极高的要求。在现行教育条件下，如何兼顾学科发展的前沿性、实践性、实验条件的差异性，为学习者提供一套先进、完整、可操作的实验体系成为《会计信息系统实验教程》创作团队共同的目标。

本实验教程选择了用友 ERP-U8(V8.72)(以下简称用友 ERP-U8)管理软件作为实训平台。用友软件股份有限公司是目前我国最大的企业管理软件及服务提供商，拥有最大的用户市场，企业发展及产品策略具有典型的代表性，用友 ERP-U8 管理软件是其最新研发的产品，功能全面，运行稳定，在教育市场拥有广大的合作伙伴。

1.1 用友 ERP-U8 管理软件简介

1.1.1 功能特点

用友 ERP-U8 是企业级解决方案，定位于中国企业管理软件的中端应用市场，可以满足不同的竞争环境下，不同的制造、商务模式下，以及不同的运营模式下的企业经营，提供从企业日常运营、人力资源管理到办公事务处理等全方位的企业管理解决方案。

用友 ERP-U8 是一个企业综合运营平台，用以满足各级管理者对信息化的不同要求：为高层经营管理者提供大量收益与风险的决策信息，辅助企业制定长远发展战略；为中层管理人员提供企业各个运作层面的运作状况，帮助进行各种事件的监控、发现、分析、解决、反馈等处理流程，力求做到投入产出最优配比；为基层管理人员提供便利的作业环境、易用的操作方式，帮助他们有效履行工作职能。

1.1.2 总体结构

历经二十多年的发展，用友 ERP-U8 管理软件汇聚了几十万成功用户的应用需求，累积了丰富的行业先进企业管理经验，以销售订单为导向，以计划为主轴，其业务涵盖财务、物流、生产制造、CRM(客户关系管理)、OA(办公自动化)、管理会计、决策支持、网络分销、人力资源、集团应用以及企业应用集成等全面应用，用友 ERP-U8 管理软件的总体结构如图 1-1 所示。

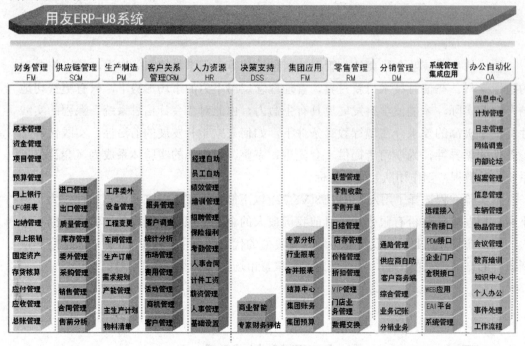

图 1-1 用友 ERP-U8 管理软件的总体结构

从图 1-1 可见，用友 ERP-U8 管理软件提供了企业信息化全面解决方案，它对应了高等教育的多个专业方向，如企业管理、物流管理、信息管理、会计、人力资源管理等。对于教学而言，如果全面展开上述所有内容无疑面临着资源瓶颈——教学学时。因此在综合考虑教学对象、教学内容、教学学时的基础上，在此选择了其中的财务管理和供应链管理两部分中的常用模块搭建了本教材的实验体系，以支撑企业财务业务的一体化管理。财务管理中选择了总账管理、UFO 报表、固定资产、应收管理、应付管理、存货核算等主要模块。供应链管理中选择了采购管理、销售管理、库存管理等主要模块。另外，还包括人力资源管理中的薪资管理。

注意：
此前财务会计部分中所含工资管理模块在 8.72 版本中已成为人力资源系统的组成部分，称为薪资管理。

1.1.3 数据关联

本教程选用用友 ERP-U8 软件的财务管理、供应链管理、人力资源管理中共计 10 个常用模块作为学习对象，为了使学习者对财务业务一体化运行模式有一个总体认识和了解，现以图 1-2 描述这些模块之间的数据关系。

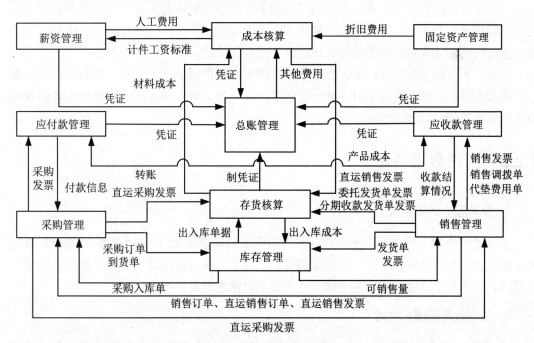

图 1-2 模块间的数据关系

1.2 实验教程使用导航

使用本实验教程之前，最好先修"会计信息系统"基本工作原理，或者在每一个实验开始之前，由教师简要介绍相关背景知识，企业业务内容及系统实现原理，然后再开始实验，以有效巩固所学理论，熟练掌握财务业务一体化管理软件的基本操作，进一步理解企业管理软件的整体系统结构和运行特征，理解计算机环境下的信息处理方式。

1.2.1 本教程设计思想

本教程共包括 12 章，除第 1 章和第 2 章外，每章都包括系统概述、系统业务处理和数量不等的上机实验等内容，系统概述部分着重用来描述本章所介绍的用友 ERP-U8 管理软件所提供的功能，该系统与其他子系统的数据传递关系、业务操作流程，使学生对该系统建立粗略的了解。系统业务处理对子系统提供的功能做了一定程度的展开，使学生了解该系统能处理哪些类型的业务。上机实验部分是本教程的重点，每个上机实验都按照实验目的、实验内容、实验准备、实验资料、实验要求、操作指导的内容展开。实验目的部分明确了通过该实验学员应该掌握的知识及技能；实验内容部分简要地介绍了本项实验应完成的主要工作；实验准备部分指出了为了完成本实验应该具备的知识及应事先准备的数据环境；实验资料部分提供了企业真实的经济业务，作为实验的背景资料；实验要求部分对完成实验提出具体要求；为顺利完成实验，操作指导部分针对实验资料给出具体的操作方法，并借助注意事项对实验中遇到的问题给予特别提示。

此外，为方便实验指导，本实验教程还提供了配套的附书学习光盘。学习光盘中主要包括两项内容：一项是用友 ERP-U8 管理软件，方便学习者安装使用；一项是本实验教程中各实验需要的实验准备数据。

1.2.2 实验教程特色

1. 独具匠心的实验设计

实验教程中的上机实验以一个核算主体的业务活动贯穿始终，每个实验反映企业核算的不同方面。尤其是购销存部分的实验指导，摒弃了一般实验指导书中按子系统功能展开的思路，以企业实际业务流程为主线，便于学员对系统的整体把握。

2. 贴心备至的周密考虑

考虑到学校实验环境的不稳定性，实验教程中对每个实验结果都保留了一个标准账套。这样，学生既可通过它对照自己的实验结果，也可以在实验数据不完备的情况下，按照实验中"实验准备"内容的要求，把基础数据引入系统，以开始下一内容实验，从而有效地利用教学时间。

3. 随心所欲的拼装组合

考虑到不同专业、不同教学对象的教学学时不同，因此实验设计为"拼板"方式，既可以由上至下顺序进行，也可以由教师根据教学条件的限制，考虑到学生基础和教学目标，任意选择其中的若干实验，给予教学最大限度的自由度。

4. 无师自通不再是梦

考虑到在一定的教学条件下，很多实验在规定的教学学时内无法安排，需要由学生在课外自行完成，因此对每个实验的方方面面都做了周密考虑，尤其是操作指导部分，针对不同业务给予非常详尽的操作步骤，以此为对照，学生便可以按部就班地完成全部实验，掌握管理软件的精要。

1.2.3 教学建议

为了使本实验适用于不同教学条件下的教学需要，根据实验内容为教师提供以下教学课时分配供参考。以每课时标准45分钟计算，每个实验所需课时如表1-1所示。

表1-1 实验教学课时分配一览表

实验内容	讲授课时	上机课时	合 计
实验一 系统管理和基础设置	2	2	4
实验二 总账管理系统初始设置	2	4	6
实验三 总账管理系统日常业务处理	2	4	6
实验四 总账管理系统期末处理	2	2	4
实验五 UFO报表管理	2	4	6
实验六 薪资管理	2	4	6
实验七 固定资产管理	2	4	6
实验八 应收款管理	2	4	6
实验九 供应链管理系统初始设置	2	2	4
实验十 采购管理	4	6	10
实验十一 销售管理	4	6	10
实验十二 库存管理	2	4	6
实验十三 存货核算	2	4	6
附录 财务部分分模块自测题		(24)	(24)
总计	30	50	80

本实验教程可以作为不同《会计信息系统》读本的配套实验用书，也适用于不同专业、不同教学学时的上机实验。表1-2中给出不同教学条件下的教学建议。

表1-2 教学建议

实验课时	必选内容	可选内容	能达到的教学要求
26	实验一至五	财务业务一体化简介	掌握总账、报表操作，实现财务电算化；了解财务业务一体化工作原理

(续表)

实验课时	必选内容	可选内容	能达到的教学要求
56	实验一至七、九至十一	实验十二和十三	掌握财务电算化和财务业务一体化管理及相应软件模块基本操作
80	实验一至十三及附录		熟练掌握财务业务一体化管理软件基本操作；深刻理解管理软件工作原理

1.2.4 教学系统安装

1. 系统技术架构

用友 ERP-U8 管理软件采用 3 层架构体系，即逻辑上分为数据服务器、应用服务器和客户端。采用 3 层架构设计，可以提高系统效率与安全性，降低硬件投资成本。

物理上，既可以将数据服务器、应用服务器和客户端安装在一台计算机上(即单机应用模式)；也可以将数据服务器和应用服务器安装在一台计算机上，而将客户端安装在另一台计算机上(网络应用模式，但只有一台服务器)，当然，还可以将数据服务器、应用服务器和客户端分别安装在不同的 3 台计算机上(网络应用模式，且有两台服务器)。如果是 C/S 网络应用模式，在服务端和客户端分别安装了不同的内容，需要进行 3 层结构的互连。在系统运行过程中，可根据实际需要随意切换远程服务器，即通过在登录时改变服务器名称来访问不同服务器上的业务数据，从而实现单机到网络应用模式的转换。

2. 系统运行环境

用友 ERP-U8 管理软件属于应用软件范畴，需要按以下要求配置硬件环境，准备系统软件，如表 1-3 所示(此处给出的硬件环境为最低配置，一般而言，近两三年来的主流硬件配置可完全满足系统运行需求)。

表 1-3 用友 ERP-U8 要求的软件和硬件环境

分类	硬件环境(最低配置)	操作系统
客户端	内存 512 MB 以上；CPU P3 800 MHz 以上；安装盘(U8.72 所安装的盘符)空间 10GB 以上；系统盘(操作系统所安装的盘符)有 2GB 以上的空间	Windows XP + SP2 或 Windows 2000 Server/ Professional + SP4 或 Windows 2003 Server+SP2 或 Windows NT + SP6a
数据服务器	内存 1GB 以上；CPU 频率 1.8 GHz 以上；磁盘空间 40GB 以上	Windows 2000 Server+ SP4 或 Windows 2003 Server+SP2 或 Windows NT + SP6a
应用服务器	内存 1GB 以上；CPU 1.8 GHz 以上；磁盘空间 40 GB 以上	Windows XP + SP2 或 Windows 2000 Server+ SP4 或 Windows 2003 Server+SP2
网络协议	IE6.0+SP1, TCP/IP, Named Pipe	

注意：

♦ 如果是单机安装，即把数据服务器、应用服务器、客户端安装在一台机器上，需要满足以上3项最低配置要求。

♦ 在数据服务器安装、单机版安装或安装所有产品的情况下，需首先安装 SQL Server 2000 +SP4。

3. SQL Server 2000 数据库的安装

用友 ERP-U8 管理软件要求以 SQL Server 2000 作为后台数据库。SQL Server 2000 有个人版、标准版、企业版、专业版等多种版本，建议服务器上安装 SQL Server 2000 标准版；客户端视其安装的操作系统安装 SQL Server 2000 标准版或个人版。下面以安装 SQL Server 2000 个人版为例介绍安装过程。其操作步骤如下。

(1) 执行 SQL Server 2000 安装文件 Setup 后，打开 SQL Server 2000 自动菜单，选择其中的"安装 SQL Server 2000 组件"命令，打开"安装组件"对话框。

(2) 选择其中的"安装数据服务器"选项，稍候，打开"安装向导—欢迎"对话框，单击"下一步"按钮，打开"计算机名"对话框。选择"本地计算机"选项，单击"下一步"按钮，打开"安装选择"对话框。

(3) 选择"创建新的 SQL Server 实例，或安装客户端工具"选项，单击"下一步"按钮，打开"用户信息"对话框。输入姓名，单击"下一步"按钮，打开"软件许可证协议"对话框。阅读后，单击"是"按钮，打开"安装定义"对话框。

(4) 选择"服务器和客户端工具"选项，单击"下一步"按钮，打开"实例名"对话框，采用系统默认，单击"下一步"按钮，打开"安装类型"对话框。选择"典型"选项，并选择文件安装路径，单击"下一步"按钮，打开"选择组件"对话框。采用系统默认，单击"下一步"按钮，打开"服务账户"对话框。

(5) 选择"对每个服务使用同一账户。自动启动 SQL Server 服务"选项，将服务设置为"使用本地系统账户"，单击"下一步"按钮，打开"身份验证模式"对话框。

(6) 为了加强系统安全性，选择"混合身份验证模式"，选中"空密码"复选框，单击"下一步"按钮，打开"开始复制文件"对话框。

(7) 单击"下一步"按钮，打开"Microsoft Data Access Components 2.6 安装"对话框，按系统提示关闭列表中的任务，单击"下一步"按钮，打开安装"软件"对话框，单击"完成"按钮开始安装。

(8) 稍候片刻，系统安装结束，显示"安装结束"对话框，单击"完成"按钮，结束 SQL Server 2000 安装。

(9) 接下来，安装 SQL Server 2000 的 SP4 补丁包(可通过网上下载，先解压，再安装)。

4. 用友 ERP-U8 管理软件安装

为确保系统安装成功，提醒大家在安装之前注意以下问题。

● 最好计算机在安装操作系统和必要的补丁后，没有安装过任何其他软件。

● 安装前，请用系统管理员或具有同等权限的人员登录(用户 ID 属于 Administrators

组),进行安装。

下面以单机安装用友 ERP-U8.72 管理软件(即将 SQL Server 数据库和用友 ERP-U8.72 安装到一台计算机上,也是普通用户学习时通常选择的安装模式)为例,介绍其具体的安装步骤:

(1) 确保计算机上所安装的操作系统满足表 1-3 中的要求(一般用 Windows XP＋SP2 或 SP3,可通过"系统属性"进行查看)。

(2) 若系统中未默认安装 IIS (Internet 信息服务),则需要安装该组件,可通过"控制面板——添加/删除程序——Windows 组件——添加 IIS 组件"来安装。安装过程中需要用到 Windows XP 安装盘。

(3) 确保系统中已经安装 SQL Server 2000＋SP4 数据库系统。

(4) 以系统管理员 Administrator 身份注册进入 Windows 系统,将用友 ERP-U8.72 管理软件光盘放入光驱中。

(5) 双击光盘\用友 ERP-U8.72\U872SETUP\setup.exe 文件(标志为一个 U8 图标），运行安装程序。

(6) 根据提示单击"下一步"按钮进行操作,直至出现图 1-3 所示的选择安装类型界面。

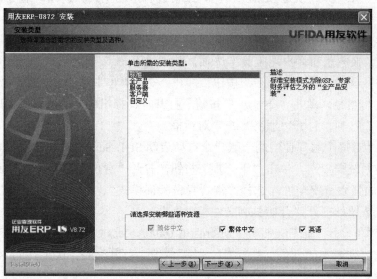

图 1-3　选择安装类型

(7) 因为是将 SQL Server 数据库和用友 ERP-U8.72 安装到一台计算机上,这里选择"标准"安装类型或"全产品"安装类型。"标准"安装模式为除 GSP、专家财务评估之外的"全产品"安装。

(8) 单击"下一步"按钮,接下来进行系统环境检测,看系统配置是否已经满足所需条件,如图 1-4 所示。

图 1-4　系统环境检测报告

提示：

图 1-4 中所示为所需环境已经满足。若有未满足的条件，则安装不能向下进行，并在图中给出未满足的项目，此时可单击未满足的项目链接，系统会自动定位到组件所在光盘位置，让用户手动安装。如：".NET Framework2.0 SP1 未安装 请手工安装：F:(光盘盘符)\用友 ERP-U8.72\U872SETUP\3rdProgram\NetFx20SP1_x86.exe"。

(9) 接下来单击"安装"按钮，即可进行安装了，如图 1-5 所示。(此安装过程较长，请耐心等待)

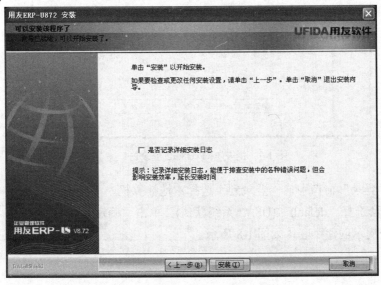

图 1-5　开始安装用友 ERP-U8.72

(10) 安装完成后，单击"完成"按钮，重新启动计算机。

(11) 系统重启后，出现"正在完成最后的配置"提示信息，如图1-6所示。在其中输入数据库名称(即为本地计算机名称，可通过"系统属性"中的"计算机名"查看)，SA口令 (安装SQL Server时所设置的口令)，单击"测试连接"按钮，测试数据库连接。若一切正常，则会出现连接成功的提示信息。

图1-6 测试数据库连接

(12) 接下来系统会提示是否初始化数据库，单击"是"按钮，提示"正在初始化数据库实例，请稍候……"。数据库初始化完成后，出现如图1-7所示的"登录"窗口。

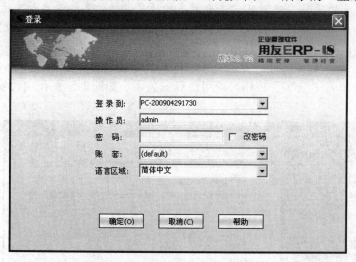

图1-7 用友 ERP-U8.72 登录窗口

(13) 在"登录"窗口中，"登录到"选择本地计算机，"操作员"输入"admin"，密码为空，账套选择"default"(U8.72系统默认)，单击"确定"按钮。

(14) 系统提示创建账套，如图1-8所示。

图 1-8 创建账套提示

(15) 根据提示创建账套完成后，会出现图 1-9 所示的信息，问是否现在进行系统启用的设置。

图 1-9 询问是否进行系统启用

(16) 若单击"是"按钮，在进行系统启用设置后，会出现如图 1-10 所示的用友 ERP-U8 "系统管理"窗口。

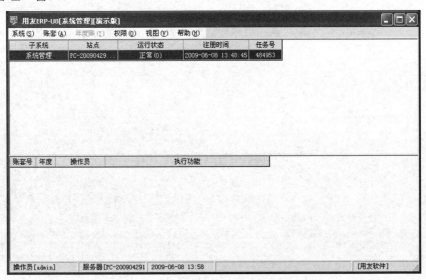

图 1-10 用友 ERP-U8"系统管理"窗口

(17) 至此，用友 ERP-U8.72 软件系统全部安装完成。用户可通过"开始"|"程序"|"用友 ERP-U8"菜单项启动系统管理、登录企业应用平台等。

提示：
- ♦ 成功安装后，会在屏幕右下角任务栏中显示 SQL Server 数据服务管理器图标 和 U8 应用服务管理器图标 。
- ♦ 用友 ERP-U8.72 安装完成后系统内没有安装演示账套，请参见第 2 章 "实验一" 建立账套。

Chapter 2 系统管理与企业应用平台

顾名思义,系统平台是为企业管理系统的正常运行提供基本支撑的。会计信息系统作为企业管理系统中不可或缺的部分,本身也是由多个子系统组成,各个子系统服务于企业的不同层面,为不同的管理需要服务。子系统本身既具有相对独立的功能,彼此之间又具有紧密的联系,它们共用一个企业数据库,拥有公共的基础信息、相同的账套和年度账,为实现企业财务、业务的一体化管理提供了基础条件。在财务、业务一体化管理应用模式下,系统平台为各个子系统提供了一个公共平台,用于对整个系统的公共任务进行统一管理,如基础信息及基本档案的设置、企业账套的管理、操作员的建立、角色的划分和权限的分配等,企业管理系统中任何产品的独立运行都必须以此为基础。

系统平台主要由两部分组成:系统管理和企业应用平台。

2.1 系统管理

2.1.1 功能概述

系统管理是用友 ERP-U8 管理软件中一个非常特殊的组成部分。它的主要功能是对用友 ERP-U8 管理软件的各个产品进行统一的操作管理和数据维护,具体包括账套管理、年度账管理、操作员及权限的集中管理、系统数据及运行安全的管理等方面。

1. 账套管理

账套指的是一组相互关联的数据。一般来说,可以为企业中每一个独立核算的单位建立一个账套。换句话说,在系统中,可以为多个企业(或企业内多个独立核算的部门)分别建账。

账套管理功能一般包括账套的建立、修改、删除、引入和输出等。

2. 年度账管理

年度账与账套是两个不同的概念，一个账套中包含了企业所有的数据。把企业数据按年度划分，称为年度账。用户不仅可以建立多个账套，而且每个账套中还可以存放不同年度的年度账。这样，对不同核算单位、不同时期的数据，就可以方便地进行操作。

年度账管理包括年度账的建立、清空、引入、输出和结转上年数据等。

3. 操作员及其权限管理

为了保证系统及数据的安全与保密，系统管理提供了操作员及操作权限的集中管理功能。通过对系统操作分工和权限的管理，一方面可以避免与业务无关的人员进入系统，另一方面可以对系统所含的各个模块的操作进行协调，以保证各负其责，流程顺畅。

操作员管理包括操作员的增加、修改、删除等操作。

操作员权限的管理包括操作员权限的增加、修改、删除等操作。

4. 设立统一的安全机制

对企业来说，系统运行安全、数据存储安全是必需的。设立统一的安全机制包括设置系统运行过程中的监控机制，设置数据自动备份，清除系统运行过程中的异常任务等。

2.1.2 比较相关概念

1. 账套与年度账

用友 ERP-U8 管理软件中最多允许建立 999 套账。不同的账套数据之间彼此独立，没有丝毫关联。账套是由年度账组成的。每个账套中一般存放不同年度的会计数据，为方便管理，不同年度的数据存放在不同的数据表中，即为年度账。

采用账套和年度账两层结构的优点如下。

- 便于企业的管理，如进行账套的上报，跨年的数据结构调整等。
- 方便数据输出和引入。
- 减少数据的负担，提高应用效率。

2. 引入和输出

引入和输出即通常所指的数据的恢复和备份。

引入账套功能是指将系统外某账套数据引入本系统中。对集团公司来说，可以将子公司的账套数据定期引入到母公司系统中，以便进行有关账套数据的分析和合并工作。

注意：

◆ 如果需要定期将子公司的账套数据引入到总公司系统中，最好预先在建立账套时就进行规划，为每一个子公司设置不同的账套号，以避免引入子公司数据时因为账套号相同而覆盖其他账套的数据。
- ◆ 账套输出时，输出两个文件。UfErpAct.Lst 为账套信息文件；UFDATA 是账套数据文件。

输出账套功能是指将所选的账套数据做一个备份。对年度账数据来说，也有引入和输出操作，其含义和操作方法与账套的引入和输出是相同的，所不同的是年度账引入和输出的操作对象不是针对整个账套，而是针对账套中的某一年度的年度账。

3. 角色与用户

角色是指在企业管理中拥有某一类职能的组织，这个角色组织可以是实际的部门，可以是由拥有同一类职能的人构成的虚拟组织。例如，实际工作中最常见的会计和出纳两个角色(他们既可以是同一个部门的人员，也可以分属不同的部门，但工作职能是一样的)。在设置了角色后，就可以定义角色的权限，当用户归属某一角色后，就相应地拥有了该角色的权限。设置角色的方便之处在于可以根据职能统一进行权限的划分，方便授权。

用户是指有权限登录系统，对系统进行操作的人员，即通常意义上的"操作员"。每次注册登录系统，都要进行用户身份的合法性检查。只有设置了具体的用户之后，才能进行相关的操作。

用户和角色的设置可以不分先后顺序，但对于自动传递权限来说，应该首先设定角色，然后分配权限，最后进行用户的设置。这样在设置用户的时候，选择其归属哪一个角色，则其自动具有该角色的权限，包括功能权限和数据权限。一个角色可以拥有多个用户，一个用户也可以分属于多个不同的角色。

4. 系统管理员与账套主管

系统允许以两种身份注册进入系统管理。一种是以系统管理员的身份，另一种是以账套主管的身份。

系统管理员负责整个系统的总体控制和数据维护工作，他可以管理该系统中所有的账套。以系统管理员身份注册进入，可以进行账套的建立、引入和输出；设置角色和用户；指定账套主管；设置和修改用户的密码及其权限等。

账套主管负责所选账套的维护工作。主要包括对所选账套参数进行修改、对年度账的管理(包括年度账的建立、清空、引入、输出和结转上年数据)，以及该账套操作员权限的设置。

2.1.3 建立新年度核算体系

新年度到来时，应设置新年度核算体系，即设置新年度的账簿并将上年余额过渡到新年度，以便开始新的一年的核算。年度账的管理工作由账套主管全权负责，因此需要以账套主管的身份注册进入系统管理。新年度建账流程如下：

(1) 年度账备份

在新年度核算体系建立前，首先要将上年业务处理完毕，然后执行"年度账"|"输出"命令，做好年度账的备份工作。

(2) 建立新年度账

执行"年度账"|"建立"命令，建立新年度账。系统按年度先后顺序建立，不能修改会计年度。

(3) 结转上年数据

持续经营是会计假设之一。企业的会计工作是一个连续性的工作。每到年末，启用新账套时，需要将上年度中的相关账户的余额及其他信息结转到新年度账中。

年度账建立成功后，执行"系统"|"注销"命令，再以新年度重新注册，执行"年度账"|"结转上年数据"命令，进行上年数据结转。

注意：

♦ 若某年度账中错误太多，或不希望将上年度的余额或其他信息全部转到下一年度，就需要执行"年度账"|"清空年度数据"命令。"清空"并不是将年度账的数据全部清空，还可以保留一些必要信息，如基础信息、科目等。

♦ 结转上年数据时，必须遵循以下顺序：首先结转供应链管理系统各模块的上年余额，再结转应收应付款管理系统的上年余额，最后结转总账系统的上年余额。

(4) 调整相关事项

成功结转上年余额后，在新年度日常业务开始之前，可以对某些事项做调整。例如，可以增加、修改或删除科目；对于已经两清的单位和个人项目可以删除等。

(5) 新年度日常业务

相关事项调整完毕后，就可以开始新年度的日常业务处理了。

2.2 企业应用平台

2.2.1 企业应用平台概述

为了使用友 ERP-U8 管理软件能够成为连接企业员工、用户和合作伙伴的公共平台，使系统资源能够得到高效、合理的使用，在用友 ERP-U8 管理软件中设立了企业应用平台。通过企业应用平台，系统使用者能够从单一入口访问其所需的个性化信息，定义自己的业务工作，并设计自己的工作流程。

2.2.2 基础设置

基础设置是为系统的日常运行做好基础工作，主要包括基本信息设置、基础档案设置、数据权限设置和单据设置。

1．基本信息设置

在基本信息设置中，可以对建账过程确定的编码方案和数据精度进行修改，并进行系统启用设置。

用友 ERP-U8 管理系统分为财务会计、管理会计、供应链、生产制造、人力资源、集团应用、决策支持和企业应用集成等产品组，每个产品组中又包含若干模块，它们中大多数既可以独立运行，又可以集成使用，但两种用法的流程是有差异的。一方面企业可以根据本身的管理特点选购不同的子系统；另一方面企业也可能采取循序渐进的策略有计划地先启用一些模块，一段时间之后再启用另外一些模块。系统启用为企业提供了选择的便利，它可以表明企业在何时启用了哪些子系统。只有设置了系统启用的模块才可以登录。

有两种方法可以设置系统启用。一种是在企业建账完成后立即进行系统启用；另外是在建账结束后由账套主管在系统管理中进行系统启用设置。

2．基础档案设置

基础档案是系统日常业务处理必需的基础资料，是系统运行的基石。一个账套总是由若干个子系统构成，这些子系统共享公用的基础档案信息。在启用新账套之前，应根据企业的实际情况，结合系统基础档案设置的要求，事先做好基础数据的准备工作。

3．数据权限设置

用友 ERP-U8 管理软件中，提供了 3 种不同性质的权限管理：功能权限、数据权限和金额权限。

功能权限在系统管理中进行设置，主要规定了每个操作员对各模块及细分功能的操作权限。

数据权限是针对业务对象进行的控制，可以选择对特定业务对象的某些项目和某些记录进行查询和录入的权限控制。

金额权限的主要作用体现在两个方面：一是设置用户在填制凭证时，对特定科目允许输入的金额范围；二是设置用户在填制采购订单时，允许输入的采购金额范围。

4．单据设置

不同企业各项业务处理中使用的单据可能存在细微的差别，用友 ERP-U8 管理软件中预置了常用单据模板，而且允许用户对各单据类型的多个显示模板和多个打印模板进行设置，以定义本企业需要的单据格式。

2.2.3 业务处理

在企业应用平台的"业务"界面中，集成了登录操作员拥有操作权限的所有功能模块，因此，该界面也是操作员进入用友 ERP-U8 管理软件的唯一入口。

实验一 系统管理和基础设置

【实验目的】
1. 掌握用友 ERP-U8 管理软件中系统管理和基础设置的相关内容。
2. 理解系统管理在整个系统中的作用及基础设置的重要性。

【实验内容】
1. 建立单位账套。
2. 增加操作员。
3. 进行财务分工。
4. 输入基础信息。
5. 备份账套数据。
6. 修改账套参数。

【实验准备】
1. 已正确安装用友 ERP-U8 管理软件。
2. 设置系统日期格式(以 Windows 2000 操作系统为例)，操作步骤如下：
(1) 执行"开始"|"设置"|"控制面板"命令，进入"控制面板"窗口。
(2) 双击其中的"区域选项"图标，进入"区域选项"窗口。
(3) 单击"日期"选项卡。
(4) 单击"短日期样式"下拉列表框，选择下拉列表中的"yyyy-mm-dd"选项。
(5) 单击"确定"按钮返回。

【实验资料】
1. 建立新账套

(1) 账套信息

账套号：007；账套名称：北京阳光信息技术有限公司；采用默认账套路径；启用会计期：2009 年 08 月；会计期间设置：默认。

(2) 单位信息

单位名称：北京阳光信息技术有限公司；单位简称：阳光公司；单位地址：北京海淀区信息路999号；法人代表：肖剑；邮政编码：100888；联系电话及传真：62898899；税号：110108200711013。

(3) 核算类型

该企业的记账本位币：人民币(RMB)；企业类型：工业；行业性质：2007年新会计制度；科目预置语言：中文(简体)；账套主管：陈明；选中"按行业性质预置科目"复选框。

(4) 基础信息

该企业有外币核算，进行经济业务处理时，需要对存货、客户、供应商进行分类。

(5) 分类编码方案

该企业的分类方案如下。

存货分类编码级次：1223

客户和供应商分类编码级次：223

收发类别编码级次：12

部门编码级次：122

结算方式编码级次：12

地区分类编码级次：223

科目编码级次：4222

(6) 数据精度

该企业对存货数量、单价小数位定为2。

(7) 系统启用

启用总账系统，启用时间为2009-08-01。

2. 财务分工

(1) 001　陈明(口令：1)

角色：账套主管。

负责财务业务一体化管理系统运行环境的建立，以及各项初始设置工作；负责管理软件的日常运行管理工作，监督并保证系统的有效、安全、正常运行；负责总账管理系统的凭证审核、记账、账簿查询、月末结账工作；负责报表管理及其财务分析工作。

具有系统所有模块的全部权限。

(2) 002　王晶(口令：2)

角色：出纳。

负责现金、银行账管理工作。

具有"总账－凭证－出纳签字"、"总账－出纳"的操作权限。

(3) 003　马方(口令：3)

角色：总账会计、应收会计、应付会计。

负责总账系统的凭证管理工作以及客户往来和供应商往来管理工作。

具有总账管理、应收款管理、应付款管理的全部操作权限。

(4) 004　白雪(口令：4)

角色：采购主管、仓库主管、存货核算员。

主要负责采购业务处理。

具有公共单据、公用目录设置、应收款管理、应付款管理、总账管理、采购管理、销售管理、库存管理、存货核算的全部操作权限。

(5) 005　王丽(口令：5)

角色：销售主管、仓库主管、存货核算员。

主要负责销售业务处理。

权限同白雪。

注意：

以上权限设置只是为了实验中的学习，与企业实际分工可能有所不同，企业相关操作员比较多，分工比较细致。

3. 设置基础档案

北京阳光信息技术有限公司分类档案资料如下。

(1) 部门档案

部门编码	部门名称	部门属性
1	管理中心	管理部门
101	总经理办公室	综合管理
102	财务部	财务管理
2	供销中心	供销管理
201	销售部	市场营销
202	采购部	采购供应
3	制造中心	生产部门
301	一车间	生产制造
302	二车间	生产制造

(2) 人员类别

本企业在职人员分为4类。

分类编码	分类名称
1001	企业管理人员
1002	经营人员
1003	车间管理人员
1004	生产人员

(3) 人员档案

人员编号	人员姓名	性别	行政部门	人员类别	是否业务员	是否操作员	对应操作员编码
101	肖剑	男	总经理办公室	企业管理人员	是	是	
102	陈明	男	财务部	企业管理人员	是	是	001
103	王晶	女	财务部	企业管理人员	是	是	002
104	马方	女	财务部	企业管理人员	是	是	003
201	王丽	女	销售部	经营人员	是	是	005
202	孙健	男	销售部	经营人员	是	是	
211	白雪	女	采购部	经营人员	是	是	004
212	李平	男	采购部	经营人员	是	是	

(4) 客户分类

分 类 编 码	分 类 名 称
01	批发
02	零售
03	代销
04	专柜

(5) 供应商分类

分 类 编 码	分 类 名 称
01	原料供应商
02	成品供应商

(6) 地区分类

地 区 分 类	分 类 名 称
01	东北地区
02	华北地区
03	华东地区
04	华南地区
05	西北地区
06	西南地区

(7) 客户档案

客户编号	客户名称/简称	所属分类码	所属地区	税 号	开户银行(默认值)	银行账号	地 址	邮政编码	扣率	分管部门	分管业务员
001	华宏公司	01	02	120009884732788	工行上地分行	73853654	北京市海淀区上地路1号	100077	5	销售部	王丽
002	昌新贸易公司	01	02	120008456732310	工行华苑分行	69325581	天津市南开区华苑路1号	300310		销售部	王丽
003	精益公司	04	03	310106548765432	工行徐汇分行	36542234	上海市徐汇区天平路8号	200032		销售部	孙健
004	利氏公司	03	01	108369856003251	中行平房分行	43810548	哈尔滨市平房区和平路116号	150008	10	销售部	孙健

(8) 供应商档案

供应商编号	供应商名称	所属分类码	所属地区	税 号	开户银行	银行账号	邮编	地 址	分管部门	分管业务员
001	兴华公司	01	02	110567453698462	中行	48723367	100045	北京市朝阳区十里堡8号	采购部	白雪
002	建昌公司	01	02	110479865267583	中行	76473293	100036	北京市海淀区开拓路108号	采购部	白雪
003	泛美商行	02	03	320888465372657	工行	55561278	230187	南京市湖北路100号	采购部	李平
004	艾德公司	02	03	310103695431012	工行	85115076	200232	上海市浦东新区东方路1号甲	采购部	李平

【实验要求】

1. 以系统管理员 admin 的身份，进行增加操作员、建立账套、财务分工、备份账套操作。

2. 以账套主管"陈明"的身份，进行系统启用、基础档案设置、账套数据修改操作。

【操作指导】

1. 启动系统管理

执行"开始"|"程序"|"用友 ERP-U8"|"系统服务"|"系统管理"命令，启动系统管理。

2. 以系统管理员身份登录系统管理

(1) 执行"系统"|"注册"命令,打开"登录"系统管理对话框。

(2) 系统中预先设定了一个系统管理员 admin,第一次运行时,系统管理员密码为空,选择系统默认账套(default),单击"确定"按钮,以系统管理员身份进入系统管理。

注意:
- ◆ 为了保证系统的安全性,在"登录"系统管理对话框中,可以设置或更改系统管理员的密码。如设置系统管理员密码为 super 的操作步骤如下:
  ① 选中"改密码"复选框和系统默认账套,单击"确定"按钮。
  ② 打开"设置操作员密码"对话框,在"新密码"和"确认新口令"后面的输入框中均输入 super,
  ③ 单击"确定"按钮,返回系统管理。
- ◆ 一定要牢记设置的系统管理员密码,否则无法以系统管理员的身份进入系统管理,也就不能执行账套数据的引入和输出。
- ◆ 考虑实际教学环境,建议不要设置系统管理员密码。

3. 增加操作员

(1) 执行"权限"|"用户"命令,进入"用户管理"窗口。

(2) 单击工具栏上的"增加"按钮,打开"增加用户"对话框,按下表中所示资料输入操作员。

编号	姓名	口令	确认口令	认证方式	所属部门	角色
001	陈明	1	1	用户+口令(传统)	财务部	账套主管
002	王晶	2	2	用户+口令(传统)	财务部	出纳
003	马方	3	3	用户+口令(传统)	财务部	总账会计、应收款会计、应付款会计、资产管理、薪酬经理
004	白雪	4	4	用户+口令(传统)	采购部	采购主管、仓库主管、存货核算员
005	王丽	5	5	用户+口令(传统)	销售部	销售主管、仓库主管、存货核算员

(3) 最后单击"取消"按钮结束,返回"用户管理"窗口,所有用户以列表方式显示。再单击工具栏上的"退出"按钮,返回"系统管理"窗口。

注意：
- 只有系统管理员才有权限设置角色和用户。
- 用户编号在系统中必须唯一，即使是不同的账套，用户编号也不能重复。
- 设置操作员口令时，为保密起见，输入的口令字以"*"号在屏幕上显示。
- 所设置的操作员用户一旦被引用，便不能被修改和删除。
- 如果操作员调离企业，可以通过"修改"功能"注销当前用户"。
- 在"增加用户"对话框中，蓝色字体标注的项目为必输项，其余项目为可选项。这一规则适用于所有界面。

4. 建立账套

(1) 创建账套

执行"账套"|"建立"命令，打开"创建账套"对话框。

(2) 输入账套信息

已存账套：系统中已存在的账套在下拉列表框中显示，用户只能查看，不能输入或修改。

账套号：必须输入。本例输入账套号 007。

账套名称：必须输入。本例输入"北京阳光信息技术有限公司"。

账套路径：用来确定新建账套将要被放置的位置，系统默认的路径为 C:\U8SOFT\Admin，用户可以人工更改，也可以利用"…"按钮进行参照输入，本例采用系统的默认路径。

启用会计期：必须输入。系统默认为计算机的系统日期，更改为"2009 年 8 月"。

是否集团账套，是否使用 OA：不选择。

输入完成后，单击"下一步"按钮，进行单位信息设置。

(3) 输入单位信息

单位名称：用户单位的全称，必须输入。企业全称只在发票打印时使用，其余情况全部使用企业的简称。本例输入"北京阳光信息技术有限公司"。

单位简称：用户单位的简称，最好输入。本例输入"阳光公司"。

其他栏目都属于任选项，参照实验资料输入即可。

输入完成后，单击"下一步"按钮，进行核算类型设置。

(4) 输入核算类型

本币代码：必须输入。本例采用系统默认值 RMB。

本币名称：必须输入。本例采用系统默认值"人民币"。

企业类型：用户必须从下拉列表框中选择输入。系统提供了工业、商业、医药流通 3 种模式。如果选择工业模式，则系统不能处理受托代销业务；如果选择商业模式，委托代销和受托代销都能处理。本例选择"工业"模式。

行业性质：用户必须从下拉列表框中选择输入，系统按照所选择的行业性质预置科目。

本例选择行业性质为"2007 年 新会计制度科目"。

科目预置语言：中文(简体)。V8.72 为多语言版本。

账套主管：必须从下拉列表框中选择输入。本例选择"001 陈明"。

按行业性质预置科目：如果用户希望预置所属行业的标准一级科目，则选中该复选框。本例选择"按行业性质预置科目"。

输入完成后，单击"下一步"按钮，进行基础信息设置。

(5) 确定基础信息

如果单位的存货、客户、供应商相对较多，可以对他们进行分类核算。如果此时不能确定是否进行分类核算，也可以在建账完成后，由账套主管在"修改账套"功能中设置分类核算。

按照本例要求，选中"存货是否分类"、"客户是否分类"、"供应商是否分类"、"有无外币核算"4 个复选框，单击"完成"按钮，系统提示"可以创建账套了吗？"，单击"是"按钮，稍候，系统打开"编码方案"对话框。

注意：

此处创建账套的时间较长，请耐心等待。

(6) 确定编码方案

为了便于对经济业务数据进行分级核算、统计和管理，系统要求预先设置某些基础档案的编码规则，即规定各种编码的级次及各级的长度。

按实验资料所给内容修改系统默认值，单击"确定"按钮，再单击"取消"按钮，打开"数据精度"对话框。

注意：

科目编码级次中第 1 级、第 2 级、第 3 级科目编码长度根据建账时所选行业性质自动确定，此处显示为灰色，不能修改，只能设定第 4 级之后的科目编码长度。

(7) 数据精度定义

数据精度是指定义数据的小数位数，如果需要进行数量核算，需要认真填写该项。本例采用系统默认值，单击"确定"按钮，再单击"取消"按钮，系统弹出"创建账套"系统提示对话框，单击"否"按钮，暂不进行系统启用的设置。系统提示"请进入企业应用平台进行业务操作！"，单击"确定"按钮返回。

(8) 退出

单击工具栏上的"退出"按钮，返回系统管理。

注意：

编码方案、数据精度、系统启用项目可以由账套主管在"企业应用平台"|"设置"|"基本信息"中进行修改。

5. 财务分工

(1) 执行"权限"|"权限"命令,进入"操作员权限"窗口。

(2) 选择 007 账套;2009 年度。

(3) 从窗口左侧操作员列表中选择"001 陈明",选中"账套主管"复选框,确定陈明具有账套主管权限。

注意:

♦ 由于在增加用户和建立账套时已设定"陈明"为账套主管,此处无需再设置。如果在建账时未设定陈明为账套主管,可以在此处进行指定。

♦ 一个账套可以设定多个账套主管。

♦ 账套主管自动拥有该账套的所有权限。

(4) 选择"王晶",选择"007"账套。单击工具栏上的"修改"按钮,打开"增加和调整权限"对话框,选中"GL 总账"前的"+"图标,展开"总账"、"凭证"项目,选中"出纳签字"权限,再选中"总账"下的"出纳"权限,单击"确定"按钮返回。

(5) 同理,设置其他用户的操作权限。单击工具栏上的"退出"按钮,返回系统管理。

注意:

为了保证系统运行安全、有序,适应企业精细管理的要求,权限管理必须向更细、更深的方向发展。用友 ERP-U8 管理软件提供了权限的集中管理功能。除了提供用户对各模块操作权限的管理之外,还相应地提供了金额的权限管理和对于数据的字段级和记录级的控制,不同的组合方式使得权限控制更灵活、更有效。在用友 ERP-U8 管理软件中可以实现以下 3 个层次的权限管理。

第一,功能级权限管理。功能级权限管理提供了更为细致的功能级权限管理功能,包括各功能模块相关业务的查看和分配权限。例如,赋予用户 SYSTEM 对某账套中总账模块、工资模块的全部功能。

第二,数据级权限管理。该权限可以通过两个方面进行控制,一个是字段级权限控制,另一个是记录级的权限控制。例如,设定操作员马方只能录入某一种凭证类别的凭证。

第三,金额级权限管理。该权限主要用于完善内部金额控制,实现对具体金额数量划分级别,对不同岗位和职位的操作员进行金额级别控制,限制他们制单时可以使用的金额数量,不涉及系统内部控制的不在管理范围内。例如,设定操作员马方只能录入金额在 20 000 元以下的凭证。

功能权限的分配在系统管理中的"权限"|"权限"中设置,数据级权限和金额级权限在"企业应用平台"|"设置"|"数据权限"中进行设置,且必须是在系统管理的功能权限分配之后才能进行。

6. 系统启用与基础设置

(1) 登录企业应用平台

企业应用平台是用友 ERP-U8 管理软件的唯一入口，实现了用友 ERP-U8 管理软件各产品统一登录、统一管理的功能。操作员的角色及权限决定了其是否有权登录系统，是否可以使用企业应用平台中的各功能单元。

执行"开始"|"程序"|"用友 ERP-U8"|"企业应用平台"命令，打开"登录"对话框。输入操作员 001 或"陈明"；输入密码 1；在"账套"下拉列表框中选择"007 北京阳光信息技术有限公司"；更改"操作日期"为"2009-08-01"；单击"确定"按钮，进入"UFIDA-ERP-[工作中心]"窗口。

(2) 系统启用

在企业应用平台中，单击"设置"|"基本信息"|"系统启用"选项，打开"系统启用"对话框。启用总账，启用日期为"2009-08-01"。

(3) 进行基础设置

在企业应用平台中，单击"设置"|"基础档案"选项，展开其中包含的项目，选择要设置的基础档案，即进入相应项目的设置界面。

(4) 按所给实验资料依次输入数据

注意：

◆ 各档案设置时，输入的数据量稍大，操作比较简单。基本上遵循"增加—输入—保存"的操作原则。

◆ 必须先建立客户分类、供应商分类档案，才能建立客户档案、供应商档案；且客户档案、供应商档案必须建立在最末级分类上。

◆ 所有档案建立时，应遵循事先设定的分类编码原则。

◆ 建立客户档案时，银行信息需要在修改状态下录入。

7. 备份账套数据

(1) 执行"账套"|"输出"命令，打开"账套输出"对话框，选择需要输出的账套 007，单击"确认"按钮，稍候，系统提示"请选择账套备份路径"对话框。

(2) 选择需要将账套数据输出的驱动器及所在目录，单击"确定"按钮。

(3) 备份完成后，系统弹出"输出成功！"信息提示对话框，单击"确定"按钮返回。

注意：

为了使系统管理可以远程操作数据，账套输出时取消了数据压缩功能。

8. 修改账套数据

如果需要修改建账参数，需要以账套主管的身份注册进入系统管理。

(1) 在系统管理窗口，执行"系统"|"注册"命令，打开"登录"系统管理对话框。

注意：

如果此前是以系统管理员的身份注册进入系统管理，那么需要首先执行"系统"|"注销"命令，注销当前系统操作员，再以账套主管的身份登录。

(2) 在"操作员"文本框中输入 001 或"陈明"；在"密码"文本框中输入 1，选择"007 北京阳光信息技术有限公司"，会计年度为 2009。

(3) 单击"确定"按钮，进入"系统管理"窗口，菜单中显示为黑色字体的部分为账套主管可以操作的内容。

(4) 执行"账套"|"修改"命令，打开"修改账套"对话框，可修改的账套信息以白色显示，不可修改的账套信息以灰色显示。

(5) 修改完成后，单击"完成"按钮，系统提示"确认修改账套了吗？"信息，单击"是"按钮，确定"编码方案"和"数据精度"，单击"确认"按钮，系统提示"修改账套成功！"信息。

(6) 单击"确定"按钮，返回系统管理。

注意：

账套中的很多参数不能修改。若这些参数错误，则只能删除此账套，再重新建立。因此，建立账套时，参数设置一定要小心。

Chapter 3 总账管理

3.1 系统概述

总账管理系统是财务业务一体化管理软件的核心系统,适合于各行各业进行账务核算及管理工作。总账管理系统既可独立运行,也可同其他系统协同运转。

3.1.1 功能概述

总账管理系统的主要功能包括初始设置、凭证管理、出纳管理、账簿管理、辅助核算管理和期末处理等。

1. 初始设置

由用户根据本企业的需要建立账务应用环境,将用友通用账务处理系统变成适合本单位实际需要的专用系统。主要工作包括选项设置、期初余额的录入等。

2. 凭证管理

通过严密的制单控制保证填制凭证的正确性。提供资金赤字控制、支票控制、预算控制、外币折算误差控制以及查看最新余额等功能,加强对发生业务的及时管理和控制。完成凭证的录入、审核、记账、查询、打印,以及出纳签字、常用凭证定义等。

3. 出纳管理

为出纳人员提供一个集成办公环境,加强对现金及银行存款的管理。可完成银行日记账、现金日记账,随时出最新资金日报表,余额调节表以及进行银行对账。

4. 账簿管理

强大的查询功能使整个系统实现总账、明细账、凭证联查,并可查询包含未记账凭证的最新数据。可随时提供总账、余额表、明细账、日记账等标准账表查询。

5. 辅助核算管理

(1) 个人往来核算

主要进行个人借款、还款管理工作,及时地控制个人借款,完成清欠工作。

提供个人借款明细账、催款单、余额表、账龄分析报告及自动清理核销已清账等功能。

(2) 部门核算

主要为了考核部门费用收支的发生情况,及时地反映控制部门费用的支出,对各部门的收支情况加以比较,便于进行部门考核。

提供各级部门总账、明细账的查询,并对部门收入与费用进行部门收支分析等功能。

(3) 项目管理

用于生产成本、在建工程等业务的核算,以项目为中心为使用者提供各项目的成本、费用、收入、往来等汇总与明细情况以及项目计划执行报告等,也可用于核算科研课题、专项工程、产成品成本、旅游团队、合同、订单等。

提供项目总账、明细账及项目统计表的查询。

(4) 往来管理

主要进行客户和供应商往来款项的发生、清欠管理工作,及时掌握往来款项的最新情况。提供往来款的总账、明细账、催款单、往来账清理、账龄分析报告等功能。

6. 月末处理

灵活的自定义转账功能、各种取数公式可满足各类业务的转账工作。

自动完成月末分摊、计提、对应转账、销售成本、汇兑损益、期间损益结转等业务。

进行试算平衡、对账、结账、生成月末工作报告。

3.1.2 总账管理系统与其他系统的主要关系

总账管理系统与其他系统的主要关系如图3-1所示。

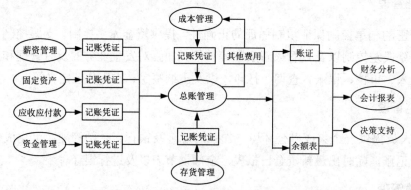

图3-1 总账管理系统与其他系统的主要关系

3.1.3 总账管理系统的业务处理流程

总账管理系统的业务处理流程如图3-2所示。

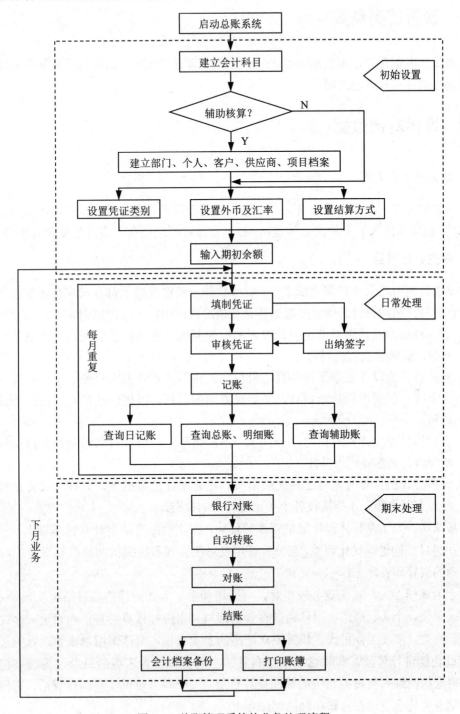

图3-2 总账管理系统的业务处理流程

3.2 总账管理系统初始设置

3.2.1 设置控制参数

设置控制参数是对总账管理系统的一些系统选项进行设置,以便为总账管理系统配置相应的功能或设置相应的控制。

3.2.2 设置基础数据

1. 定义外币及汇率

汇率管理是专为外币核算服务的。企业有外币业务,要进行外币及汇率的设置。其作用是:一方面减少录入汇率的次数和差错;另一方面可以避免在汇率发生变化时出现错误。

2. 建立会计科目

建立会计科目是会计核算方法之一,财务软件一般都提供了符合国家会计制度规定的一级会计科目;明细科目的确定要根据各企业情况自行确定,确定原则如下。

- 会计科目的设置必须满足会计报表编制的要求,凡是报表所用数据,需从系统取数的,必须设立相应科目。
- 会计科目的设置必须保持科目与科目间的协调性和体系完整性。不能只有下级而无上级;既要设置总账科目,又要设置明细科目,以提供总括和详细的会计核算资料。
- 会计科目要保持相对稳定,会计年中不能删除。一级科目名称要符合国家标准,明细科目名称要通俗易懂。
- 设置会计科目要考虑与子系统的衔接。在总账管理系统中,只有末级会计科目才允许有发生额,才能接收各个子系统转入的数据。

一般来说,为了充分体现计算机管理的优势,在企业原有的会计科目基础上,应对以往的一些科目结构进行优化调整,充分发挥用友总账管理系统提供的辅助核算功能,深化、强化企业的核算和管理工作。

当企业规模不大,往来业务较少时,可采用和手工方式一样的科目结构及记账方法,即将往来单位、个人、部门、项目通过设置明细科目来进行核算管理;而对于一个往来业务频繁、清欠、清理工作量大,核算要求严格的企业来说,应该采用总账管理系统提供的辅助核算功能进行管理,即将这些明细科目的上级科目设为末级科目及设为辅助核算科目,并将这些明细科目设为相应的辅助核算目录。一个科目设置了辅助核算后,它所发生的每一笔业务将会登记在总账和辅助明细账上。

例如,未使用辅助核算功能,科目设置如表3-1所示。

表 3-1 未使用辅助核算的科目设置

科目编码	科目名称	科目编码	科目名称
1122	应收账款	5001	生产成本
112201	北京石化公司	500101	甲产品
112202	天津销售分公司	50010101	直接材料
……		50010102	直接人工
1221	其他应收款	……	
122101	差旅费应收款	500102	乙产品
12210101	王坚	50010101	直接材料
12210102	李默	50010102	直接人工
122102	私人借款	……	
12210201	王坚	6602	管理费用
12210202	李默	660201	办公费
……		66020101	A 部门
1604	在建工程	66020102	B 部门
160401	设备安装工程	660202	差旅费
16040101	A 部门	66020201	A 部门
16040102	B 部门	66020202	B 部门
……		……	

启用总账管理系统的辅助核算功能进行核算时，可将科目设置如表 3-2 所示。

表 3-2 使用辅助核算的科目设置

科目编码	科目名称	辅助核算
1122	应收账款	客户往来
1221	其他应收款	
122101	差旅费应收款	个人往来
122102	私人借款	个人往来
1604	在建工程	部门项目
5001	生产成本	
500101	直接材料	项目核算
500102	直接人工	项目核算
6602	管理费用	
660201	办公费	部门核算
660202	差旅费	部门核算

3. 设置辅助核算档案

设置了科目的辅助核算属性还不够，还应将从科目中去掉的明细科目设置为辅助核算的目录。部门档案、职员档案在实验一中已涉及，下面主要说明项目核算的意义及设置方法。

一个单位项目核算的种类可能多种多样，例如，在建工程、对外投资、技术改造、融资成本、在产品成本、课题、合同订单等，为此应允许企业定义多个种类的项目核算。可以将具有相同特性的一类项目定义成一个项目大类，一个项目大类可以核算多个项目。为了便于管理，还可以对这些项目进行分类管理。可以按以下步骤定义项目。

(1) 设置科目辅助核算：在会计科目设置功能中先设置相关的项目核算科目，如对生产成本及其下级科目设置项目核算的辅助账类。

(2) 定义项目大类：即定义项目核算的分类类别。如增加生产成本项目大类。

(3) 指定核算科目：即具体指定需按此类项目核算的科目。一个项目大类可以指定多个科目，一个科目只能指定一个项目大类。如将直接材料、直接工资和制造费用指定为按生产成本项目大类核算的科目。

(4) 定义项目分类：为了便于统计，可将同一项目大类下的项目进一步划分。如将生产成本项目大类进一步划分为自行开发项目和委托开发项目。

(5) 定义项目目录：是将各个项目大类中的具体项目输入系统。

4. 设置凭证类别

系统提供了5种常用分类方式供企业选择。对选择的凭证分类可以在制单时设置对科目的限制条件，系统有以下5种限制类型供选择。

借方必有：制单时，此类凭证借方至少有一个限制科目有发生。

贷方必有：制单时，此类凭证贷方至少有一个限制科目有发生。

凭证必有：制单时，此类凭证无论借方还是贷方至少有一个限制科目有发生。

凭证必无：制单时，此类凭证无论借方还是贷方不可有一个限制科目有发生。

无限制：制单时，此类凭证可使用所有合法的科目。

限制科目由用户输入，可以是任意级次的科目，科目之间用逗号分割，数量不限，也可参照输入，但不能重复录入。若限制科目为非末级科目，则在制单时，其所有下级科目都将受到同样的限制。

5. 设置结算方式

该功能用来建立和管理企业在经营活动中所涉及的结算方式。它与财务结算方式一致，如现金结算、支票结算等。

6. 定义常用凭证及常用摘要

(1) 常用凭证定义

企业发生的会计业务都有其规范性，因而在日常填制凭证的过程中，经常会有许多凭证完全相同或部分相同，如果将这些常用的凭证存储起来，在填制会计凭证时可随时调用。

(2) 常用摘要定义

在日常填制凭证的过程中，经常会有许多摘要完全相同或大部分相同，如果将这些常用摘要存储起来，在填制会计凭证时可随时调用，必将大大提高业务处理效率。

7. 设置明细权限

在需要对操作员的操作权限做进一步细化，如希望制单权限控制到科目，凭证审核权控制到操作员，明细账查询控制到科目等，首先应在设置系统参数时，将上述选项做选中标志，再到"明细权限"功能中进行设置。

3.2.3 输入期初余额

在开始使用总账管理系统时，应将经过整理的手工账目的期初余额录入计算机。假如企业是在年初建账，则期初余额就是年初数；假如是年中启用总账管理系统，则应先将各账户此时的余额和年初到此时的借贷方累计发生额计算清楚。例如，某企业 2006 年 4 月开始启用总账管理系统，那么，应将该企业 2006 年 3 月末各科目的期末余额及 1—3 月的累计发生额计算出来，准备作为启用系统的期初数据录入到总账管理系统中，系统将自动计算年初余额。若科目有辅助核算，还应整理各辅助项目的期初余额，以便在期初余额中录入。

期初余额的录入分两部分：总账期初余额录入，辅助账期初余额录入。

3.3 总账管理系统日常业务处理

初始化设置完成后，可以开始进行日常账务处理了。日常业务包括，凭证管理、出纳管理、账簿管理等。

3.3.1 凭证管理

记账凭证是登记账簿的依据，是总账管理系统的唯一数据源。凭证管理的内容包括填制凭证、凭证审核、凭证汇总、凭证记账等功能。

1. 填制凭证

在实际工作中，可直接在计算机上根据审核无误准予报销的原始凭证填制记账凭证(即前台处理)，也可以先由人工制单而后集中输入(即后台处理)，企业采用哪种方式应根据本单位实际情况。一般来说，业务量不多或基础较好或使用网络版的企业可采用前台处理方式，而在第一年使用，或在人机并行阶段，则比较适合采用后台处理方式。

(1) 增加凭证

记账凭证的内容一般包括两部分：一是凭证头部分；二是凭证正文部分。如果输入会计科目有辅助核算要求，则应输入辅助核算内容；如果一个科目同时兼有多种辅助核算，则同时要求输入各种辅助核算的有关内容。

凭证头部分的内容如下。

- 凭证类别：可以输入凭证类别字，也可以参照输入。
- 凭证编号：一般情况下，由系统分类按月自动编制，即每类凭证每月都从0001号开始，对于网络用户，如果是几个人同时制单，在凭证的左上角，系统先提示一个参考凭证号，真正的凭证编号只有在凭证保存时才给出，如果只有一个人制单或使用单用户版制单，凭证左上角的凭证号即是正在填制的凭证的编号。系统同时也自动管理凭证页号，系统规定每页凭证有5条记录，当某号凭证不止一页时，系统自动在凭证号后标上分单号，例如，收-0001号0002/0003表示为收款凭证第0001号凭证共有3张分单，当前光标所在分录在第2张分单上。如果在启用账套时设置凭证编号方式为"手工编号"，则用户可在此处手工录入凭证编号。
- 制单日期：即填制凭证的日期。系统自动取进入账务系统前输入的业务日期为记账凭证填制的日期，如果日期不对，可进行修改或参照输入。
- 附单据数：即输入原始单据张数。
- 凭证自定义项：凭证自定义项是由用户自定义的凭证补充信息。用户根据需要自行定义和输入，系统对这些信息不进行校验，只进行保存。
- 凭证正文部分的内容如下。
- 摘要：输入本笔分录的业务说明，要求简洁明了，不能为空。
- 科目：必须输入末级科目。科目可以输入科目编码、中文科目名称、英文科目名称或助记码。
- 辅助信息：对于要进行辅助核算的科目，系统提示输入相应的辅助核算信息。辅助核算信息包括客户往来、供应商往来、个人往来、部门核算、项目核算。如果需要对所输入的辅助项进行修改，可双击所要修改的项，系统显示辅助信息录入窗，可进行修改。
- 金额：即该笔分录的借方或贷方本币发生额，金额不能为零，但可以是红字，红字金额以负数形式输入。

如果使用了应收管理系统来管理所有客户往来业务，那么所有与客户发生的业务，都应在应收款管理系统中生成相应的凭证，而不能在"填制凭证"功能中制单。如果使用了应付款管理系统来管理所有供应商往来业务，那么所有与供应商发生的业务，都应在应付款管理系统中生成相应的凭证。

(2) 生成和调用常用凭证

可以将某张凭证作为常用凭证存入常用凭证库中，以后可按所存代号调用这张常用凭证。

在填制一张与"常用凭证"相类似或完全相同的凭证时，可调用此常用凭证，这样会加快凭证的录入速度。

(3) 修改凭证

在填制凭证中，通过翻页查找或输入查询条件，找到要修改的凭证，将光标移到需修改的地方进行修改即可。可修改内容包括摘要、科目、辅助项、金额及方向、增删分录等。

外部系统传过来的凭证不能在总账管理系统中进行修改，只能在生成该凭证的系统中进行修改。

(4) 作废/恢复凭证

当某张凭证不想要或出现不便修改的错误时，可将其作废。

作废凭证的操作方法是：打开填制凭证后，找到要作废的凭证。执行"制单"|"作废/恢复"命令，凭证上显示"作废"字样，表示已将该凭证作废，作废凭证仍保留凭证内容及凭证编号。

若当前凭证已作废，还可执行"制单"|"作废/恢复"命令，取消作废标志，并将当前凭证恢复为有效凭证。

(5) 整理凭证

凭证整理就是删除所有作废凭证，并对未记账凭证重新编号。若本月已有凭证记账，那么，本月最后一张已记账凭证之前的凭证将不能作凭证整理，只能对其后面的未记账凭证作凭证整理。若想作凭证整理，应先利用"恢复记账前状态"功能中恢复本月月初的记账前状态，再作凭证整理。

(6) 制作红字冲销凭证

对于已记账的凭证，发现有错误，可以制作一张红字冲销凭证。执行"制单"|"冲销凭证"命令，制作红字冲销凭证。通过红字冲销法增加的凭证，应视同正常凭证进行保存管理。

(7) 查看凭证有关信息

总账管理系统的填制凭证功能不仅是各账簿数据的输入口，同时也提供了强大的信息查询功能。通过"填制凭证"|"查询"功能，可以查询符合条件的凭证信息；通过"查看"菜单可以查看到当前科目最新余额、外部系统制单信息、联查明细账等。

2. 审核凭证

为确保登记到账簿的每一笔经济业务的准确性和可靠性，制单员填制的每一张凭证都必须经过审核员的审核。审核凭证主要包括出纳签字、主管签字和审核凭证3方面的工作，根据会计制度规定，审核与制单不能为同一人。

(1) 出纳签字

出纳凭证由于涉及企业现金的收入与支出，应加强对出纳凭证的管理。出纳人员可通过出纳签字功能对制单员填制的带有现金银行科目的凭证进行检查核对，主要核对出纳凭证的出纳科目的金额是否正确，审查认为错误或有异议的凭证，应交与填制人员修改后再核对。

出纳签字应先更换操作员，由具有签字权限的出纳人员来进行。对于出纳凭证，可以单个签字，也可以成批签字。

(2) 主管签字

为了加强对会计人员制单的管理，系统提供"主管签字"功能供用户选择，选择该功能，会计人员填制的凭证必须经主管签字才能记账。

(3) 审核凭证

审核凭证是审核员按照财会制度，对制单员填制的记账凭证进行检查核对，主要审核记账凭证是否与原始凭证相符，会计分录是否正确等。审查认为错误或有异议的凭证，应交与填制人员修改后再审核，只有具有审核权的人才能进行审核操作。

凭证审核同出纳签字一样需先重新注册更换操作员，由具有审核权限的操作员来进行。凭证既可逐张审核，也可成批审核。

3. 凭证汇总

凭证汇总是按条件对记账凭证进行汇总并生成一张凭证汇总表。进行汇总的凭证可以是已记账凭证，也可以是未记账凭证，因此财务人员可在凭证未全部记账前，随时查看企业目前的经营状况及其他财务信息。

4. 凭证记账

记账凭证经审核签字后，即可用来登记总账、明细账、日记账、部门账、往来账、项目账以及备查账等。记账一般采用向导方式，使记账过程更加明确，记账工作由计算机自动进行数据处理，不用人工干预。

3.3.2 出纳管理

出纳管理是总账管理系统为出纳人员提供的一套管理工具，包括出纳签字，现金和银行存款日记账的输出，支票登记簿的管理以及银行对账功能，并可对银行长期未达账提供审计报告。

1. 出纳签字

前面介绍审核凭证功能时，已介绍过出纳签字功能。

2. 日记账及资金日报表

日记账是指现金和银行存款日记账。日记账由计算机登记，日记账的作用只是用于输出。只要建立会计科目时"日记账"选项打上"√"标志，即表明该科目要登记日记账。

(1) 现金日记账

欲查询现金日记账，必须执行"设置"|"会计科目"|"指定科目"命令，预先指定现金科目。

(2) 银行存款日记账

欲查询银行存款日记账，银行存款科目必须执行"设置"|"会计科目"|"指定科目"命令，预先指定银行存款科目。银行日记账的查询与现金日记的查询基本相同，所不同的

只是银行日记账设置有"结算号"栏,它主要是对账用的。

(3) 资金日报表

资金日报表是反映现金、银行存款日发生额及余额情况的报表,手工方式下,资金日报表由出纳员逐日填写,反映当天营业终止时现金、银行存款的收支情况及余额。电算化方式下,资金日报表主要用于查询、输出或打印资金日报表,提供当日借、贷金额合计和余额,以及发生的业务量等信息。

3. 支票登记簿

在手工记账时,出纳员通常利用支票领用登记簿,用来登记支票领用情况,为此总账管理系统特为出纳员提供了"支票登记簿"功能, 以供其详细登记支票领用人、领用日期、支票用途、是否报销等情况。

使用支票登记簿要注意以下几点。

- 只有在会计科目中设置了银行账辅助核算的科目才能使用支票登记簿。
- 只有在结算方式设置中选择票据控制,才能选择登记银行科目。
- 领用支票时,银行出纳员须使用"支票登记"功能据实登记领用日期、领用部门、领用人、支票号、备注等。
- 支票支出后,经办人持原始单据(发票)报销,会计人员据此填制记账凭证,在录入该凭证时,系统要求录入该支票的结算方式和支票号,填制完成该凭证后,系统自动在支票登记簿中将支票写上报销日期,该号支票即为已报销。对报销的支票,系统用不同的颜色区分。
- 支票登记簿中的报销日期栏,一般是由系统自动填写的,但对于有些已报销而由于人为原因而造成系统未能自动填写报销日期的支票,可进行手工填写。
- 已报销的支票不能进行修改。可以取消报销标志,再行修改。
- 在实际应用中,如果要求领用人亲笔签字等,最好不使用支票登记簿,这会增加输入的工作量。

4. 银行对账

银行对账是出纳管理的一项很重要的工作。此项工作通常是在期末进行,因此银行对账的功能在第 3.4.1 节详细介绍。

3.3.3 账簿管理

企业发生的经济业务,经过制单、审核、记账等程序后,就形成了正式的会计账簿,除了前面介绍的现金和银行存款的查询和输出外,账簿管理还包括基本会计核算账簿的查询输出,以及各种辅助账的查询和输出。

1. **基本会计核算账簿管理**

基本会计核算账簿管理包括总账、余额表、明细账、序时账、多栏账的查询及打印。

(1) 总账的查询及打印

总账查询不但可以查询各总账科目的年初余额、各月发生额合计和月末余额,而且还可查询所有2—6级明细科目的年初余额、各月发生额合计和月末余额。

(2) 余额表的查询及打印

发生额及余额表用于查询统计各级科目的本月发生额、累计发生额和余额等,可输出某月或某几个月的所有总账科目或明细科目的期初余额、本期发生额、累计发生额、期末余额。因此建议利用"发生额及余额表"代替总账。

(3) 明细账的查询及打印

明细账查询用于平时查询各账户的明细发生情况,及按任意条件组合查询明细账。在查询过程中可以包含未记账凭证。

(4) 序时账的查询及打印

序时账实际就是以流水账的形式反映单位的经济业务,查询打印比较简单,此处不作详述。

(5) 多栏账的查询及打印

本功能用于查询多栏明细账。在查询多栏账之前,必须先定义查询格式。进行多栏账栏目定义有两种定义方式:自动编制栏目、手动编制栏目。一般先进行自动编制再进行手动调整,可提高录入效率。

2. **各种辅助核算账簿管理**

辅助核算账簿管理包括个人往来、部门核算、项目核算账簿的总账、明细账查询输出,以及部门收支分析和项目统计表的查询输出。当供应商往来和客户往来采用总账管理系统核算时,其核算账簿的管理在总账管理系统中进行;否则,应在应收款、应付款管理系统中进行。

3. **现金流量表的查询**

可以查询到现金流量明细表和现金流量统计表。现金流量明细表可以按月份查询,也可以按日期查询;还可以按现金流量项目查询。现金流量统计表针对现金流量项目分类进行查询,可以按月份查询,也可以按日期查询。

3.4 总账管理系统期末处理

期末处理主要包括银行对账、自动转账、对账、月末处理及年末处理。与日常业务相比,数量不多,但业务种类繁杂且时间紧迫。在计算机环境下,由于各会计期间的许多期末业务具有较强的规律性,且方法很少改变,如费用计提,分摊的方法等,由计算机来处理这些有规律的业务，不但减少会计人员的工作量，也可以加强财务核算的规范性。

3.4.1 银行对账

1. 输入银行对账期初数据

通常许多企业在使用总账管理系统时，先不使用银行对账模块，例如，某企业 2005 年 1 月开始使用总账管理系统，而银行对账功能是在 5 月开始使用，那么银行对账则应该有一个启用日期(启用日期应为使用银行对账功能前最后一次手工对账的截止日期)，并在此录入最后一次对账企业方与银行方的调整前余额，以及启用日期之前的单位日记账和银行对账单的未达项。

2. 输入银行对账单

要实现计算机自动对账，在每月月末对账前，须将银行开出的银行对账单输入计算机。

本功能用于平时录入银行对账单。在指定账户(银行科目)后，可录入本账户下的银行对账单，以便于与企业银行存款日记账进行对账。

3. 银行对账

银行对账采用自动对账与手工对账相结合的方式。

自动对账即由计算机根据对账依据将银行日记账未达账项与银行对账单进行自动核对、勾销。对账依据通常是"结算方式+结算号+方向+金额"或"方向+金额"。对于已核对上的银行业务，系统将自动在银行存款日记账和银行对账单双方写上两清标志，并视为已达账项，否则，视其为未达账项。由于自动对账是以银行存款日记账和银行对账单双方对账依据完全相同为条件，所以为了保证自动对账的正确和彻底，必须保证对账数据的规范合理。

手工对账是对自动对账的补充。采用自动对账后，可能还有一些特殊的已达账没有对出来，而被视为未达账项，为了保证对账更彻底正确，可通过手工对账进行调整勾销。

下面 4 种情况中，只有第 1 种情况能自动核销已对账的记录，后 3 种情况均需通过手工对账来强制核销。

- 对账单文件中一条记录和银行日记账未达账项文件中一条记录完全相同。
- 对账单文件中一条记录和银行日记账未达账项文件中多条记录完全相同。
- 对账单文件中多条记录和银行日记账未达账项文件中一条记录完全相同。
- 对账单文件中多条记录和银行日记账未达账项文件中多条记录完全相同。

4. 余额调节表的查询输出

在对银行账进行两清勾对后，计算机自动整理汇总未达账和已达账，生成"银行存款余额调节表"，以检查对账是否正确。该余额调节表为截止到对账截止日期的余额调节表，若无对账截止日期，则为最新余额调节表。如果余额调节表显示账面余额不平，应查"银行期初录入"中的相关项目是否平衡,"银行对账单"录入是否正确,"银行对账"中勾对是否正确、对账是否平衡,如不正确进行调整。

5. 对账结果查询

对账结果查询,主要用于查询单位日记账和银行对账单的对账结果。它是对余额调节表的补充,可进一步了解对账后,对账单上勾对的明细情况(包括已达账项和未达账项),从而进一步查询对账结果。检查无误后,可通过核销银行账来核销已达账。

银行对账不平时,不能使用核销功能,核销不影响银行日记账的查询和打印。核销错误可以进行反核销。

3.4.2 自动转账

转账分为外部转账和内部转账。外部转账是指将其他专项核算子系统生成的凭证转入总账管理系统中;内部转账是指在总账管理系统内部,把某个或某几个会计科目中的余额或本期发生额结转到一个或多个会计科目中。

实现自动转账包括转账定义和转账生成两部分。

1. 转账定义

转账定义主要包括自定义转账、对应结转、销售成本结转、汇兑损益结转、期间损益结转。

(1) 自定义转账设置

自定义转账功能可以完成的转账业务主要有:

- "费用分配"的结转,如工资分配等。
- "费用分摊"的结转,如制造费用等。
- "税金计算"的结转,如增值税等。
- "提取各项费用"的结转,如提取福利费等。
- 各项辅助核算的结转。

如果使用应收款、应付款管理系统,则在总账管理系统中,不能按客户、供应商辅助项进行结转,只能按科目总数进行结转。

(2) 对应结转设置

对应结转不仅可进行两个科目的一对一结转,还提供科目的一对多结转功能。对应结转的科目可为上级科目,但其下级科目的科目结构必须一致(相同明细科目),如有辅助核算,则两个科目的辅助账类也必须一一对应。

本功能只结转期末余额,若结转发生额,需在自定义结转中设置。

(3) 销售成本结转设置

销售成本结转设置主要用来辅助没有启用供应链管理系统的企业完成销售成本的计算和结转。分两种方法:全月平均法和售价(计划价)法。

(4) 汇兑损益结转设置

本功能用于期末自动计算外币账户的汇兑损益，并在转账生成中自动生成汇兑损益转账凭证，汇兑损益只处理外汇存款账户，外币现金账户，外币结算的各项债权、债务；不包括所有者权益类账户、成本类账户和损益类账户。

为了保证汇兑损益计算正确，填制某月的汇兑损益凭证时，账户必须先将本月的所有未记账凭证先记账。

汇兑损益入账科目不能是辅助账科目或有数量外币核算的科目。

若启用了应收款、应付款管理系统，则计算汇兑损益的外币科目不能是带客户或供应商往来核算的科目。

(5) 期间损益结转设置

本功能用于在一个会计期间终止时，将损益类科目的余额结转到本年利润科目中，从而及时反映企业利润的盈亏情况。期间损益结转主要是对于管理费用、销售费用、财务费用、销售收入、营业外收支等科目的结转。

损益科目结转中将列出所有的损益科目。如果希望某损益科目参与期间损益的结转，则应在该科目所在行的本年利润科目栏填写本年利润科目代码；若为空，则将不结转此损益科目的余额。

损益科目的期末余额将结转到该行的本年利润科目中去。

若损益科目与本年利润科目都有辅助核算，则辅助账类必须相同。

损益科目结转表中的本年利润科目必须为末级科目，且为本年利润入账科目的下级科目。

2. 生成转账凭证

定义完转账凭证后，每月月末只需执行本功能即可由计算机快速生成转账凭证，在此生成的转账凭证将自动追加到未记账凭证中去，通过审核、记账后才能真正完成结转工作。

由于转账凭证中定义的公式基本上取自账簿，因此，在进行月末转账之前，必须将所有未记账凭证全部记账，否则，生成的转账凭证中的数据可能不准确。特别是对于一组相关转账分录，必须按顺序依次进行转账生成、审核、记账。

如果启用了应收款、应付款管理系统，则在总账管理系统中不能按客户、供应商进行结转。

根据需要，选择生成结转方式、结转月份及需要结转的转账凭证，系统在进行结转计算后显示将要生成的凭证，确认无误后，将生成的凭证追加到未记账凭证中。

结转月份为当前会计月，且每月只结转一次。在生成结转凭证时，要注意操作日期，一般在月末进行。

若转账科目有辅助核算，但未定义具体的转账辅助项，则可以选择"按所有辅助项结转"还是"按有发生的辅助项结转"。

- 按所有辅助项结转：转账科目的每一个辅助项生成一笔分录。
- 按有发生的辅助项结转：按转账科目下每一个有发生的辅助项生成一笔分录。

3.4.3 对账

对账是对账簿数据进行核对，以检查记账是否正确，以及账簿是否平衡。它主要是通过核对总账与明细账、总账与辅助账数据来完成账账核对。

试算平衡就是将系统中设置的所有科目的期末余额按会计平衡公式"借方余额=贷方余额"进行平衡检验，并输出科目余额表及是否平衡信息。

一般来说，实行计算机记账后，只要记账凭证录入正确，计算机自动记账后各种账簿都应是正确、平衡的，但由于非法操作或计算机病毒或其他原因有时可能会造成某些数据被破坏，因而引起账账不符，为了保证账证相符、账账相符，应经常使用本功能进行对账，至少一个月一次，一般可在月末结账前进行。

如果使用了应收款、应付款管理系统，则在总账管理系统中不能对往来客户账、供应商往来账进行对账。

当对账出现错误或记账有误时，系统允许"恢复记账前状态"，进行检查、修改，直到对账正确。

3.4.4 结账

每月月底都要进行结账处理，结账实际上就是计算和结转各账簿的本期发生额和期末余额，并终止本期的账务处理工作。

在电算化方式下，结账工作与手工相比简单多了，结账是一种成批数据处理，每月只结账一次，主要是对当月日常处理限制和对下月账簿的初始化，由计算机自动完成。

在结账之前要进行下列检查。

(1) 检查本月业务是否全部记账，有未记账凭证不能结账。
(2) 月末结转必须全部生成并记账，否则本月不能结账。
(3) 检查上月是否已结账，上月未结账，则本月不能记账。
(4) 核对总账与明细账、主体账与辅助账、总账管理系统与其他子系统数据是否已一致，不一致不能结账。
(5) 损益类账户是否全部结转完毕，否则本月不能结账。
(6) 若与其他子系统联合使用，其他子系统是否已结账；若没有，则本月不能结账。

结账前要进行数据备份，结账后不得再录入本月凭证，并终止各账户的记账工作；计算本月各账户发生额合计和本月账户期末余额，并将余额结转下月月初。

如果结账以后发现结账错误，可以进行"反结账"，取消结账标志，然后进行修正，再进行结账工作。

实验二　总账管理系统初始设置

【实验目的】

1. 掌握用友 ERP-U8 管理软件中总账管理系统初始设置的相关内容。
2. 理解总账管理系统初始设置的意义。
3. 掌握总账管理系统初始设置的具体内容和操作方法。

【实验内容】

1. 总账管理系统参数设置。
2. 基础档案设置：会计科目、凭证类别、外币及汇率、结算方式、辅助核算档案等。
3. 期初余额录入。

【实验准备】

引入"实验一"账套数据。其操作步骤如下：

(1) 以系统管理员的身份注册进入系统管理，执行"账套"|"引入"命令，打开"请选择账套备份文件"对话框。

(2) 选择"实验一"账套数据所在的磁盘驱动器，列表框中显示该磁盘驱动器中所包含的全部文件夹，依次双击存放账套数据的各文件夹，找到账套文件 UfErpAct.Lst，单击"确定"按钮，系统提示用户确认账套引入的目录，单击"确定"按钮，打开"请选择账套引入的目录"对话框，用户可以选择账套引入的具体路径，单击"确定"按钮，如果系统内已存在该账套号账套，系统会再次提示要求用户确认是否覆盖已存在信息，单击"是"按钮，覆盖信息；单击"否"按钮，不覆盖信息。

【实验资料】

1. 总账控制参数

选项卡	参数设置
凭证	制单序时控制
	支票控制
	赤字控制：资金及往来科目　　赤字控制方式：提示
	可以使用应收款、应付款、存货受控科目
	取消"现金流量科目必录现金流量项目"选项
	凭证编号方式采用系统编号
账簿	账簿打印位数按软件的标准设定
	明细账打印按年排页
凭证打印	打印凭证页脚姓名

(续表)

选项卡	参数设置
预算控制	超出预算允许保存
权限	出纳凭证必须经由出纳签字 允许修改、作废他人填制的凭证 可查询他人凭证 明细账查询权限控制到科目
会计日历	会计日历为1月1日—12月31日 数量小数位和单价小数位设置为2位
其他	外币核算采用固定汇率 部门、个人、项目按编码方式排序

2. 基础数据

(1) 外币及汇率

币符：USD；币名：美元；固定汇率1: 8.275(此汇率只供演示使用)。

(2) 2009年8月份会计科目及期初余额表

科目名称	辅助核算	方向	币别计量	累计借方发生额	累计贷方发生额	期初余额
库存现金(1001)	日记	借		18 889.65	18 860.65	6 875.70
银行存款(1002)	银行日记	借		469 251.88	370 000.35	511 057.16
工行存款(100201)	银行日记	借		469 251.88	370 000.35	511 057.16
中行存款(100202)	银行日记	借	美元			
应收账款(1122)	客户往来	借		60 000.00	20 000.00	157 600.00
其他应收款(1221)		借		4 200.00	5 410.27	3 800.00
应收单位款(122101)	客户往来	借				
应收个人款(122102)	个人往来	借		4 200.00	5 410.27	3 800.00
坏账准备(1231)		贷		3 000.00	6 000.00	10 000.00
预付账款(1123)	供应商往来					
报刊费(112301)		借				642.00
材料采购(1401)		借			80 000.00	-80 000.00
原材料(1403)		借		293 180.00		1 004 000.00
生产用原材料(140301)	数量核算	借	吨	293 180.00		1 004 000.00
包装物及低值易耗品(1412)		借				
材料成本差异(1404)		借		2 410.27		1 000.00

(续表)

科目名称	辅助核算	方向	币别计量	累计借方发生额	累计贷方发生额	期初余额
库存商品(1405)		借		140 142.54	90 000.00	2 554 000.00
委托加工物资(1408)		借				
固定资产(1601)		借				260 860.00
累计折旧(1602)		贷			39 511.89	47 120.91
在建工程(1604)		借				
人工费(160401)	项目核算	借				
材料费(160402)	项目核算	借				
其他(160403)	项目核算	借				
待处理财产损溢(1901)						
待处理流动资产损溢(190101)						
待处理固定资产损溢(190102)						
无形资产(1701)		借			58 500.00	58 500.00
短期借款(2001)		贷			200 000.00	200 000.00
应付账款(2202)	供应商往来	贷		150 557.26	60 000.00	276 850.00
预收账款(2203)	客户往来	贷				
应付职工薪酬(2211)		贷			3 400.00	8 200.00
应交税费(2221)		贷		36 781.37	15 581.73	-16 800.00
应交增值税(222101)		贷		36 781.37	15 581.73	-16 800.00
进项税额(22210101)		贷		36 781.37		-33 800.00
销项税额(22110105)		贷			15 581.73	17 000.00
其他应付款(2241)		贷			2 100.00	2 100.00
实收资本(4001)		贷				2 609 052.00
本年利润(4103)		贷				1 478 000.00
利润分配(4104)		贷		13 172.74	9 330.55	-119 022.31
未分配利润(410415)		贷		13 172.74	9 330.55	-119 022.31
生产成本(5001)	项目核算	借		8 711.37	10 121.64	17 165.74
直接材料(500101)	项目核算	借		4 800.00	5 971.00	10 000.00
直接人工(500102)	项目核算	借		861.00	900.00	4 000.74
制造费用(500103)	项目核算	借		2 850.00	3 050.00	2 000.00
折旧费(500104)	项目核算	借		200.37	200.64	1 165.00
其他(500105)	项目核算	借				

(续表)

科目名称	辅助核算	方向	币别计量	累计借方发生额	累计贷方发生额	期初余额
制造费用(5101)		借				
工资(510101)		借				
折旧费(510102)		借				
主营业务收入(6001)		贷		350 000.00	350 000.00	
其他业务收入(6051)		贷		250 000.00	250 000.00	
主营业务成本(6401)		借		300 000.00	300 000.00	
营业税金及附加(6403)		借		8 561.28	8 561.28	
其他业务成本(6402)		借		180 096.55	180 096.55	
销售费用(6601)		借		5 000.00	5 000.00	
管理费用(6602)		借		23 221.33	23 221.33	
薪资(660201)	部门核算	借		8 542.96	8 542.96	
福利费(660202)	部门核算	借		1 196.01	1 196.01	
办公费(660203)	部门核算	借		568.30	568.30	
差旅费(660204)	部门核算	借		5 600.23	5 600.23	
招待费(660205)	部门核算	借		4 621.56	4 621.56	
折旧费(660206)	部门核算	借		2 636.27	2 636.27	
其他(660207)	部门核算	借		56.00	56.00	
财务费用(6603)		借		8 000.00	8 000.00	
利息支出(660301)		借		8 000.00	8 000.00	

说明：

♦ 将"库存现金(1001)"科目指定为现金总账科目。

♦ 将"银行存款(1002)"科目指定为银行总账科目。

♦ 将"库存现金(1001)、工行存款(100201)、中行存款(100202)"指定为现金流量科目。

(3) 凭证类别

凭证类别	限制类型	限制科目
收款凭证	借方必有	1001,100201,100202
付款凭证	贷方必有	1001,100201,100202
转账凭证	凭证必无	1001,100201,100202

(4) 结算方式

结算方式编码	结算方式名称	票据管理
1	现金结算	否
2	支票结算	否
201	现金支票	是
202	转账支票	是
9	其他	否

(5) 项目目录

项目设置步骤	设 置 内 容
项目大类	生产成本
核算科目	生产成本(5001) 直接材料(500101) 直接人工(500102) 制造费用(500103) 折旧费(500104) 其他(500105)
项目分类	1. 自行开发项目 2. 委托开发项目
项目名称	普通打印纸-A4 所属分类码 1 凭证套打纸-8X 所属分类码 1

(6) 数据权限分配

操作员"白雪"只具有应收账款、预付账款、应付账款、预收账款、其他应收款 5 个科目的明细账查询权限。具有所有部门的查询和录入权限。

3. 期初余额

(1) 总账期初余额表

见"2009 年 8 月份会计科目及期初余额表"。

(2) 辅助账期初余额表

会计科目: 122102　其他应收款—应收个人款　　　余额: 借 3 800 元

日　期	凭证号	部　门	个　人	摘　要	方　向	期初余额
2009-07-26	付-118	总经理办公室	肖剑	出差借款	借	2 000.00
2009-07-27	付-156	销售部	孙健	出差借款	借	1 800.00

会计科目： 1122　应收账款　　余额：借 157 600 元

日　　期	凭证号	客　户	摘　　要	方向	金　　额	业务员	票号	票据日期
2009-06-25	转-118	华宏公司	销售商品	借	99 600.00	孙健	P111	2009-06-25
2009-07-10	转-15	昌新贸易公司	销售商品	借	58 000.00	孙健	Z111	2009-07-10

会计科目： 2202　应付账款　　余额：贷 276 850 元

日　　期	凭证号	供应商	摘　　要	方向	金　　额	业务员	票号	票据日期
2009-5-20	转-45	兴华公司	购买原材料	贷	276 850.00	李平	C000	2009-05-20

会计科目： 5001　生产成本　　余额：借 17 165.74 元

科 目 名 称	普通打印纸-A4	凭证套打纸-8X	合　　计
直接材料(500101)	4 000.00	6 000.00	10 000.00
直接人工(500102)	1 500.00	2 500.74	4 000.74
制造费用(500103)	800.00	1 200.00	2 000.00
折旧费(500104)	500.00	665.00	1 165.00
合计	6 800.00	10 365.74	17 165.74

【实验要求】

以账套主管"陈明"的身份进行总账初始设置。

【操作指导】

1. 登录总账

(1) 单击"开始"按钮，执行"程序"|"用友 ERP-U8"|"企业应用平台"命令，打开"登录"对话框。

(2) 输入操作员 001；输入密码 1；选择账套"007　北京阳光信息技术有限公司"；输入操作日期"2009-08-01"，单击"确定"按钮。

(3) 在"业务工作"选项卡中，单击"财务会计"|"总账"选项，展开总账下级菜单。

2. 设置总账控制参数

(1) 在总账管理系统中，执行"设置"|"选项"命令，打开"选项"对话框。

(2) 单击"编辑"按钮，进入选项编辑状态。

(3) 分别打开"凭证"、"账簿"、"凭证打印"、"预算控制"、"权限"、"会计日历"、"其他"选项卡，按照实验资料的要求进行相应的设置。

(4) 设置完成后，单击"确定"按钮。

3. 设置基础数据

■ 设置外币及汇率

(1) 在企业应用平台"基础设置"选项卡中，执行"基础档案"|"财务"|"外币设置"命令，打开"外币设置"对话框。

(2) 单击"增加"按钮，输入币符 USD、币名"美元"，单击"确认"按钮。

(3) 输入"2009-08"月份的记账汇率 8.275， 单击"退出"按钮。

注意：

◆ 这里只能录入固定汇率与浮动汇率值，并不决定在制单时使用固定汇率还是浮动汇率，在总账"选项"对话框的"其他"选项卡的"外币核算"中，设置制单使用固定汇率还是浮动汇率。

◆ 如果使用固定汇率，则应在每月月初录入记账汇率(即期初汇率)，月末计算汇兑损益时录入调整汇率(即期末汇率)；如果使用浮动汇率，则应每天在此录入当日汇率。

■ 建立会计科目——增加明细会计科目

(1) 在企业应用平台"基础设置"选项卡中，执行"基础档案"|"财务"|"会计科目"命令，进入"会计科目"窗口，显示所有"按新会计制度"预置的科目。

(2) 单击"增加"按钮，进入"会计科目—新增"窗口，输入实验资料中所给的明细科目。

(3) 输入明细科目相关内容。输入编码 100201、科目名称"工行存款"；选择"日记账"、"银行账"，单击"确定"按钮。

(4) 继续单击"增加"按钮，输入实验资料中其他明细科目的相关内容。

(5) 全部输入完成后，单击"关闭"按钮。

注意：
增加的会计科目编码长度及每段位数要符合编码规则。

■ 建立会计科目——修改会计科目

(1) 在"会计科目"窗口中，单击要修改的会计科目 1001。

(2) 单击"修改"按钮或双击该科目，进入"会计科目—修改"窗口。

(3) 单击"修改"按钮，选中"日记账"复选框，单击"确定"按钮。

(4) 按实验资料内容修改其他科目的辅助核算属性，修改完成后，单击"返回"按钮。

注意：

◆ 已有数据的科目不能修改科目性质。

◆ 被封存的科目在制单时不可以使用。

♦ 只有处于修改状态才能设置汇总打印和封存。

■ 建立会计科目——删除会计科目

(1) 在"会计科目"窗口中，选择要删除的会计科目。

(2) 单击"删除"按钮，系统提示"记录删除后不能修复！真的删除此记录吗？"信息。

(3) 单击"确定"按钮，即可删除该科目。

注意：
♦ 如果科目已录入期初余额或已制单，则不能删除。
♦ 非末级会计科目不能删除。
♦ 被指定为"现金科目"、"银行科目"的会计科目不能删除；若想删除，必须先取消指定。

■ 建立会计科目——指定会计科目

(1) 在"会计科目"窗口中，执行"编辑"|"指定科目"命令，进入"指定科目"窗口。

(2) 选择"现金总账科目"单选按钮，将"现金(1001)"由待选科目选入已选科目。

(3) 选择"银行总账科目"单选按钮，将"银行存款(1002)"由待选科目选入已选科目。

(4) 选择"现金流量科目"单选按钮，将"现金(1001)、工行存款(100201)、中行存款(100202)"由待选科目选入已选科目。

(5) 选择"确认"按钮。

注意：
♦ 指定会计科目是指定出纳的专管科目。只有指定科目后，才能执行出纳签字，从而实现现金、银行管理的保密性，才能查看现金、银行存款日记账。
♦ 在指定"现金科目"、"银行科目"之前，应在建立"现金"、"银行存款"会计科目时选中"日记账"复选框。
♦ 现金流量表的编制有两种方法：一种是利用总账中的现金流量辅助核算；另一种是利用专门的现金流量表软件编制现金流量表。本例拟采用第一种方法，因此在此处明确与现金流量有关联的科目。

■ 设置凭证类别

(1) 在企业应用平台"基础设置"选项卡中，执行"基础档案"|"财务"|"凭证类别"命令，打开"凭证类别预置"对话框。

(2) 选择"收款凭证、付款凭证、转账凭证"单选按钮。

(3) 单击"确定"按钮，进入"凭证类别"窗口。

(4) 单击工具栏上的"修改"按钮，单击收款凭证"限制类型"的下三角按钮，选择"借方必有"；在"限制科目"栏输入"1001,100201,100202"。

(5) 设置付款凭证的限制类型"贷方必有"、限制科目"1001,100201,100202"；转账凭证的限制类型"凭证必无"，限制科目"1001,100201,100202"。

(6) 设置完成后，单击"退出"按钮。

■ 设置结算方式

(1) 在企业应用平台"基础设置"选项卡中，执行"基础档案"|"收付结算"|"结算方式"命令，进入"结算方式"窗口。

(2) 单击"增加"按钮，输入结算方式编码 1；结算方式名称"现金结算"，单击"保存"按钮。

(3) 依次输入其他结算方式。对于"现金支票"和"转账支票"要选中"票据管理标志"。

(4) 设置完成后，单击"退出"按钮。

注意：

支票管理是系统为辅助银行出纳对银行结算票据的管理而设置的功能，类似于手工系统中的支票登记簿的管理方式。若需实施票据管理，则选中"是否票据管理"复选框。

■ 设置项目目录——定义项目大类

(1) 在企业应用平台"基础设置"选项卡中，执行"基础档案"|"财务"|"项目目录"命令，进入"项目档案"窗口。

(2) 单击"增加"按钮，打开"项目大类定义——增加"对话框。

(3) 输入新项目大类名称"生产成本"。

(4) 单击"下一步"按钮，输入要定义的项目级次，假设本例采用系统默认值。

(5) 单击"下一步"按钮，输入要修改的项目栏目，假设本例采用系统默认值。

(6) 单击"完成"按钮，返回"项目档案"窗口。

注意：

项目大类的名称是该类项目的总称，而不是会计科目名称。例如，在建工程按具体工程项目核算，其项目大类名称应为"工程项目"而不是"在建工程"。

■ 设置项目目录——指定核算科目

(1) 在"项目档案"窗口中，打开"核算科目"选项卡。

(2) 选择项目大类"生产成本"。

(3) 单击">"按钮，将"生产成本(5001)"及其明细科目选为参加核算的科目，单击"确定"按钮。

注意：
一个项目大类可指定多个科目，一个科目只能指定一个项目大类。

■ 设置项目目录——定义项目分类

(1) 在"项目档案"窗口中，打开"项目分类定义" 选项卡。
(2) 单击右下角的"增加"按钮，输入分类编码1；输入分类名称"自行开发项目"，单击"确定"按钮。
(3) 同理，定义"2 委托开发项目"项目分类。

注意：
♦ 为了便于统计，可对同一项目大类下的项目进一步划分，即定义项目分类。
♦ 若无分类，也必须定义项目分类为"无分类"。

■ 设置项目目录——定义项目目录

(1) 在"项目档案"窗口中，打开"项目目录" 选项卡。
(2) 单击右下角的"维护"按钮，进入"项目目录维护"窗口。
(3) 单击"增加"按钮，输入项目编号1；输入项目名称"普通打印纸-A4"；选择所属分类码1。
(4) 同理，继续增加"2 凭证套打纸-8X"项目档案。

注意：
标志结算后的项目将不能再使用。

■ 数据权限控制设置及分配

(1) 在企业应用平台"系统服务"选项卡中，执行"权限"|"数据权限控制设置"命令，打开"数据权限控制设置"对话框。
(2) 打开"记录级"选项卡，选中"部门""科目"复选框，单击"确定"按钮返回。
(3) 执行"数据权限"|"数据权限设置"命令，进入"权限浏览"窗口。
(4) 从"业务对象"下拉列表中选择"科目"选项。
(5) 从"用户及角色"列表框中选择"004 白雪"。
(6) 单击工具栏上的"授权"按钮，打开"记录权限设置"对话框。
(7) 分别将"应收账款"、"预付账款"、"应付账款"、"预收账款"、"其他应收款"科目从"禁用"列表框中选入到"可用"列表框中。
(8) 单击"保存"按钮，系统提示"保存成功"信息，单击"确定"按钮，返回记录权限设置。
(9) 从"业务对象"下拉列表中选择"部门"，将所有部门从"禁用"列表框中选入到"可用"列表框中。

(10) 单击"保存"按钮,弹出"保存成功"信息提示对话框,单击"确定"按钮返回。

注意:

若希望每个操作员都可查询所有科目的明细账,可在"选项"对话框的"权限"选项卡中,取消"明细账查询权限控制到科目"的设置即可。

4. 输入期初余额

(1) 在总账管理系统中,执行"设置"|"期初余额"命令,进入"期初余额录入"窗口。

(2) 直接输入末级科目(底色为白色)的累计发生额和期初余额,上级科目的累计发生额和期初余额自动填列。

(3) 设置了辅助核算的科目底色显示为浅黄色,其累计发生额可直接输入,但期初余额的录入要到相应的辅助账中进行。其操作方法是:双击设置了辅助核算属性的科目的期初余额栏,进入相应的辅助账窗口,按明细输入每笔业务的金额,完成后单击"退出"按钮,辅助账余额自动转到总账。

(4) 输完所有科目余额后,单击"试算"按钮,打开"期初余额试算平衡表"对话框。

(5) 若期初余额不平衡,则修改期初余额;若期初余额试算平衡,单击"退出"按钮。

注意:

◆ 期初余额试算不平衡,将不能记账,但可以填制凭证。

◆ 已经记过账,则不能再输入、修改期初余额,也不能执行"结转上年余额"功能。

实验三 总账管理系统日常业务处理

【实验目的】

1. 掌握用友 ERP-U8 管理软件中总账管理系统日常业务处理的相关内容。
2. 熟悉总账管理系统日常业务处理的各种操作。
3. 掌握凭证管理、出纳管理和账簿管理的具体内容和操作方法。

【实验内容】

1. 凭证管理:填制凭证、审核凭证、凭证记账的操作方法。
2. 出纳管理:出纳签字、现金、银行存款日记账和资金日报表的查询。
3. 账簿管理:总账、科目余额表、明细账、辅助账的查询方法。

【实验准备】

引入"实验二"账套数据。

【实验资料】

1. 凭证管理

2009年8月份企业发生的经济业务如下。

(1) 8月2日,销售部王丽购买了200元的办公用品,以现金支付,附单据一张。

  借:销售费用(6601)   200
    贷:库存现金(1001)   200

(2) 8月3日,财务部王晶从工行提取现金10 000元,作为备用金,现金支票号XJ001。

  借:库存现金(1001)   10 000
    贷:银行存款/工行存款(100201) 10 000

(3) 8月5日,收到兴华集团投资资金10 000美元,汇率1:8.275,转账支票号ZZW001。

  借:银行存款/中行存款(100202) 82 750
    贷:实收资本(4001)   82 750

(4) 8月8日,采购部白雪采购原纸10吨,每吨5 000元,材料直接入库,货款以银行存款支付,转账支票号ZZR001。

  借:原材料/生产用原材料(140301) 50 000
    贷:银行存款/工行存款(100201) 50 000

(5) 8月12日,销售部王丽收到华宏公司转来一张转账支票,金额99 600元,用以偿还前欠货款,转账支票号ZZR002。

  借:银行存款/工行存款(100201) 99 600
    贷:应收账款(1122)   99 600

(6) 8月14日,采购部白雪从兴华公司购入"管理革命"光盘100张,单价80元,货税款暂欠,商品已验收入库,适用税率17%。

  借:库存商品(1405)   8 000
    应交税费/应交增值税/进项税额(22210101) 1 360
    贷:应付账款(2202)   9 360

(7) 8月16日,总经理办公室支付业务招待费1 200元,转账支票号ZZR003。

  借:管理费用/招待费(660205)   1 200
    贷:银行存款/工行存款(100201) 1 200

(8) 8月18日,总经理办公室肖剑出差归来,报销差旅费2 000元,交回现金200元。

  借:管理费用/差旅费(660204)   1 800
    库存现金(1001)   200
    贷:其他应收款(122102)   2 000

(9) 8月20日,一车间领用原纸5吨,单价5 000元,用于生产普通打印纸-A4。

  借:生产成本/直接材料(500101) 25 000
    贷:原材料/生产用原材料(140301) 25 000

2. 出纳管理

8月25日，采购部李平借转账支票一张，票号155，预计金额5 000元。

【实验要求】

1. 以"马方"的身份进行填制凭证，凭证查询操作。

2. 以"王晶"的身份进行出纳签字，现金、银行存款日记账和资金日报表的查询，支票登记操作。

3. 以"陈明"的身份进行审核、记账、账簿查询操作。

【操作指导】

以"003 马方"的身份注册进入企业应用平台。

注意：

操作日期输入"2009-08-31"。这样，可以只注册一次企业应用平台，输入不同日期的凭证。

1. 凭证管理

■ 填制凭证

增加凭证——输入凭证的辅助核算信息(业务1—业务9)

业务1：辅助核算——现金流量

在凭证填制过程中，若某科目为"银行科目"、"外币科目"、"数量科目"、"辅助核算科目"、"现金流量科目"，输完科目名称后，则须继续输入该科目的辅助核算信息。

(1) 执行"凭证"|"填制凭证"命令，进入"填制凭证"窗口。

(2) 单击"增加"按钮，增加一张空白凭证。

(3) 选择凭证类型"付款凭证"；输入制单日期"2009-08-02"；输入附单据数1。

(4) 输入摘要"购办公用品"；输入科目名称6601，借方金额200，按Enter键；摘要自动带到下一行，输入科目名称1001，贷方金额200，按Enter键，打开"现金流量表"对话框。

(5) 单击"增加"按钮，在"项目编码"参照中，依次选择"经营活动"|"现金流出"|"支付的与其他经营活动有关的现金"项目，输入金额200，单击"确定"按钮返回。

(6) 单击"保存"按钮，系统弹出"凭证已成功保存！"信息提示框，单击"确定"按钮。

注意：

◆ 采用序时控制时，凭证日期应大于等于启用日期，不能超过业务日期。

◆ 凭证一旦保存，其凭证类别、凭证编号不能修改。

- ◆ 正文中不同行的摘要可以相同也可以不同，但不能为空。每行摘要将随相应的会计科目在明细账、日记账中出现。
- ◆ 科目编码必须是末级的科目编码。
- ◆ 金额不能为"零"；红字以"-"号表示。
- ◆ 可按"="键，取当前凭证借贷方金额的差额到当前光标位置。

业务2：辅助核算——银行科目

(1) 现金和银行存款科目均是现金流量辅助核算科目，但本业务属于现金各项目之间的增减变动，不影响现金流量的净额，因此，不填写现金流量项目。

(2) 在填制凭证过程中，输完银行科目100201，弹出"辅助项"对话框。

(3) 输入结算方式201，票号XJ001，发生日期"2009-08-03"，单击"确定"按钮。

(4) 凭证输入完成后，若此张支票未登记，则系统弹出"此支票尚未登记，是否登记？"对话框。

(5) 单击"是"按钮，弹出"票号登记"对话框。

(6) 输入领用日期"2009-08-03"，领用部门"财务部"，姓名"王晶"，限额10 000，用途"备用金"，单击"确定"按钮。

(7) 单击"保存"按钮，保存该凭证。

注意：

选择支票控制，即该结算方式设为支票管理，银行账辅助信息不能为空，而且该方式的票号应在支票登记簿中有记录。

业务3：辅助核算——外币科目

(1) 在填制凭证过程中，输完外币科目100202，输入外币金额10 000，根据自动显示的外币汇率8.275，自动算出并显示本币金额82 750。

(2) 全部输入完成后，单击"保存"按钮，保存凭证。

注意：
- ◆ 该笔业务的现金流量项目为"筹资活动"|"现金流入"|"吸收投资所收到的现金"。
- ◆ 汇率栏中内容是固定的，不能输入或修改。如使用浮动汇率，汇率栏中显示最近一次汇率，可以直接在汇率栏中修改。

业务4：辅助核算——数量科目

(1) 在填制凭证过程中，输入完数量科目140301，弹出"辅助项"对话框。

(2) 输入数量10，单价5 000，单击"确认"按钮。

注意：

该笔业务的现金流量项目为"经营活动"|"现金流出"|"购买商品、接受劳务支付的现金"。

业务 5：辅助核算——客户往来
(1) 在填制凭证过程中，输入完客户往来科目 1122，弹出"辅助项"对话框。
(2) 输入客户"华宏公司"，发生日期"2009-08-12"。
(3) 单击"确认"按钮。

注意：
◆ 该笔业务的现金流量项目为"经营活动"|"现金流入"|"销售商品、提供劳务收到的现金"。
◆ 如果往来单位不属于已定义的往来单位，则要正确输入新往来单位的辅助信息，系统会自动追加到往来单位目录中。

业务 6：辅助核算——供应商往来
(1) 在填制凭证过程中，输入完供应商往来科目 2202，弹出"辅助项"对话框。
(2) 输入供应商"兴华公司"，发生日期"2009-08-14"。
(3) 单击"确认"按钮。

业务 7：辅助核算——部门核算
(1) 在填制凭证过程中，输入完部门核算科目 660205，弹出"辅助项"对话框。
(2) 输入部门"总经理办公室"，单击"确认"按钮。

注意：
该笔业务的现金流量项目为"经营活动"|"现金流出"|"支付的与其他经营活动有关的现金"。

业务 8：辅助核算科目——个人往来
(1) 在填制凭证过程中，输入完个人往来科目 122102，弹出"辅助项"对话框。
(2) 输入部门"总经理办公室"，个人"肖剑"，发生日期"2009-08-18"。
(3) 单击"确认"按钮。

注意：
◆ 该笔业务的现金流量项目为"经营活动"|"现金流入"|"收到的其他与经营活动的现金"。
◆ 在输入个人信息时，若不输入"部门名称"只输入"个人名称"时，系统将根据所输入个人名称自动输入其所属的部门。

业务 9：辅助核算科目——项目核算
(1) 在填制凭证过程中，输入完项目核算科目 500101，弹出"辅助项"对话框。
(2) 输入项目名称"普通打印纸-A4"，单击"确认"按钮。

注意：
系统根据数量×单价自动计算出金额，并将金额先放在借方，如果方向不符，可将光标移动到贷方后，按 Space(空格)键即可调整金额方向。

查询凭证

(1) 执行"凭证"|"查询凭证"命令，打开"凭证查询"对话框。
(2) 输入查询条件，单击"辅助条件"按扭，可输入更多查询条件。
(3) 单击"确认"按钮，进入"查询凭证"窗口。
(4) 双击某一凭证行，则屏幕可显示出此张凭证。

修改凭证(可选做内容)

(1) 执行"凭证"|"填制凭证"命令，进入"填制凭证"窗口。
(2) 单击"查询凭证"按钮，输入查询条件，找到要修改的凭证。
(3) 对于凭证的一般信息，将光标放在要修改的地方，直接修改；如果要修改凭证的辅助项信息，首先选中辅助核算科目行，然后将光标置于备注栏辅助项，待鼠标图形变为"笔形"时双击，弹出"辅助项"对话框，在对话框中修改相关信息。
(4) 单击"保存"按钮，保存相关信息。

注意：

- 未经审核的错误凭证可通过"填制凭证"功能直接修改；已审核的凭证应先取消审核后，再进行修改。
- 若已采用制单序时控制，则在修改制单日期时，不能在上一张凭证的制单日期之前。
- 若选择"不允许修改或作废他人填制的凭证"权限控制，则不能修改或作废他人填制的凭证。
- 如果涉及银行科目的分录已录入支票信息，并对该支票做过报销处理，修改操作将不影响"支票登记簿"中的内容。
- 外部系统传过来的凭证不能在总账管理系统中进行修改，只能在生成该凭证的系统中进行修改。

冲销凭证(可选做内容)

(1) 在"填制凭证"窗口，执行"制单"|"冲销凭证"命令，打开"冲销凭证"对话框。
(2) 输入条件：选择"月份"、"凭证类别"；输入"凭证号"等信息。
(3) 单击"确定"按扭，系统自动生成一张红字冲销凭证。

注意：

- 通过红字冲销法增加的凭证，应视同正常凭证进行保存和管理。
- 红字冲销只能针对已记账凭证进行。

删除凭证(可选做内容)

作废凭证

(1) 先查询到要作废的凭证。

(2) 在"填制凭证"窗口中，执行"制单"|"作废/恢复"命令。

(3) 凭证的左上角显示"作废"字样，表示该凭证已作废。

注意：

- ◆ 作废凭证仍保留凭证内容及编号，只显示"作废"字样。
- ◆ 作废凭证不能修改，不能审核。
- ◆ 在记账时，已作废的凭证应参与记账，否则月末无法结账，但不对作废凭证作数据处理，相当于一张空凭证。
- ◆ 账簿查询时，查不到作废凭证的数据。
- ◆ 若当前凭证已作废，可执行"编辑"|"作废/恢复"命令，取消作废标志，并将当前凭证恢复为有效凭证。

整理凭证

(1) 在"填制凭证"窗口中，执行"制单"|"整理凭证"命令，打开"选择凭证期间"对话框。

(2) 选择要整理的"月份"。

(3) 单击"确定"按钮，打开"作废凭证表"对话框。

(4) 选择真正要删除的作废凭证。

(5) 单击"确定"按钮，系统将这些凭证从数据库中删除并对剩下凭证重新排号。

注意：

- ◆ 如果作废凭证不想保留时，则可以通过"整理凭证"功能，将其彻底删除，并对未记账凭证重新编号。
- ◆ 只能对未记账凭证做凭证整理。
- ◆ 已记账凭证作凭证整理，应先恢复本月月初的记账前状态，再做凭证整理。

■ 出纳签字

更换操作员

(1) 在企业应用平台窗口，执行左上角"重注册"命令，打开"登录"对话框。

(2) 以"002 王晶"的身份注册进入企业应用平台，再进入总账管理系统。

注意：

- ◆ 凭证填制人和出纳签字人可以为不同的人，也可以为同一个人。
- ◆ 按照会计制度规定，凭证的填制与审核不能是同一个人。

♦ 在进行出纳签字和审核之前，通常需先更换操作员。

进行出纳签字

(1) 执行"凭证"|"出纳签字"命令，打开"出纳签字"查询条件对话框。
(2) 输入查询条件：选择"全部"单选按钮。
(3) 单击"确认"按钮，进入"出纳签字"的凭证列表窗口。
(4) 双击某一要签字的凭证或者单击"确定"按钮，进入"出纳签字"的签字窗口。
(5) 单击"签字"按钮，凭证底部的"出纳"位置被自动签上出纳人姓名。
(6) 单击"下张"按钮，对其他凭证签字，最后单击"退出"按钮。

注意：

♦ 涉及指定为现金科目和银行科目的凭证才需出纳签字。
♦ 凭证一经签字，就不能被修改、删除，只有取消签字后才可以修改或删除，取消签字只能由出纳自己进行。
♦ 凭证签字并非审核凭证的必要步骤。若在设置总账参数时，不选择"出纳凭证必须经由出纳签字"，则可以不执行"出纳签字"功能。
♦ 可以执行"出纳"|"成批出纳签字"功能对所有凭证进行出纳签字。

■ **审核凭证**

以"001 陈明"的身份重新注册进入企业应用平台。

(1) 执行"凭证"|"审核凭证"命令，打开"凭证审核"查询条件对话框。
(2) 输入查询条件，单击"确认"按钮，进入"凭证审核"的凭证列表窗口。
(3) 双击要审核的凭证或单击"确定"按钮，进入"凭证审核"的审核凭证窗口。
(4) 检查要审核的凭证，无误后，单击"审核"按钮，凭证底部的"审核"处自动签上审核人姓名。
(5) 单击"下张"按钮，对其他凭证签字，最后单击"退出"按钮。

注意：

♦ 审核人必须具有审核权。如果在"选项"中设置了"凭证审核控制到操作员"时，审核人还需要有对制单人所制凭证的审核权。
♦ 作废凭证不能被审核，也不能被标错。
♦ 审核人和制单人不能是同一个人，凭证一经审核，不能被修改、删除，只有取消审核签字后才可修改或删除，已标志作废的凭证不能被审核，需先取消作废标志后才能审核。

■ **凭证记账**

以"陈明"的身份进行记账。

记账

(1) 执行"凭证"|"记账"命令,进入"记账"窗口。

(2) 第一步选择要进行记账的凭证范围。例如,在付款凭证的"记账范围"栏中输入"1-4", 本例单击"全选"按钮,选择所有凭证,单击"下一步"按钮。

(3) 第二步显示记账报告,如果需要打印记账报告,可单击"打印"按钮。如果不打印记账报告,单击"下一步"按钮。

(4) 第三步记账,单击"记账"按钮,打开"期初试算平衡表"对话框,单击"确认"按钮,系统开始登录有关的总账和明细账、辅助账。登记完后,弹出"记账完毕"信息提示对话框。

(5) 单击"确定"按钮,记账完毕。

注意:
- 第一次记账时,若期初余额试算不平衡,不能记账。
- 上月未记账,本月不能记账。
- 未审核凭证不能记账,记账范围应小于等于已审核范围。
- 作废凭证不需审核可直接记账。
- 记账过程一旦断电或其他原因造成中断后,系统将自动调用"恢复记账前状态"功能恢复数据,然后再重新记账。

取消记账

激活"恢复记账前状态"菜单

(1) 在总账初始窗口,执行"期末"|"对账"命令,进入"对账"窗口。

(2) 按 Ctrl+H 键,系统弹出"恢复记账前状态功能已被激活。"信息提示对话框,同时在"凭证"菜单下显示"恢复记账前状态功能"菜单项。

(3) 单击"确定"按钮,再单击工具栏上的"退出"按钮。

注意:
如果退出系统后又重新进入系统,或在"对账"中按 Ctrl+H 键,将重新隐藏"恢复记账前状态"功能。

恢复记账

(1) 执行"凭证"|"恢复记账前状态"命令,打开"恢复记账前状态"对话框。

(2) 选择"最近一次记账前状态"单选按钮。

(3) 单击"确定"按钮,系统弹出"请输入主管口令"信息提示对话框。

(4) 输入口令 1,单击"确认"按钮,稍候,系统弹出"恢复记账完毕!"信息提示对话框,单击"确定"按钮。

注意：
- ♦ 已结账月份的数据不能取消记账。
- ♦ 取消记账后，一定要重新记账。

2. 出纳管理

以"王晶"的身份重新注册进入企业应用平台。

■ 现金日记账

(1) 执行"出纳"|"现金日记账"命令，打开"现金日记账查询条件"对话框。

(2) 选择科目"库存现金(1001)"，默认月份"2009-08"，单击"确认"按钮，进入"现金日记账"窗口。

(3) 双击某行或将光标置于某行再单击"凭证"按钮，可查看相应的凭证。

(4) 单击"总账"按钮，可查看此科目的三栏式总账，单击"退出"按钮。

注意：
如果在选项中设置了"明细账查询权限控制到科目"，那么账套主管应赋予出纳王晶"现金"和"银行存款"科目的查询权限。

■ 银行存款日记账

银行存款日记账查询与现金日记账查询操作基本相同，所不同的只是银行存款日记账设置了结算号栏，主要是对账时用。

■ 资金日报表

(1) 执行"出纳"|"资金日报"命令，打开"资金日报表查询条件"对话框。

(2) 输入查询日期"2009-08-03"。选中"有余额无发生也显示"复选框。

(3) 单击"确认"按钮，进入"资金日报表"窗口，单击"退出"按钮。

■ 支票登记簿

(1) 执行"出纳"|"支票登记簿"命令，打开"银行科目选择"对话框。

(2) 选择科目"工行存款(100201)"，单击"确认"按钮，进入支票登记窗口。

(3) 单击"增加"按钮。

(4) 输入领用日期"2009-08-25"，领用部门"采购部"，领用人"李平"，支票号155，预计金额5 000，用途"购材料"，单击"保存"按钮，再在工具栏上单击"退出"按钮。

注意：
- ♦ 只有在结算方式设置中选择"票据管理标志"功能才能在此选择登记。
- ♦ 领用日期和支票号必须输入，其他内容可输可不输。

- 报销日期不能在领用日期之前。
- 已报销的支票可成批删除。

3. 账簿管理

以"陈明"的身份重新注册进入企业应用平台。辅助账的查询只介绍部门账,其他账簿查询同此。

■ 查询基本会计核算账簿

(1) 执行"账表"|"科目账"|"总账"命令,可以查询总账。

(2) 执行"账表"|"科目账"|"余额表"命令,可以查询发生额及余额表。

(3) 执行"账表"|"科目账"|"明细账"命令,可以查询月份综合明细账。

■ 部门账

部门总账

(1) 执行"账表"|"部门辅助账"|"部门总账"|"部门三栏总账"命令,进入"部门三栏总账条件"窗口。

(2) 输入查询条件:科目"招待费(660205)",部门"总经理办公室"。

(3) 单击"确认"按钮,显示查询结果。

(4) 将光标置于总账的某笔业务上,单击"明细"按钮,可以联查部门明细账。

部门明细账

(1) 执行"账表"|"部门辅助账"|"部门明细账"|"部门多栏式明细账"命令,进入"部门多栏明细账条件"窗口。

(2) 选择科目 6602,部门"总经理办公室",月份范围"2009-08—2009-08",分析方式"金额分析",单击"确认"按钮,显示查询结果。

(3) 将光标置于多栏账的某笔业务上,单击"凭证"按钮,可以联查该笔业务的凭证。

部门收支分析

(1) 执行"账表"|"部门辅助账"|"部门收支分析",进入"部门收支分析条件"窗口。

(2) 第一步选择分析科目:选择所有的部门核算科目,单击"下一步"按钮。

(3) 第二步选择分析部门:选择所有的部门,单击"下一步"按钮。

(4) 第三步选择分析月份:起止月份"2009-08—2009-08",单击"完成"按钮,显示查询结果。

实验四　总账管理系统期末处理

【实验目的】
1. 掌握用友 ERP-U8 管理软件中总账管理系统月末处理的相关内容。
2. 熟悉总账管理系统月末处理业务的各种操作。
3. 掌握银行对账、自动转账设置与生成、对账和月末结账的操作方法。

【实验内容】
1. 银行对账。
2. 自动转账。
3. 对账。
4. 结账。

【实验准备】
引入"实验三"账套数据。

【实验资料】

1. 银行对账

(1) 银行对账期初

阳光公司银行账的启用日期为 2009-08-01，工行人民币户企业日记账调整前余额为 511 057.16 元，银行对账单调整前余额为 533 829.16 元，未达账项一笔，系银行已收企业未收款 22 772 元。

(2) 银行对账单

8 月份银行对账单

日　　期	结算方式	票　　号	借方金额	贷方金额
2009-08-03	201	XJ001		10 000
2009-08-06				60 000
2009-08-10	202	ZZR001		50 000
2009-08-14	202	ZZR002	99 600	

2. 自动转账定义及生成

(1) 自定义结转

业务：按短期借款期末余额的 0.2%计提短期借款利息

借：财务费用/利息支出(660301)　　　　　　QM(2001,月)*0.002
　　贷：其他应付款(2241)　　　　　　　　　　JG()

(2) 期间损益结转

依照本实验操作指导中相应步骤操作。

【实验要求】

1. 以"王晶"的身份进行银行对账操作。
2. 以"马方"的身份进行自动转账操作。
3. 以"陈明"的身份进行审核、记账、对账、结账操作。

【操作指导】

1. 银行对账

以"王晶"的身份注册进入企业应用平台。

■ 输入银行对账期初数据

(1) 在总账管理系统中，执行"出纳"|"银行对账"|"银行对账期初录入"命令，打开"银行科目选择"对话框。

(2) 选择科目"工行存款(100201)"，单击"确定"按钮，进入"银行对账期初"窗口。

(3) 确定启用日期"2009-08-01"。

(4) 输入单位日记账的调整前余额 511 057.16；输入银行对账单的调整前余额 533 829.16。

(5) 单击"对账单期初未达项"按钮，进入"银行方期初"窗口。

(6) 单击"增加"按钮，输入日期"2009-07-30"，结算方式202，借方金额22 772.00。

(7) 单击"保存"按钮，再在工具栏上单击"退出"按钮。

注意：

◆ 第一次使用银行对账功能前，系统要求录入日记账及对账单未达账项，在开始使用银行对账之后不再使用。

◆ 在录入完单位日记账、银行对账单期初未达账项后，请不要随意调整启用日期，尤其是向前调，这样可能会造成启用日期后的期初数不能再参与对账。

■ 录入银行对账单

(1) 执行"出纳"|"银行对账"|"银行对账单"命令，打开"银行科目选择"对话框。

(2) 选择科目"工行存款(100201)"，月份"2009-08—2009-08"，单击"确定"按钮，进入"银行对账单"窗口。

(3) 单击"增加"按钮，输入银行对账单数据，单击"保存"按钮。

■ 银行对账

自动对账

(1) 执行"出纳"|"银行对账"|"银行对账"命令，打开"银行科目选择"对话框。

(2) 选择科目"工行存款(100201)"，月份"2009-08—2009-08"，单击"确定"按钮，进入"银行对账"窗口。

(3) 单击"对账"按钮，打开"自动对账"条件对话框。

(4) 输入截止日期"2009-08-31"，默认系统提供的其他对账条件。

(5) 单击"确定"按钮，显示自动对账结果。

注意：
♦ 对账条件中的方向、金额相同是必选条件，对账截止日期可以不输入。
♦ 对于已达账项，系统自动在银行存款日记账和银行对账单双方的"两清"栏打上圆圈标志。

手工对账

(1) 在银行对账窗口，对于一些应勾对而未勾对上的账项，可分别双击"两清"栏，直接进行手工调整。手工对账的标志为Y，以区别于自动对账标志。

(2) 对账完毕，单击"检查"按钮，检查结果平衡，单击"确认"按钮。

注意：
在自动对账不能完全对上的情况下，可采用手工对账。

■ 输出余额调节表

(1) 执行"出纳"|"银行对账"|"余额调节表查询"命令，进入"银行存款余额调节表"窗口。

(2) 选择科目"工行存款(100201)"。

(3) 单击"查看"按钮或双击该行，即显示该银行账户的银行存款余额调节表。

(4) 单击"打印"按钮，打印银行存款余额调节表。

2. 自动转账

以"马方"的身份重新注册进入企业应用平台。

■ 转账定义

自定义结转设置

业务：

(1) 在总账管理系统中，执行"期末"|"转账定义"|"自定义转账"命令，进入"自

定义转账设置"窗口。

(2) 单击"增加"按钮，打开"转账目录"设置对话框。

(3) 输入转账序号0001，转账说明"计提短期借款利息"；选择凭证类别"转账凭证"。

(4) 单击"确定"按钮，继续定义转账凭证分录信息。

(5) 单击"增行"，选择科目编码660301，方向"借"；双击金额公式栏，选择参照按钮，打开"公式向导"对话框。

(6) 选择"期末余额"函数，单击"下一步"按钮，继续公式定义。

(7) 选择科目2001，其他默认，单击"完成"按钮，金额公式带回自定义转账设置窗口。将光标移至末尾，输入"*0.002"，按Enter键确认。

(8) 单击"增行"，确定分录的贷方信息。选择科目编码2241，方向"贷"，输入金额公式JG()。

(9) 单击"保存"按钮。

注意：

◆ 转账科目可以为非末级科目、部门可为空，表示所有部门。

◆ 如果使用应收款、应付款管理系统，则在总账管理系统中，不能按客户、供应商辅助项进行结转，只能按科目总数进行结转。

◆ 输入转账计算公式有两种方法：一是直接输入计算公式；二是引导方式录入公式。

◆ JG( )含义为"取对方科目计算结果"，其中的"()"必须为英文符号，否则系统提示"金额公式不合法：未知函数名"。

期间损益结转设置

(1) 执行"期末"|"转账定义"|"期间损益"命令，进入"期间损益结转设置"窗口。

(2) 选择凭证类别"转账凭证"，选择本年利润科目4103，单击"确定"按钮。

■ **转账生成**

自定义转账生成

(1) 执行"期末"|"转账生成"命令，进入"转账生成"窗口。

(2) 选择"自定义转账"单选按钮，单击"全选"按钮。

(3) 再单击"确定"按钮，生成转账凭证。

(4) 单击"保存"按钮，凭证左上角显示"已生成"字样，系统自动将当前凭证追加到未记账凭证中。

注意：

◆ 转账生成之前，注意转账月份为当前会计月份。

◆ 进行转账生成之前，先将相关经济业务的记账凭证登记入账。

◆ 转账凭证每月只生成一次。

◆ 若使用应收款、应付款管理系统，则总账管理系统中，不能按客户、供应商进行结转。

♦ 生成的转账凭证，仍需审核才能记账。

特别注意：

以"陈明"身份将生成的自动转账凭证审核、记账。此操作若不进行，后面的期间损益结转的数据将会出错。

期间损益结转生成

(1) 以"马方"身份生成期间损益自动转账凭证。

(2) 执行"期末"|"转账生成"命令，进入"转账生成"窗口。

(3) 选择"期间损益结转"单选按钮。

(4) 单击"全选"按钮，再单击"确定"按钮，生成转账凭证。

(5) 单击"保存"按钮，系统自动将当前凭证追加到未记账凭证中。

注意：

以"陈明"身份将生成的自动转账凭证审核、记账。

3. 对账

以"陈明"的身份重新注册进入企业应用平台。

(1) 执行"期末"|"对账"命令，进入"对账"窗口。

(2) 将光标置于要进行对账的月份"2009-08"，单击"选择"按钮。

(3) 单击"对账"按钮，开始自动对账，并显示对账结果。

(4) 单击"试算"按钮，可以对各科目类别余额进行试算平衡。

(5) 单击"确认"按钮。

4. 结账

■ 进行结账

(1) 执行"期末"|"结账"命令，进入"结账"窗口。

(2) 单击要结账月份"2009-08"，单击"下一步"按钮。

(3) 单击"对账"按钮，系统对要结账的月份进行账账核对。

(4) 单击"下一步"按钮，系统显示"2009年08月工作报告"。

(5) 查看工作报告后，单击"下一步"按钮，再单击"结账"按钮，若符合结账要求，系统将进行结账，否则不予结账。

注意：

♦ 结账只能由有结账权限的人进行。

♦ 本月还有未记账凭证时，则本月不能结账。

- ◆ 结账必须按月连续进行，上月未结账，则本月不能结账。
- ◆ 若总账与明细账对账不符，则不能结账。
- ◆ 如果与其他系统联合使用，其他子系统未全部结账，则本月不能结账。
- ◆ 结账前，要进行数据备份。

■ 取消结账

(1) 执行"期末"|"结账"命令，进入"结账"窗口。
(2) 选择要取消结账的月份"2009-08"。
(3) 按 Ctrl+Shift+F6 键，激活"取消结账"功能。
(4) 输入口令1，单击"确认"按钮，取消结账标志。

注意：

当在结完账后，由于非法操作或计算机病毒或其他原因可能会造成数据被破坏，这时可以在此使用"取消结账"功能。

Chapter 4 UFO 报表管理

4.1 系统概述

用友 ERP-U8 管理软件中的 UFO 报表是报表事务处理的工具。它与用友账务管理软件等各系统有完善的接口,具有方便的自定义报表功能、数据处理功能,内置多个行业的常用会计报表;该系统也可以独立运行,用于处理日常办公事务。

4.1.1 功能概述

1. 文件管理功能

UFO 提供了各类文件管理功能,除能完成一般的文件管理外,UFO 的数据文件还能够转换为不同的文件格式,例如,文本文件、MDB 文件、XLS 文件等。此外,通过 UFO 提供的"导入"和"导出"功能,可以实现和其他流行财务软件之间的数据交换。

2. 格式设计功能

UFO 提供的格式设计功能,可以设置报表尺寸、组合单元、画表格线、调整行高列宽、设置字体和颜色、设置显示比例等。同时,UFO 还内置了 11 种套用格式和 33 个行业的标准财务报表模板,包括最新的现金流量表,方便了用户标准报表的制作,对于用户单位内部常用的管理报表,UFO 还提供了自定义模板功能。

3. 公式设计功能

UFO 提供了绝对单元公式和相对单元公式,可以方便、迅速地定义计算公式、审核公式及舍位平衡公式;UFO 还提供了种类丰富的函数,在系统向导的引导下轻松地从用友账务及其他子系统中提取数据,生成财务报表。

4. 数据处理功能

UFO 的数据处理功能可以固定的格式管理大量数据不同的表页,并在每张表页之间建立有机的联系。此外,还提供了表页的排序、查询、审核、舍位平衡及汇总功能。

5. 图表功能

UFO 可以很方便地对数据进行图形组织和分析,制作包括直方图、立体图、圆饼图、折线图等多种分析图表,并能编辑图表的位置、大小、标题、字体、颜色和打印输出。

6. 打印功能

UFO 提供"所见即所得"和"打印预览"的功能,可以随时观看报表或图形的打印效果。报表打印时,可以打印格式或数据,可以设置表头和表尾,可以在 0.3~3 倍之间缩放打印,可以横向或纵向打印等。

7. 二次开发功能

UFO 提供了批命令和自定义菜单,利用该功能可以开发出适合本企业的专用系统。

4.1.2　UFO 报表管理系统与其他系统的主要关系

UFO 报表管理系统主要是从其他系统中提取编制报表所需的数据。总账、工资、固定资产、应收款、应付款、财务分析、采购、库存、存货核算和销售子系统均可向报表子系统传递数据,以生成财务部门所需的各种会计报表。

4.1.3　UFO 报表管理系统的业务处理流程

UFO 报表管理系统的业务处理流程如图 4-1 所示。

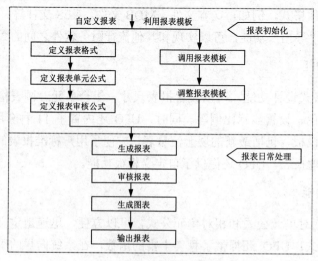

图 4-1　UFO 报表管理系统的业务处理流程

4.1.4 UFO 报表管理系统的基本概念

1. 格式状态和数据状态

UFO 将报表制作分为两大部分来处理,即报表格式与公式设计工作与报表数据处理工作。这两部分的工作是在不同状态下进行的。

- 格式状态

在报表格式设计状态下进行有关格式设计的操作,例如,表尺寸、行高列宽、单元属性、单元风格、组合单元、关键字;定义报表的单元公式(计算公式)、审核公式及舍位平衡公式。在格式状态下所看到的是报表的格式,报表的数据全部隐藏。在格式状态下所做的操作对本报表所有的表页都发生作用。在格式状态下不能进行数据的录入、计算等操作。

- 数据状态

在报表的数据状态下管理报表的数据,例如,输入数据、增加或删除表页、审核、舍位平衡、制作图形、汇总、合并报表等。在数据状态下不能修改报表的格式,看到的是报表的全部内容,包括格式和数据。

报表工作区的左下角有一个"格式/数据"按钮。单击这个按钮可以在"格式状态"和"数据状态"之间切换。

2. 单元

单元是组成报表的最小单位。单元名称由所在行、列标志。例如,C8 表示第 3 列第 8 行的那个单元。单元类型有数值单元、字符单元、表样单元 3 种。

- 数值单元

用于存放报表的数据,在数据状态下输入。数值单元的内容可以直接输入或由单元中存放的单元公式运算生成。建立一个新表时,所有单元的类型默认为数值型。

- 字符单元

字符单元也是报表的数据,也在数据状态下输入。字符单元的内容可以直接输入,也可由单元公式生成。

- 表样单元

表样单元是报表的格式,是定义一个没有数据的空表所需的所有文字、符号或数字。一旦单元被定义为表样,那么在其中输入的内容对所有表页都有效。表样单元只能在格式状态下输入和修改。

3. 组合单元

组合单元由相邻的两个或更多的单元组成,这些单元必须是同一种单元类型(表样、数值、字符),UFO 在处理报表时将组合单元视为一个单元。组合单元的名称可以用区域的名称或区域中的任何一个单元的名称来表示。

4. 区域

区域由一张表页上的相邻单元组成，自起点单元至终点单元是一个完整的长方形矩阵。在 UFO 中，区域是二维的，最大的区域是整个表页，最小的区域是一个单元。例如，A6 到 C10 的长方形区域表示为 A6:C10，起点单元与终点单元用 ":" 连接。

5. 表页

一个 UFO 报表最多可容纳 99 999 张表页，一个报表中的所有表页具有相同的格式，但其中的数据不同。表页在报表中的序号在表页的下方以标签的形式出现，称为"页标"。页标用"第 1 页"-"第 99 999 页"表示，当前表的第 2 页，可以表示为@2。

6. 二维表和三维表

确定某一数据位置的要素称为"维"。在一张有方格的纸上填写一个数，这个数的位置可通过行(横轴)和列(纵轴)来描述，那么这个表就是二维表。

如果将多个相同的二维表叠在一起，并要从多个二维表中找到一个数据，则需增加一个要素，即表页号(Z 轴)。这一叠表称为一个三维表。

如果将多个不同的三维表放在一起，要从多个三维表中找到一个数据，又需增加一个要素，即表名。三维表的表间操作即为"四维运算"。因此，在 UFO 中要确定一个数据的所有要素为：<表名>、<列>、<行>、<表页>，如利润表第 2 页的 C5 单元，表示为"利润表"→C5@2。

7. 固定区及可变区

固定区指组成一个区域的行数和列数是固定的数目。可变区是组成一个区域的行数或列数是不固定的数字，可变区的最大行数或最大列数是在格式设计中设定的。在一个报表中只能设置一个可变区。

有可变区的报表称为可变表。没有可变区的报表称为固定表。

8. 关键字

关键字是一种特殊的单元，可以惟一标志一个表页，用于在大量表页中快速选择表页。例如，一个资产负债表的表文件可放一年 12 个月的资产负债表(甚至多年的多张表)，要对某一张表页的数据进行定位，要设置一些定位标志，在 UFO 中称为关键字。

UFO 共提供了 6 种关键字，它们是"单位名称"、"单位编号"、"年"、"季"、"月"、"日"，除此之外，UFO 还增加了一个自定义关键字，当定义名称为"周"和"旬"时有特殊意义，可以用于业务函数中代表取数日期。

关键字的显示位置在格式状态下设置，关键字的值则在数据状态下录入，每个报表可以定义多个关键字。

4.2 报表管理

4.2.1 报表定义及报表模板

1. 报表格式定义

报表的格式设计在格式状态下进行,格式对整个报表都有效。包括以下操作。

(1) 设置表尺寸。定义报表的大小即设定报表的行数和列数。

(2) 定义组合单元。即把几个单元作为一个单元使用。

(3) 画表格线。

(4) 输入报表中项目。包括表头、表体和表尾(关键字值除外)。在格式状态下定义了单元内容的自动默认为表样型,定义为表样型的单元在数据状态下不允许修改和删除。

(5) 定义行高和列宽。

(6) 设置单元风格。设置单元的字型、字体、字号、颜色、图案、折行显示等。

(7) 设置单元属性。把需要输入数字的单元定为数值单元;把需要输入字符的单元定为字符单元。

(8) 确定关键字在表页上的位置,例如,单位名称、年、月等。

2. 报表公式定义

公式的定义在格式状态下进行。

- 计算公式:定义了报表数据之间的运算关系,可以实现报表系统从其他子系统取数。
- 审核公式:用于审核报表内或报表之间的勾稽关系是否正确。
- 舍位平衡公式:用于报表数据进行进位或小数取整时调整数据,例如,将以"元"为单位的报表数据变成为以"万元"为单位的报表数据,且表中的平衡关系仍然成立。

报表的计算公式在一般情况下必须设置,审核公式和舍位平衡公式是根据需要设置的。

用友软件的计算公式一般通过函数实现。企业常用的财务报表数据一般是来源于总账管理系统或报表系统本身,取自于报表的数据又可以分为从本报表取数和从其他报表的表页取数。

(1) 自总账取数的函数

自总账取数的公式又可以称为账务函数。

账务函数的基本格式如下:

函数名("科目编码",会计期间,["方向"],[账套号],[会计年度],[编码1],[编码2])

- 科目编码：也可以是科目名称，且必须用双引号括起来。
- 会计期间：可以是"年"、"季"、"月"等变量，也可以是具体表示年、季、月的数字。
- 方向：即"借"或"贷"，可以省略。
- 账套号：为数字，缺省时默认为999账套。
- 会计年度即数据取数的年度，可以省略。
- [编码1]、[编码2]：与科目编码的核算账类有关，可以取科目的辅助账，如职员编码、项目编码等，如无辅助核算则省略。

账务取数函数主要有以下几种。

总账函数	金额式	数量式	外币式
期初额函数	QC()	sQC()	wQC()
期末额函数	QM()	sQM()	wQM()
发生额函数	FS()	sFS()	wFS()
累计发生额函数	LFS()	sLFS()	wLFS()
条件发生额函数	TFS()	sTFS()	wTFS()
对方科目发生额函数	DFS()	sDFS()	wDFS()
净额函数	JE()	sJE()	wJE()
汇率函数	HL()		

(2) 自本表页取数的函数

自本表本表页取数的函数主要有以下几项。

数据合计	PTOTAL()
平均值	PAVG()
最大值	PMAX()
最小值	PMIN()

(3) 自本表其他表页取数的函数

对于取自于本表其他表页的数据可以利用某个关键字作为表页定位的依据，或者直接以页标号作为定位依据，指定取某张表页的数据。

可以使用SELECT()函数从本表其他表页取数。例如以下数据。

C1单元取自于上个月的C2单元的数据：C1=SELECT(C2,月@=月+1)。

C1单元取自于第2张表页的C2单元的数据：C1=C2@2。

(4) 自其他报表取数的函数

对于取自于其他报表的数据可以用""报表[.REP]"–>单元"格式指定要取数的某张报表的单元。

3. 报表模板

通过报表格式定义和公式定义可以设置一个个性化的自定义报表。用友 UFO 还为用户提供了 33 个行业的各种标准财务报表格式。

利用报表模板可以迅速建立一张符合需要的财务报表。另外，对于一些本企业常用报表模板中没有提供的报表，在自定义完这些报表的格式和公式后，可以将其定义为报表模板，以后可以直接调用。

4.2.2 报表数据处理

报表数据处理主要包括生成报表数据、审核报表数据和舍位平衡操作等工作。数据处理工作必须在数据状态下进行。处理时计算机会根据已定义的单元公式、审核公式和舍位平衡公式自动进行取数、审核及舍位等操作。

报表数据处理一般是针对某一特定表页进行的，因此在数据处理时还涉及到表页的操作，如增加、删除、插入、追加表页等。

报表的数据包括报表单元的数值和字符，以及游离于单元之外的关键字。数值单元只能生成数字，而字符单元既能生成数字又能生成字符。数值单元和字符单元可以由公式生成，也可以由键盘输入。关键字则必须由键盘输入。

4.2.3 表页管理及报表输出

报表的输出包括报表的屏幕输出和打印输出，输出时可以针对报表格式输出，也可以针对某一特定表页输出。输出报表格式须在格式状态下操作，而输出表页须在数据状态下操作，输出表页时，格式和报表数据一起输出。

输出表页数据时会涉及到表页的相关操作，例如，表页排序、查找、透视等。屏幕输出时可以对报表的显示风格、显示比例加以设置。打印报表之前可以在预览窗口预览，打印时还可以进行页面设置和打印设置等操作。

4.2.4 图表功能

报表数据生成之后，为了对报表数据进行直观的分析和了解，方便对数据的对比、趋势和结构分析，可以利用图形对数据进行直观显示。UFO 图表格式提供了直方图、圆饼图、折线图、面积图 4 大类共 10 种格式的图表。

图表是利用报表文件中的数据生成的，图表与报表数据存在着密切的联系，报表数据发生变化时，图表也随之变化，报表数据删除后，图表也随之消失。

实验五 UFO 报表管理

【实验目的】

1. 理解报表编制的原理及流程。
2. 掌握报表格式定义、公式定义的操作方法；掌握报表单元公式的用法。
3. 掌握报表数据处理、表页管理及图表功能等操作。
4. 掌握如何利用报表模板生成一张报表。

【实验内容】

1. 自定义一张报表。
2. 利用报表模板生成报表。

【实验准备】

引入"实验四"账套数据。

【实验资料】

1. 货币资金表

(1) 报表格式

货币资金表

编制单位：　　　　　　　　　年　月　日　　　　　　　　单位：元

项　　目	行　次	期　初　数	期　末　数
现金	1		
银行存款	2		
合计	3		

　　　　　　　　　　　　　　　　　　　　　　　　　　制表人：

说明：

♦ 表头

标题"货币资金表"设置为黑体、14 号、居中。

单位名称和年、月、日应设置为关键字。

♦ 表体

表体中文字设置为楷体、12 号、居中。

♦ 表尾

"制表人："设置为宋体、10 号、右对齐第 4 栏。

(2) 报表公式

现金期初数：C4= QC("1001",月)

现金期末数：D4= QM("1001",月)

银行存款期初数：C5= QC("1002",月)

银行存款期末数：D5= QM("1002",月)

期初数合计：C6=C4+C5

期末数合计：D6=D4+D5

2. 资产负债表和利润表

利用报表模板生成资产负债表、利润表。

3. 现金流量表主表

利用报表模板生成现金流量表主表。

【实验要求】

以账套主管"陈明"的身份进行 UFO 报表管理操作。

【操作指导】

1. 启用 UFO 报表管理系统

(1) 以"陈明"的身份进入企业应用平台，执行"财务会计"|"UFO 报表"命令，进入报表管理系统。

(2) 执行"文件"|"新建"命令，建立一张空白报表，报表名默认为 report1。

2. 自定义一张货币资金表

■ 报表定义

查看空白报表底部左下角的"格式/数据"按钮，使当前状态为格式状态。

报表格式定义

设置报表尺寸

(1) 执行"格式"|"表尺寸"命令，打开"表尺寸"对话框。

(2) 输入行数 7，列数 4，单击"确认"按钮。

定义组合单元

(1) 选择需合并的单元区域 A1:D1。

(2) 执行"格式"|"组合单元"命令，打开"组合单元"对话框。

(3) 选择组合方式"整体组合"或"按行组合"，该单元即合并成一个单元格。

(4) 同理，定义 A2:D2 单元为组合单元。

画表格线

(1) 选中报表需要画线的单元区域 A3:D6。
(2) 执行"格式"|"区域画线"命令，打开"区域画线"对话框。
(3) 选择"网线"单选按钮，单击"确认"按钮，将所选区域画上表格线。

输入报表项目

(1) 选中需要输入内容的单元或组合单元。
(2) 在该单元或组合单元中输入相关文字内容，例如，在 A1 组合单元输入"货币资金表"字样；在 A2 组合单元中输入"编制单位：阳光公司"。

注意：

♦ 报表项目指报表的文字内容，主要包括表头内容、表体项目、表尾项目等。不包括关键字。
♦ 日期一般不作为文字内容输入，而需要设置为关键字。

定义报表行高和列宽

(1) 选中需要调整的单元所在行 A1。
(2) 执行"格式"|"行高"命令，打开"行高"对话框。
(3) 输入行高 7，单击"确定"按钮。
(4) 选中需要调整的单元所在列，执行"格式"|"列宽"命令，可设置该列的宽度。

注意：
行高、列宽的单位为毫米。

设置单元风格

(1) 选中标题所在组合单元 A1。
(2) 执行"格式"|"单元属性"命令，打开"单元格属性"对话框。
(3) 打开"字体图案"选项卡，设置字体为"黑体"，字号为 14。
(4) 打开"对齐"选项卡，设置对齐方式为"居中"，单击"确定"按钮。

定义单元属性

(1) 选定单元 D7。
(2) 执行"格式"|"单元属性"命令，打开"单元格属性"对话框。
(3) 打开"单元类型"选项卡，选择"字符"选项，单击"确定"按钮。

注意：

♦ 格式状态下输入内容的单元均默认为表样单元，未输入数据的单元均默认为数值单元，在数据状态下可输入数值。若希望在数据状态下输入字符，应将其定义为字符单元。

♦ 字符单元和数值单元输入后只对本表页有效，表样单元输入后对所有表页有效。

设置关键字
(1) 选中需要输入关键字的组合单元 A2。
(2) 执行"数据"|"关键字"|"设置"命令，打开"设置关键字"对话框。
(3) 选择"年"单选按钮，单击"确定"按钮。
(4) 同理，设置"月"、"日"关键字。

注意：
♦ 每个报表可以同时定义多个关键字。
♦ 如果要取消关键字，须执行"数据"|"关键字"|"取消"命令。

调整关键字位置
(1) 执行"数据"|"关键字"|"偏移"命令，打开"定义关键字偏移"对话框。
(2) 在需要调整位置的关键字后面输入偏移量。年"－120"，月"－90"，日"－60"。
(3) 单击"确定"按钮。

注意：
♦ 关键字的位置可以用偏移量来表示，负数值表示向左移，正数值表示向右移。在调整时，可以通过输入正或负的数值来调整。
♦ 关键字偏移量单位为像素。

报表公式定义

定义单元公式——直接输入公式
(1) 选定需要定义公式的单元 C4，即"现金"的期初数。
(2) 执行"数据"|"编辑公式"|"单元公式"命令，打开"定义公式"对话框。
(3) 在"定义公式"对话框中，直接输入总账期初函数公式：QC("1001",月)，单击"确认"按钮。

注意：
♦ 单元公式中涉及到的符号均为英文半角字符。
♦ 单击 fx 按钮或双击某公式单元或按"="键，都可以打开"定义公式"对话框。

定义单元公式——引导输入公式
(1) 选定被定义单元 D5，即"银行存款"期末数。
(2) 单击 fx 按钮，打开"定义公式"对话框。
(3) 单击"函数向导"按钮，打开"函数向导"对话框。
(4) 在"函数分类"列表框中选择"用友账务函数"，在右侧的"函数名"列表框中选择"期末(QM)"，单击"下一步"按钮，打开"用友账务函数"对话框。

(5) 单击"参照"按钮，打开"账务函数"对话框。

(6) 选择科目 1002，其余各项均采用系统默认值，单击"确定"按钮，返回"用友账务函数"对话框。

(7) 单击"确定"按钮，返回"定义公式"对话框，单击"确认"按钮。

(8) 输入其他单元公式。

注意：
如果未进行账套初始，那么账套号和会计年度需要直接输入。

定义审核公式

审核公式用于审核报表内或报表之间勾稽关系是否正确。例如，"资产负债表"中的"资产合计=负债合计+所有者权益合计"。本实验的"货币资金表"中不存在这种勾稽关系。若要定义审核公式，执行"数据"|"编辑公式"|"审核公式"命令即可。

定义舍位平衡公式

(1) 执行"数据"|"编辑公式"|"舍位公式"命令，打开"舍位平衡公式"对话框。

(2) 确定信息：舍位表名 SW1，舍位范围 C4:D6，舍位位数 3，平衡公式"C6=C4+C5,D6=D4+D5"。

(3) 单击"完成"按钮。

注意：
- 舍位平衡公式是指用来重新调整报表数据进位后的小数位平衡关系的公式。
- 每个公式一行，各公式之间用逗号","(半角)隔开，最后一条公式不用写逗号，否则公式无法执行。
- 等号左边只能为一个单元(不带页号和表名)。
- 舍位公式中只能使用"+"、"－"符号，不能使用其他运算符及函数。

保存报表格式

(1) 执行"文件"|"保存"命令。如果是第一次保存，则打开"另存为"对话框。

(2) 选择保存文件夹的目录；输入报表文件名"货币资金表"；选择保存类型*.REP，单击"保存"按钮。

注意：
- 报表格式设置完以后切记要及时将这张报表格式保存下来，以便以后随时调用。
- 如果没有保存就退出，系统会提示"是否保存报表？"信息，以防止误操作。
- .REP 为用友报表文件专用扩展名。

■ 报表数据处理

打开报表

(1) 启动 UFO 系统，执行"文件"|"打开"命令。

(2) 选择存放报表格式的文件夹中的报表文件"货币资金表.REP"。单击"打开"按钮。

(3) 单击空白报表底部左下角的"格式/数据"按钮,使当前状态为"数据"状态。

注意:
报表数据处理必须在数据状态下进行。

增加表页

(1) 执行"编辑"|"追加"|"表页"命令,打开"追加表页"对话框。

(2) 输入需要增加的表页数2,单击"确认"按钮。

注意:
◆ 追加表页是在最后一张表页后追加 N 张空表页,插入表页是在当前表页后面插入一张空表页。
◆ 一张报表最多只能管理 99 999 张表页,演示版软件系统最多只能管理 4 张表页。

输入关键字值

(1) 执行"数据"|"关键字"|"录入"命令,打开"录入关键字"对话框。

(2) 输入年 2009,月 8,日 31。

(3) 单击"确认"按钮,系统弹出"是否重算第1页?"信息提示对话框。

(4) 单击"是"按钮,系统会自动根据单元公式计算 8 月份数据;单击"否"按钮,系统不计算 8 月份数据,以后可利用"表页重算"功能生成 12 月份数据。

注意:
◆ 每一张表页均对应不同的关键字值,输出时随同单元一起显示。
◆ 日期关键字可以确认报表数据取数的时间范围,即确定数据生成的具体日期。

生成报表

(1) 执行"数据"|"表页重算"命令,系统弹出"是否重算第 1 页?"信息提示对话框。

(2) 单击"是"按钮,系统会自动在初始的账套和会计年度范围内根据单元公式计算生成数据。

注意:
可将生成的数据报表保存到指定位置。

报表舍位操作

(1) 执行"数据"|"舍位平衡"命令。

(2) 系统会自动根据前面定义的舍位公式进行舍位操作,并将舍位后的报表保存在 SW1.REP 文件中。

注意：
- 舍位操作以后，可以将SW1.REP文件打开查阅一下。
- 如果舍位公式有误，系统状态栏会提示"无效命令或错误参数！"信息。

■ 表页管理及报表输出

表页管理

表页排序

(1) 执行"数据"|"排序"|"表页"命令，打开"表页排序"对话框。
(2) 确定信息：选择第一关键字"年"，排序方向"递增"；第二关键字"月"，排序方向"递增"。
(3) 单击"确认"按钮。系统将自动把表页按年份递增顺序重新排列，如果年份相同则按月份递增顺序排序。

表页查找

(1) 执行"编辑"|"查找"命令，打开"查找"对话框。
(2) 确定查找内容"表页"，确定查找条件"月=8"。
(3) 单击"查找"按钮，查找到符合条件的表页作为当前表页。

■ 图表功能

追加图表显示区域

(1) 在格式状态下，执行"编辑"|"追加"|"行"命令，打开"追加行"对话框。
(2) 输入追加行数10，单击"确定"按钮。

注意：
追加行或列须在格式状态下进行。

插入图表对象

(1) 在数据状态下，选取数据区域A3:D5。
(2) 执行"工具"|"插入图表对象"命令，打开"区域作图"对话框。
(3) 选择确定信息：数据组"行"，数据范围"当前表页"。
(4) 输入图表名称"资金分析图"，图表标题"资金对比"，X轴标题"期间"，Y轴标题"金额"。
(5) 选择图表格式"成组直方图"，单击"确认"按钮。
(6) 将图表中的对象调整到合适位置。

注意：
- 插入的图表对象实际上也属于报表的数据，因此有关图表对象的操作必须在数据状态下进行。

♦ 选择图表对象显示区域时，区域不能少于2行×2列，否则会提示出现错误。

编辑图表对象

编辑图表主标题
(1) 双击图表对象的任意位置，选中图表。
(2) 执行"编辑"|"主标题"命令，打开"编辑标题"对话框。
(3) 输入主标题"资金对比分析"，单击"确认"按钮。

编辑图表主标题字样
(1) 单击选中主标题"资金对比分析"。
(2) 执行"编辑"|"标题字体"命令，打开"标题字体"对话框。
(3) 选择字体"隶书"，字体字型"粗体"，字号12；效果"加下划线"，单击"确认"按钮。

注意：
♦ 将生成图表的报表保存到原位置。
♦ 在调用报表模板生成货币资金表之前，应将货币资金表关闭。

3. 调用报表模板生成资产负债表

■ 调用资产负债表模板
(1) 在格式状态下，执行"格式"|"报表模板"命令，打开"报表模板"对话框。
(2) 选择所在的行业"2007年 新会计制度科目"，财务报表"资产负债表"。
(3) 单击"确认"按钮，系统弹出"模板格式将覆盖本表格式！是否继续？"信息提示对话框。
(4) 单击"确定"按钮，即可打开"资产负债表"模板。

■ 调整报表模板
(1) 单击"数据/格式"按钮，将"资产负债表"处于格式状态。
(2) 根据本单位的实际情况，调整报表格式，修改报表公式。
(3) 保存调整后的报表模板。

■ 生成资产负债表数据
(1) 在数据状态下，执行"数据"|"关键字"|"录入"命令，打开"录入关键字"对话框。
(2) 输入关键字：年2009，月08，日31。
(3) 单击"确认"按钮，系统弹出"是否重算第1页？"信息提示对话框。
(4) 单击"是"按钮，系统会自动根据单元公式计算8月份数据；单击"否"按钮，系统不计算 8 月份数据，以后可利用"表页重算"功能生成 8 月份数据。

(5) 单击工具栏上的"保存"按钮，将生成的报表数据保存。

注意：
同样方法，生成 2009 年 8 月份利润表。

4．调用报表模板生成现金流量表主表

■ 调用现金流量表模板

(1) 在格式状态下，执行"格式"|"报表模板"命令，打开"报表模板"对话框。

(2) 选择所在的行业为"2007 年 新会计制度科目"，财务报表为"现金流量表"。

(3) 单击"确认"按钮，弹出"模板格式将覆盖本表格式！是否继续？"信息提示对话框。

(4) 单击"确定"按钮，即可打开"现金流量表"模板。

■ 调整报表模板

(1) 单击"数据/格式"按钮，将"现金流量表"处于格式状态。

(2) 采用引导输入方式调整报表公式。

(3) 单击选中 C6 单元格。

(4) 单击 fx 按钮，打开"定义公式"对话框。

(5) 单击"函数向导"按钮，打开"函数向导"对话框。

(6) 在"函数分类"列表框中选择"用友账务函数"，在右侧的"函数名"列表框中选择"现金流量项目金额(XJLL)"，单击"下一步"按钮，打开"用友账务函数"对话框。

(7) 单击"参照"按钮，打开"账务函数"对话框。

(8) 单击"项目编码"右侧的参照按钮，打开"现金流量项目"选项。

(9) 双击选择与 C6 单元左侧相对应的项目，单击"确定"按钮，返回"用友账务函数"对话框。

(10) 单击"确定"按钮，返回"定义公式"对话框，单击"确认"按钮。

(11) 重复步骤(3)~(10)的操作，输入其他单元公式。

(12) 单击工具栏上的"保存"按钮，保存调整后的报表模板。

■ 生成现金流量表主表数据

(1) 在"数据"状态下，执行"数据"|"表页重算"命令。

(2) 系统弹出"是否重算第 1 页？"信息提示对话框。

(3) 单击"是"按钮，系统会自动根据单元公式计算 8 月份数据。

(4) 执行"文件"|"另存为"命令，输入文件名"现金流量表 2009"，单击 "另存为"按钮，将生成的报表数据保存。

Chapter 5 薪资管理

5.1 系统概述

5.1.1 功能概述

人力资源的核算和管理是企业管理的重要组成部分，其中对于企业员工的业绩考评和薪酬的确定正确与否更是关系到企业每一个职工的切身利益，对于调动每一个职工的工作积极性、正确处理企业与职工之间的经济关系具有重要意义。薪资管理是各企事业单位最经常使用的功能之一。在用友 ERP-U8 管理软件中，它作为人力资源管理系统的一个子系统存在，它的主要功能包括以下方面。

1. 薪资类别管理

薪资管理系统提供处理多个工资类别的功能。如果单位按周或一月多次发放工资，或者是单位中有多种不同类别(部门)的人员，工资发放项目不同，计算公式也不同，但需进行统一工资核算管理，应选择建立多个工资类别。

如果单位中所有人员的工资统一管理，而人员的工资项目、工资计算公式全部相同，只需要建立单个工资类别，以提高系统的运行效率。

2. 人员档案管理

可以设置人员的基础信息并对人员变动进行调整，另外系统也提供了设置人员附加信息的功能。

3. 薪资数据管理

可以根据不同企业的需要设计工资项目和计算公式；管理所有人员的工资数据，并对平时发生的工资变动进行调整；自动计算个人所得税，结合工资发放形式进行扣零处理或向代发工资的银行传输工资数据；自动计算、汇总工资数据；自动完成工资分摊、计提、转账业务。

4. 薪资报表管理

提供多层次、多角度的工资数据查询。

5.1.2 薪资管理系统与其他系统的主要关系

薪资管理系统与系统管理共享基础数据；薪资管理系统将工资分摊的结果生成转账凭证，传递到总账管理系统；另外，薪资管理系统向成本核算系统传送相关费用的合计数据。

5.1.3 薪资管理系统的业务处理流程

1. 新用户的操作流程

采用多工资类别核算的企业，第一次启用薪资管理系统，应按图 5-1 所示步骤进行操作。

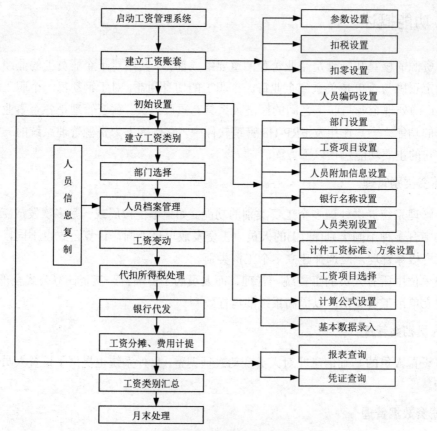

图 5-1　多工资类别核算管理企业的操作流程

2. 老用户的操作流程

如果已经使用薪资管理系统，到了年末，应进行数据的结转，以便开始下一年度的工作。

在新的会计年度开始时，可在"设置"菜单中选择所需修改的内容，如人员附加信息、人员类别、工资项目、部门等，这些设置只有在新的会计年度第一个会计月中，删除所涉及到的工资数据和人员档案后，才可进行修改。

5.2 薪资管理系统日常业务处理

5.2.1 初始设置

计算机处理工资程序基本类似于手工，只不过用户要做一次性初始设置，如部门、人员类别、工资项目、公式、个人工资、个人所得税设置，银行代发设置、各种表样的定义等，每月只需对有变动的地方进行修改，系统自动进行计算，汇总生成各种报表。薪资管理系统初始设置包括建立工资账套和基础信息设置两部分。

1. 建立工资账套

工资账套与系统管理中的账套是不同的概念，系统管理中的账套是针对整个核算系统，而工资账套是针对薪资子系统。要建立工资账套，前提是在系统管理中首先建立本单位的核算账套。建立工资账套时可以根据建账向导分4步进行：即参数设置、扣税设置、扣零设置、人员编码。

2. 基础信息设置

建立工资账套以后，要对整个系统运行所需的一些基础信息进行设置。包括以下几项。

(1) 部门设置

员工薪资一般是按部门进行管理的。

(2) 人员类别设置

人员类别与工资费用的分配、分摊有关，以便于按人员类别进行工资汇总计算。

(3) 人员附加信息设置

此项设置可增加人员信息，丰富人员档案的内容，便于对人员进行更加有效的管理。例如，增加设置人员的性别、民族、婚否等。

(4) 工资项目设置

工资项目设置即定义工资项目的名称、类型、宽度、小数、增减项。系统中有一些固定项目，是工资账中必不可少的，包括"应发合计"，"扣款合计"，"实发合计"，这些项目不能删除和重命名。其他项目可根据实际情况定义或参照增加。例如，基本工资、奖励工资、请假天数等。在此设置的工资项目是针对所有工资类别的全部工资项目。

(5) 银行名称设置

发放工资的银行可按需要设置多个，这里银行名称设置是对所有工资类别。例如，同一工资类别中的人员由于在不同的工作地点，需在不同的银行代发工资；或者不同的工资类别由不同的银行代发工资，均需设置相应的银行名称。

5.2.2 日常处理

1. 工资类别管理

薪资管理系统是按工资类别来进行管理。每个工资类别下有职工档案、工资变动、工资数据、报税处理、银行代发等。对工资类别的维护包括建立工资类别、打开工资类别、删除工资类别、关闭工资类别和汇总工资类别。

(1) 人员档案

人员档案的设置用于登记工资发放人员的姓名、职工编号、所在部门、人员类别等信息，此外员工的增减变动也必须在本功能中处理。人员档案的操作是针对于某个工资类别的，即应先打开相应的工资类别。

人员档案管理包括增加、修改、删除人员档案，人员调离与停发处理，查找人员等。

(2) 设置工资项目和计算公式

在系统初始中设置的工资项目包括本单位各种工资类别所需要的全部工资项目。由于不同的工资类别，工资发放项目不同，计算公式也不同，因此应对某个指定工资类别所需的工资项目进行设置，并定义此工资类别的工资数据计算公式。

● 选择建立本工资类别的工资项目

这里只能选择系统初始中设置的工资项目，不可自行输入。工资项目的类型、长度、小数位数、增减项等不可更改。

● 设置计算公式

定义某些工资项目的计算公式及工资项目之间的运算关系。例如，缺勤扣款=基本工资/月工作日×缺勤天数。运用公式可直观表达工资项目的实际运算过程，灵活地进行工资计算处理。定义公式可通过选择工资项目、运算符、关系符、函数等组合完成。

系统固定的工资项目"应发合计"、"扣款合计"、"实发合计"等的计算公式，系统根据工资项目设置的"增减项"自动给出。用户在此只能增加、修改、删除其他工资项目的计算公式。

定义工资项目计算公式要符合逻辑，系统将对公式进行合法性检查，不符合逻辑的系统将给出错误提示。定义公式时要注意先后顺序，先得到的数据应先设置公式。应发合计、扣款合计和实发合计公式应是公式定义框的最后3个公式，并且实发合计的公式要在应发合计和扣款合计公式之后。可通过单击公式框的▲、▼箭头按钮调整计算公式顺序。如出现计算公式超长，可将所用到的工资项目名称缩短(减少字符数)，或设置过渡项目。定义公式时可使用函数公式向导参照输入。

2. 工资数据管理

第一次使用薪资管理系统必须将所有人员的基本工资数据录入计算机,平时如每月发生工资数据的变动也在此进行调整。为了快速、准确地录入工资数据,系统提供以下功能。

(1) 筛选和定位

如果对部分人员的工资数据进行修改,最好采用数据过滤的方法,先将所要修改的人员过滤出来,然后进行工资数据修改。修改完毕后进行"重新计算"和"汇总"。

(2) 页编辑

在工资变动窗口提供了"编辑"按钮,可以对选定的个人进行快速录入。单击"上一人"、"下一人"按钮可变更人员,录入或修改其他人员的工资数据。

(3) 替换

将符合条件的人员的某个工资项目的数据,统一替换成某个数据。如管理人员的奖金上调100元。

(4) 过滤器

如果只对工资项目中的某一个或几个项目修改,可将要修改的项目过滤出来。例如,只对事假天数、病假天数两个工资项目的数据进行修改。对于常用到的过滤项目可以在项目过滤选择后,输入一个名称进行保存,以后可通过过滤项目名称调用,不用时也可以删除。

3. 工资分钱清单

工资分钱清单是按单位计算的工资发放分钱票面额清单,会计人员根据此表从银行取款并发给各部门。系统提供了票面额设置的功能,用户可根据单位需要自由设置,系统根据实发工资项目分别自动计算出按部门、按人员、按企业各种面额的张数。

4. 个人所得税的计算与申报

鉴于许多企事业单位计算职工工资薪金所得税工作量较大,本系统特提供个人所得税自动计算功能,用户只需自定义所得税率,系统自动计算个人所得税。

5. 银行代发

目前社会上许多单位发放工资时都采用职工凭工资信用卡去银行取款。银行代发业务处理,是指每月末单位应向银行提供银行给定文件格式的软盘。这样做既减轻了财务部门发放工资的繁重工作,又有效地避免了财务去银行提取大笔款项所承担的风险,同时还提高了对员工个人工资的保密程度。

6. 工资分摊

工资是费用中人工费最主要的部分,还需要对工资费用进行工资总额的计提计算、分配及各种经费的计提,并编制转账会计凭证,供登账处理之用。

7. 工资数据查询统计

工资数据处理结果最终通过工资报表的形式反映，薪资管理系统提供了主要的工资报表，报表的格式由系统提供，如果对报表提供的固定格式不满意，可以通过"修改表"和"新建表"功能自行设计。

(1) 工资表

工资表包括工资发放签名表、工资发放条、工资卡、部门工资汇总表、人员类别工资汇总表、条件汇总表、条件统计表、条件明细表、工资变动明细表、工资变动汇总表等由系统提供的原始表。主要用于本月工资发放和统计，工资表可以进行修改和重建。

(2) 工资分析表

工资分析表是以工资数据为基础，对部门、人员类别的工资数据进行分析和比较，产生各种分析表，供决策人员使用。

5.2.3 期末处理

1. 月末结转

月末处理是将当月数据经过处理后结转至下月。每月工资数据处理完毕后均可进行月末结转。由于在工资项目中，有的项目是变动的，即每月的数据均不相同，在每月工资处理时，均需将其数据清为0，而后输入当月的数据，此类项目即为清零项目。

因月末处理功能只有主管人员才能执行，所以应以主管的身份登录系统。

月末结转只有在会计年度的1月至11月进行，且只有在当月工资数据处理完毕后才可进行。若为处理多个工资类别，则应打开工资类别，分别进行月末结转。若本月工资数据未汇总，系统将不允许进行月末结转。进行期末处理后，当月数据将不允许变动。

2. 年末结转

年末结转是将工资数据经过处理后结转至下年。进行年末结转后，新年度账将自动建立。只有处理完所有工资类别的工资数据，对多工资类别，应关闭所有工资类别，然后在系统管理中选择"年度账"菜单，进行上年数据结转。其他操作与月末处理类似。

年末结转只有在当月工资数据处理完毕后才能进行。若当月工资数据未汇总，系统将不允许进行年末结转。进行年末结转后，本年各月数据将不允许变动。若用户跨月进行年末结转，系统将给予提示。年末处理功能只有主管人员才能进行。

实验六　薪资管理

【实验目的】

1. 掌握用友 ERP-U8 管理软件中薪资管理系统的相关内容。

2. 掌握薪资管理系统初始化、日常业务处理、工资分摊及月末处理的操作。

【实验内容】

1. 薪资管理系统初始设置。
2. 薪资管理系统日常业务处理。
3. 工资分摊及月末处理。
4. 薪资管理系统数据查询。

【实验准备】

引入"实验二"账套数据。

【实验资料】

1. 建立工资账套

工资类别个数：多个；核算计件工资；核算币种：人民币 RMB；要求代扣个人所得税；不进行扣零处理，人员编码长度：3 位；启用日期：2009 年 08 月。

2. 基础信息设置

(1) 工资项目设置

项目名称	类型	长度	小数位数	增减项
基本工资	数字	8	2	增项
奖励工资	数字	8	2	增项
交补	数字	8	2	增项
应发合计	数字	10	2	增项
请假扣款	数字	8	2	减项
养老保险金	数字	8	2	减项
扣款合计	数字	10	2	减项
实发合计	数字	10	2	增项
工资代扣税	数字	10	2	减项
请假天数	数字	8	2	其他

(2) 人员档案设置

工资类别1：正式人员。

部门选择：所有部门。

工资项目：基本工资、奖励工资、交补、应发合计、请假扣款、养老保险金、扣款合计、实发合计、工资代扣税、请假天数。

计算公式：

工资项目	定义公式
请假扣款	请假天数×20
养老保险金	(基本工资+奖励工资)×0.05
交补	iff(人员类别="企业管理人员" OR 人员类别="车间管理人员", 100, 50)

人员档案：

人员编号	人员姓名	部门名称	人员类别	账号	中方人员	是否计税	核算计件工资
101	肖剑	总经理办公室	企业管理人员	20090080001	是	是	否
102	陈明	财务部	企业管理人员	20090080002	是	是	否
103	王晶	财务部	企业管理人员	20090080003	是	是	否
104	马方	财务部	企业管理人员	20090080004	是	是	否
211	白雪	采购部	经营人员	20090080005	是	是	否
212	李平	采购部	经营人员	20090080006	是	是	否
203	王丽	销售部	经营人员	20090080007	是	是	否
204	孙健	销售部	经营人员	20090080008	是	是	否
301	周月	一车间	车间管理人员	20090080009	是	是	否
302	孟强	一车间	生产人员	20090080010	是	是	否

注：以上所有人员的代发银行均为工商银行中关村分理处。

工资类别2：临时人员。
部门选择：制造中心。
工资项目：计件工资。

人员编号	人员姓名	部门名称	人员类别	账号	中方人员	是否计税	计件工资
311	罗江	一车间	生产人员	20090080031	是	是	是
321	刘青	二车间	生产人员	20090080032	是	是	是

(3) 银行名称

工商银行中关村分理处；账号定长为11。

(4) 工资标准

计件工资标准：工时。

工时档案包括两项：01 组装；02 检验。

(5) 计件工资方案设置

部　　门	方 案 编 号	方 案 名 称	工　　时	计 件 单 价
一车间	01	组装工时	组装	12.00
二车间	02	检验工时	检验	8.00

3. 工资数据

(1) 8月初人员工资情况

正式人员工资情况如下表。

姓　　名	基 本 工 资	奖 励 工 资
肖剑	5 000.00	500.00
陈明	3 000.00	300.00
王晶	2 000.00	200.00
马方	2 500.00	200.00
白雪	3 000.00	300.00
李平	2 000.00	200.00
王丽	4 500.00	450.00
孙健	3 000.00	300.00
周月	4 500.00	450.00
孟强	3 500.00	350.00

临时人员工资情况如下表。

姓　　名	日　　期	组 装 工 时	检 验 工 时
罗江	2009-08-31	180	
刘青	2009-08-31		200

(2) 8月份工资变动情况

考勤情况：王丽请假2天；白雪请假1天。

人员调动情况：因需要，决定招聘李力(编号213)到采购部担任经营人员，以补充力量，其基本工资2 000元，无奖励工资，代发工资银行账号：20090080011。

发放奖金情况：因去年销售部推广产品业绩较好，每人增加奖励工资200元。

4. 代扣个人所得税

计税基数2000元。

5. 工资分摊

应付工资总额等于工资项目"实发合计",工会经费、职工教育经费、养老保险金也以此为计提基数。

工资费用分配的转账分录如下表。

工资分摊 \ 部门		应付工资		工会经费(2%)		职工教育经费(1.5%)	
		借方科目	贷方科目	借方科目	贷方科目	借方科目	贷方科目
总经理办公室 财务部	企业管理人员	660201	221101	660207	221105	660207	221106
销售部 采购部	经营人员	6601	221101		221105		221106
一车间	车间管理人员	510101	221101		221105		221106
	生产人员	500102	221101		221105		221106

【实验要求】

以账套主管"陈明"的身份进行工资业务处理。

【操作指导】

1. 在企业应用平台中启用薪资管理系统

(1) 执行"开始"|"程序"|"用友 ERP-U8"|"企业应用平台"命令,打开"登录"对话框。

(2) 输入操作员"001 陈明",输入密码"1",在"账套"下拉列表框中选择"007 北京阳光信息技术有限公司",更改操作日期"2009-8-01",单击"确定"按钮,进入企业应用平台。

(3) 执行"基础设置"|"基本信息"|"系统启用"命令,打开"系统启用"对话框,选中"WA 薪资管理"复选框,弹出"日历"对话框,选择薪资管理系统启用日期"2009年8月1日",单击"确定"按钮,系统弹出"确实要启用当前系统吗?"信息提示对话框,单击"是"按钮返回。

(4) 进入企业应用平台,打开"业务工作"选项卡,选择"人力资源"中的"薪资管理"选项,打开"建立工资套"对话框。

2. 建立工资账套

(1) 在建账第一步"参数设置"中,选择本账套所需处理的工资类别个数"多个",默认货币名称为"人民币",选中"是否核算计件工资"复选框,单击"下一步"按钮。

注意:

◆ 本例中对正式人员和临时人员分别进行核算,所以工资类别应选择"多个"。

◆ 计件工资是按计件单价支付劳动报酬的一种形式。由于对计时工资和计件工资的核算方法不同，因此，在薪资管理系统中对于企业是否存在计件工资特别设置了确认选项。选中该项，系统自动在工资项目设置中显示"计件工资"项目；在人员档案中"核算计件工资"项目可选；在"设置"菜单中显示"计件工资标准设置"和"计件工资方案设置"命令；在"业务处理"菜单中显示"计件工资统计"命令。

(2) 在建账第二步"扣税设置"中，选中"是否从工资中代扣个人所得税"复选框，单击"下一步"按钮。

注意：
选择代扣个人所得税后，系统将自动生成工资项目"代扣税"，并自动进行代扣税金的计算。

(3) 在建账第三步"扣零设置"中，不做选择，直接单击"下一步"按钮。

注意：
◆ 扣零处理是指每次发放工资时零头扣下，积累取整，于下次工资发放时补上，系统在计算工资时将依据扣零类型(扣零至元、扣零至角、扣零至分)进行扣零计算。
◆ 用户一旦选择了"扣零处理"，系统自动在固定工资项目中增加"本月扣零"和"上月扣零"两个项目，扣零的计算公式将由系统自动定义，无须设置。

(4) 在建账第四步"人员编码"中，系统要求和公共平台中的人员编码保持一致。
(5) 单击"完成"按钮。

注意：
建账完毕后，部分建账参数可以在"设置"|"选项"中进行修改。

3. 基础信息设置

■ 工资项目设置

(1) 在薪资管理系统中，执行"设置"|"工资项目设置"命令，打开"工资项目设置"对话框。
(2) 单击"增加"按钮，工资项目列表中增加一空行。
(3) 单击"名称参照"下拉列表框，从下拉列表中选择"基本工资"选项。
(4) 双击"类型"栏，单击下拉列表框，从下拉列表中选择"数字"选项。
(5) "长度"采用系统默认值 8。双击"小数"栏，单击微调框的上三角按钮，将小数设置为 2。
(6) 双击"增减项"栏，单击下拉列表框，从下拉列表中选择"增项"选项。
(7) 单击"增加"按钮，增加其他工资项目。

(8) 单击"确认"按钮，系统弹出"工资项目已经改变，请确认各工资类别的公式是否正确？"信息提示对话框，单击"确定"按钮。

注意：

系统提供若干常用工资项目供参考，可选择输入。对于参照中未提供的工资项目，可以双击"工资项目名称"一栏直接输入，或先从"名称参照"中选择一个项目，然后单击"重命名"按钮修改为需要的项目。

■ 银行设置

(1) 在企业应用平台"基础设置"中，执行"基础档案"|"收付结算"|"银行档案"命令，打开"银行档案"对话框。

(2) 单击"增加"按钮，增加"工商银行中关村分理处(01001)"，默认个人账号"定长"，账号长度11，自动带出个人账号长度7。

(3) 单击"返回"按钮。

■ 建立工资类别

建立正式人员工资类别

(1) 在薪资管理系统中，执行"工资类别"|"新建工资类别"命令，打开"新建工资类别"对话框。

(2) 在文本框中输入第一个工资类别"正式人员"，单击"下一步"按钮。

(3) 选中"选定全部部门"复选框。

(4) 单击"完成"按钮，系统弹出"是否以2009-08-01为当前工资类别的启用日期？"信息，单击"是"按钮，返回薪资管理系统。

(5) 执行"工资类别"|"关闭工资类别"命令，关闭"正式人员"工资类别。

建立临时人员工资类别

(1) 执行"工资类别"|"新建工资类别"命令，打开"新建工资类别"对话框。

(2) 在文本框中输入第二个工资类别"临时人员"，单击"下一步"按钮。

(3) 单击鼠标，选取制造中心及其下属部门。

(4) 单击"完成"按钮，系统弹出"是否以2009-08-01为当前工资类别的启用日期？"信息，单击"是"按钮，返回薪资管理系统。

(5) 执行"工资类别"|"关闭工资类别"命令，关闭"临时人员"工资类别。

4. 正式人员工资类别初始设置

■ 打开工资类别

(1) 执行"工资类别"|"打开工资类别"命令，打开"打开工资类别"对话框。

(2) 选择"001 正式人员"工资类别，单击"确认"按钮。

■ 设置人员档案

薪资管理系统各工资类别中的人员档案一定是来自于在企业应用平台基础档案设置中设置的人员档案。企业应用平台中设置的人员档案是企业全部职工信息；薪资管理系统中的人员档案是需要进行工资发放和管理的人员，它们之间是包含关系。

(1) 在"企业应用平台"|"基础档案"|"机构人员"|"人员档案"中，增加"周月"、"孟强"两位职工。

(2) 在薪资管理系统中，执行"设置"|"人员档案"命令，进入"人员档案"窗口。

(3) 单击工具栏上的"批增"按钮，打开"人员批量增加"对话框。

(4) 在左侧的"人员类别"列表框中，单击"企业管理人员"、"经营人员"、"车间管理人员"和"生产人员"前面的选择栏，出现"是"，所选人员类别下的人员档案出现在右侧列表框中。单击"确定"按钮返回。

(5) 修改人员档案信息，补充输入银行账号信息。最后单击工具栏上的"退出"按钮。

■ 选择工资项目

(1) 执行"设置"|"工资项目设置"命令，打开"工资项目设置"对话框。

(2) 打开"工资项目设置"选项卡，单击"增加"按钮，工资项目列表中增加一空行。

(3) 单击"名称参照"下拉列表框，从下拉列表中选择"基本工资"选项，工资项目名称、类型、长度、小数、增减项都自动带出，不能修改。

(4) 单击"增加"按钮，增加其他工资项目。

(5) 所有项目增加完成后，单击"工资项目设置"窗口上的"▲"和"▼"箭头按钮，按照实验资料所给顺序调整工资项目的排列位置。

注意：

工资项目不能重复选择。没有选择的工资项目不允许在计算公式中出现。不能删除已输入数据的工资项目和已设置计算公式的工资项目。

■ 设置计算公式

设置公式：请假扣款=请假天数×20

(1) 在"工资项目设置"对话框中，打开"公式设置"选项卡。

(2) 单击"增加"按钮，在工资项目列表中增加一空行，单击该行，在下拉列表中选择"请假扣款"选项。

(3) 单击"公式定义"文本框，单击工资项目列表中的"请假天数"。

(4) 单击运算符"*"，在"*"后单击，输入数字20，单击"公式确认"按钮。

设置公式： 交补= iff(人员类别="企业管理人员" OR 人员类别
="车间管理人员", 100,50)

(1) 单击"增加"按钮，在工资项目列表中增加一空行，单击该行，在下拉列表框中选择"交补"选项。

(2) 单击"公式定义"文本框，再单击"函数公式向导输入"按钮，打开"函数向导－步骤之1"对话框。

(3) 从"函数名"列表中选择iff，单击"下一步"按钮，打开"函数向导－步骤之2"对话框。

(4) 单击"逻辑表达式"参照按钮，打开"参照"对话框，从"参照"下拉列表中选择"人员类别"选项，从下面的列表中选择"企业管理人员"，单击"确认"按钮。

(5) 在逻辑表达式文本框中的公式后单击鼠标，输入OR后，再次单击"逻辑表达式"参照按钮，出现"参照"对话框，从"参照"下拉列表中选择"人员类别"选项，从下面的列表中选择"车间管理人员"，单击"确认"按钮，返回"函数向导－步骤之2"对话框。

注意：
在OR前后应有空格。

(6) 在"算术表达式1"后的文本框中输入100，在"算术表达式2"后的文本框中输入50，单击"完成"按钮，返回"公式设置"窗口，单击"公式确认"按钮。

(7) 单击"确认"按钮，退出公式设置。

■ **设置所得税纳税基数**

(1) 执行"业务处理"|"扣缴所得税"命令，系统弹出有关"薪资管理"操作的"继续执行"信息提示对话框，单击"确定"按钮，打开"栏目选择"对话框。

(2) "请选择所在地区名"处默认"系统"，选择"个人所得税年度申报表"，单击"打开"按钮。

(3) 默认所得税申报查询范围栏内容，单击确定，进入"系统扣缴个人所得税年度申报表"界面；单击工具栏上的"税率"按钮，查询所得税纳税基数为2000，单击"取消"按钮返回。

(4) 在"个人所得税扣缴申报表"窗口中，单击工具栏上的"退出"按钮。

5. 正式人员工资类别日常业务

■ **人员变动**

(1) 在企业应用平台中，执行"基础设置"|"基础档案"|"机构人员"|"人员档案"命令，进入"人员档案"窗口。

(2) 单击"增加"按钮，输入新增人员李力的详细档案资料。

(3) 单击"确认"按钮，返回人员档案窗口，单击工具栏上的"退出"按钮。

(4) 在薪资管理系统正式人员工资类别中，选择"设置"|"人员档案"命令，增加李力档案资料。

■ 输入正式人员基本工资数据

(1) 单击"业务处理"|"工资变动"命令，进入"工资变动"窗口。

(2) 单击"过滤器"下拉列表框，从中选择"过滤设置"选项，打开"项目过滤"对话框。

(3) 选择"工资项目"列表框中的"基本工资"和"奖励工资"选项，单击">"按钮，将这两项选入"已选项目"列表框中。

(4) 单击"确认"按钮，返回"工资变动"窗口，此时每个人的工资项目只显示两项。

(5) 输入"正式人员"工资类别的工资数据。

注意：

这里只需输入没有进行公式设定的项目，如基本工资、奖励工资和请假天数，其余各项由系统根据计算公式自动计算生成。

(6) 单击"过滤器"下拉列表框，从中选择"所有项目"选项，屏幕上显示所有工资项目。

■ 输入正式人员工资变动数据

(1) 输入考勤情况：王丽请假2天，白雪请假1天。

(2) 单击工具栏上的"替换"按钮，单击"将工资项目"下拉列表框，从中选择"奖励工资"选项，在"替换成"文本框中，输入"奖励工资+200"。

(3) 在"替换条件"文本框中分别选择："部门"、"="、"销售部"，单击"确认"按钮，系统弹出"数据替换后将不可恢复。是否继续？"信息提示对话框，单击"是"按钮，系统弹出"2条记录被替换，是否重新计算？"信息提示对话框，单击"是"按钮，系统自动完成工资计算。

■ 数据计算与汇总

(1) 在"工资变动"窗口中，单击工具栏上的"计算"按钮，计算工资数据。

(2) 单击工具栏上的"汇总"按钮，汇总工资数据。

(3) 单击工具栏上的"退出"按钮，退出"工资变动"窗口。

■ 查看个人所得税

(1) 执行"业务处理"|"扣缴所得税"命令，打开"栏目选择"对话框。

(2) 选择"扣缴个人所得税申报表"，单击"打开"按钮，查看个人所得税扣缴情况。

6. 正式人员类别工资分摊

■ 工资分摊类型设置

(1) 执行"业务处理"|"工资分摊"命令,打开"工资分摊"对话框。
(2) 单击"工资分摊设置"按钮,打开"分摊类型设置"对话框。
(3) 单击"增加"按钮,打开"分摊计提比例设置"对话框。
(4) 输入计提类型名称为"应付工资";单击"下一步"按钮,打开"分摊构成设置"对话框。
(5) 按实验资料内容进行设置。返回"分摊类型设置"对话框。继续设置工会经费、职工教育经费等分摊计提项目。

■ 分摊工资费用

(1) 执行"业务处理"|"工资分摊"命令,打开"工资分摊"对话框。
(2) 选择需要分摊的计提费用类型,确定分摊计提的月份"2009-08"。
(3) 选择核算部门:管理中心、供销中心、制造中心。
(4) 选中"明细到工资项目"复选框。
(5) 单击"确定"按钮,打开"应付工资一览表"对话框。
(6) 选中"合并科目相同、辅助项相同的分录"复选框,单击工具栏上的"制单"按钮,即生成记账凭证。
(7) 单击凭证左上角的"字"位置,选择"转账凭证",输入附单据数,单击"保存"按钮,凭证左上角出现"已生成"字样,代表该凭证已传递到总账。

注意:
项目核算科目选择"普通打印纸-A4"项目。

(8) 单击工具栏上的"退出"按钮,返回。

7. 临时人员工资处理

在完成正式人员工资数据的处理后,打开临时人员工资类别,参照正式人员工资类别初始设置及数据处理方式完成临时人员工资处理。

■ 人员档案设置

按实验资料首先在"企业应用平台"|"基础档案"|"人员档案"中,增加临时人员档案,然后在薪资管理系统临时人员工资类别中,设置发放工资人员的其他必要信息。

注意:
设置"核算计件工资"标志。

■ 计件工资标准设置(本部分功能需要启用"计件工资管理"模块方可使用,在此不详述)

(1) 执行"设置"|"计件工资标准设置"命令,打开"计件工资标准设置"对话框。

(2) 单击工具栏上的"增加"按钮,在"名称"文本框中输入"工时",单击"保存"按钮。

(3) 双击"工时"的"启用"栏,启用该计件工资标准。

(4) 单击"档案"按钮,打开"档案—工时"对话框。

(5) 单击"增加"按钮,输入"01 组装"、"02 检验",并保存。

■ 计件工资方案设置

按实验资料输入计件工资方案。

■ 计件工资统计

(1) 执行"业务处理"|"计件工资统计"命令,进入"计件工资统计"窗口。

(2) 选择部门"一车间",单击工具栏上的"增加"按钮,打开"计件工资"对话框。

(3) 选择人员"罗江",输入日期"2009-08-31"。

(4) 输入该员工组装工时,单击"保存"按钮。系统弹出"设置信息已成功保存!"信息提示对话框。

(5) 单击"确定"按钮,返回"计件工资"对话框,单击"关闭"按钮。

(6) 同理,输入其他计件工资统计数据。

■ 工资变动处理

(1) 在"业务处理"|"扣缴所得税"中设置扣税基数2000。

(2) 在"业务处理"|"工资变动"中进行工资变动处理。

(3) 在"业务处理"|"工资分摊"中进行工资分摊设置及工资分摊处理。

8. 汇总工资类别

(1) 执行"工资类别"|"关闭工资类别"命令。

(2) 执行"维护"|"工资类别汇总"命令,打开"选择工资类别"对话框。

(3) 选择要汇总的工资类别,单击"确定"按钮,完成工资类别汇总。

(4) 执行"工资类别"菜单中的"打开工资类别"命令,打开"选择工资类别"对话框。

(5) 选择"998 汇总工资类别",单击"确认"按钮,查看工资类别汇总后的各项数据。

注意:

◆ 该功能必须在关闭所有工资类别时才可以使用。

◆ 所选工资类别中必须有汇总月份的工资数据。

- ◆ 如果是第一次进行工资类别汇总，需在汇总工资类别中设置工资项目计算公式。如果每次汇总的工资类别一致，则公式无须重新设置。如果与上一次所选择的工资类别不一致，则须重新设置计算公式。
- ◆ 汇总工资类别不能进行月末结算和年末结算。

9. 账表查询

查看工资分钱清单、个人所得税扣缴申报表、各种工资表。

10. 月末处理

(1) 执行"业务处理"|"月末处理"命令，打开"月末处理"对话框。单击"确定"按钮，系统弹出"月末处理之后，本月工资将不许变动，继续月末处理吗？"信息提示对话框，单击"是"按钮，系统继续弹出"是否选择清零项？"信息提示对话框，单击"是"按钮，打开"选择清零项目"对话框。

(2) 在"请选择清零项目"列表框中，单击鼠标选择"请假天数"、"请假扣款"和"奖励工资"项目，单击">"按钮，将所选项目移动到右侧的列表框中。

(3) 单击"确定"按钮，系统弹出"月末处理完毕！"信息提示对话框，单击"确定"按钮返回。

(4) 以此类推，完成"临时人员"工资类别月末处理。

注意：
- ◆ 月末结转只有在会计年度的1月至11月进行。
- ◆ 如果是处理多个工资类别，则应打开工资类别，分别进行月末结算。
- ◆ 如果本月工资数据未汇总，系统将不允许进行月末结转。
- ◆ 进行期末处理后，当月数据将不再允许变动。
- ◆ 月末处理功能只有主管人员才能执行。

Chapter 6 固定资产管理

6.1 系统概述

6.1.1 功能概述

用友 ERP-U8 管理软件固定资产管理系统主要完成企业固定资产日常业务的核算和管理，生成固定资产卡片，按月反映固定资产的增加、减少、原值变化及其他变动，并输出相应的增减变动明细账，按月自动计提折旧，生成折旧分配凭证，同时输出一些同设备管理相关的报表和账簿。

6.1.2 固定资产管理系统与其他系统的主要关系

固定资产管理系统中资产的增加、减少以及原值和累计折旧的调整、折旧计提都要将有关数据通过记账凭证的形式传输到总账管理系统，同时通过对账保持固定资产账目与总账的平衡，并可以修改、删除以及查询凭证。固定资产管理系统为成本核算系统提供计提折旧有关费用的数据。UFO 报表系统也可以通过相应的取数函数从固定资产管理系统中提取分析数据。

6.1.3 固定资产管理系统的业务处理流程

固定资产管理系统的业务处理流程如图 6-1 所示。

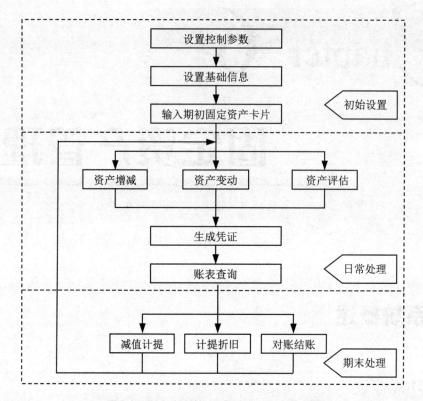

图 6-1　固定资产管理系统的业务处理流程

6.2　固定资产管理系统日常业务处理

6.2.1　初始设置

固定资产管理系统初始设置是根据用户单位的具体情况,建立一个适合的固定资产子账套的过程。初始设置包括设置控制参数、设置基础数据、输入期初固定资产卡片。

1. 设置控制参数

控制参数包括约定与说明、启用月份、折旧信息、编码方式,以及财务接口等。这些参数在初次启动固定资产管理系统时设置,其他参数可以在"选项"中补充。

2. 设置基础数据

(1) 资产类别设置

固定资产的种类繁多,规格不一,要强化固定资产管理,及时准确做好固定资产核算,必须科学地设置固定资产的分类,为核算和统计管理提供依据。

(2) 部门设置

在部门设置中，可对单位的各部门进行设置，以便确定资产的归属。在企业应用平台的基础设置中的部门设置是共享的。

(3) 部门对应折旧科目设置

对应折旧科目是指折旧费用的入账科目。资产计提折旧后必须把折旧归入成本或费用，根据不同企业的具体情况，有按部门归集的，也有按类别归集的。部门对应折旧科目的设置就是给每个部门选择一个折旧科目，这样在输入卡片时，该科目自动添入卡片中，不必一个一个输入。

如果对某一上级部门设置了对应的折旧科目，下级部门继承上级部门的设置。

(4) 增减方式设置

增减方式包括增加方式和减少方式两类。系统内置的增加方式有直接购买、投资者投入、捐赠、盘盈、在建工程转入、融资租入 6 种。系统内置的减少方式有出售、盘亏、投资转出、捐赠转出、报废、毁损、融资租出 7 种。用友软件系统固定资产的增减方式可以设置两级，也可以根据需要自行增加。

(5) 折旧方法设置

折旧方法设置是系统自动计算折旧的基础。系统提供了常用的 6 种折旧方法：不提折旧、工作量法、年数总和法、双倍余额递减法、平均年限法(一)和(二)，并列出了它们的折旧计算公式。这几种方法是系统默认的折旧方法，只能选用，不能删除和修改。另外可能由于各种原因，这几种方法不能满足需要，系统提供了折旧方法的自定义功能。

3. 输入期初固定资产卡片

固定资产卡片是固定资产核算和管理的基础依据，为保持历史资料的连续性，必须将建账日期以前的数据输入到系统中。原始卡片的输入不限制必须在第一个期间结账前，任何时候都可以输入原始卡片。

6.2.2 日常处理

日常处理主要包括资产增减、资产变动，资产评估、生成凭证和账簿管理。

1. 资产增减

资产增加是指购进或通过其他方式增加企业资产。资产增加需要输入一张新的固定资产卡片，与固定资产期初输入相对应。

资产减少是指资产在使用过程中，会由于各种原因，如毁损、出售、盘亏等，退出企业，此时要做资产减少处理。资产减少需输入资产减少卡片并说明减少原因。

只有当账套开始计提折旧后才可以使用资产减少功能，否则减少资产只有通过删除卡片来完成。

对于误减少的资产，可以使用系统提供的纠错功能来恢复。只有当月减少的资产才可以恢复。如果资产减少操作已制作凭证,必须删除凭证后才能恢复。

只要卡片未被删除,就可以通过卡片管理中"已减少资产"来查看减少的资产。

2. 资产变动

资产的变动包括原值变动、部门转移、使用状况变动、使用年限调整、折旧方法调整、净残值(率)调整、工作总量调整、累计折旧调整、资产类别调整、变动单管理。其他项目的修改,例如,名称、编号、自定义项目等的变动等可直接在卡片上进行。

资产变动要求输入相应的"变动单"来记录资产调整结果。

(1) 原值变动

资产在使用过程中,其原值增减有5种情况:根据国家规定对固定资产重新估价,增加补充设备或改良设备,将固定资产的一部分拆除,根据实际价值调整原来的暂估价值,发现原记录固定资产价值有误的。原值变动包括原值增加和原值减少两部分。

(2) 部门转移

资产在使用过程中,因内部调配而发生的部门变动应及时处理,否则将影响部门的折旧计算。

(3) 资产使用状况的调整

资产使用状况分为在用、未使用、不需用、停用、封存5种。资产在使用过程中,可能会因为某种原因,使得资产的使用状况发生变化,这种变化会影响到设备折旧的计算,因此应及时调整。

(4) 资产使用年限的调整

资产在使用过程中,资产的使用年限可能会由于资产的重估、大修等原因调整资产的使用年限。进行使用年限调整的资产在调整的当月就按调整后的使用年限计提折旧。

(5) 资产折旧方法的调整

一般来说,资产折旧方法一年之内很少改变,但如有特殊情况需调整改变的可以调整。

(6) 变动单管理

变动单管理可以对系统制作的变动单进行查询、修改、制单、删除等处理。

注意:

用友ERP-U8软件固定资产管理系统中,本月录入的卡片和本月增加的资产不允许进行变动处理,只能在下月进行。

3. 资产评估

用友ERP-U8管理系统提供对固定资产评估作业的管理,主要包括如下步骤。

(1) 将评估机构的评估数手工录入或定义公式录入到系统。
(2) 根据国家要求手工录入评估结果或根据定义的评估公式生成评估结果。
(3) 对评估单的管理。

本系统资产评估功能提供可评估的资产内容包括原值、累计折旧、净值、使用年限、工作总量、净残值率。

4. 资产盘点

用友 ERP-U8 管理系统提供对固定资产盘点的管理,主要包括如下步骤。

(1) 在卡片管理中打印输出固定资产盘点单。

(2) 在资产盘点中选择按部门或按类别等对固定资产进行盘点,录入盘点数据,与账面上记录的盘点单进行核对,查核资产的完整性。

(3) 对盘点单的管理。

5. 生成凭证

固定资产管理系统和总账管理系统之间存在着数据的自动传输,这种传输是由固定资产管理系统通过记账凭证向总账管理系统传递有关数据。例如,资产增加、减少、累计折旧调整以及折旧分配等记账凭证。制作记账凭证可以采取"立即制单"或"批量制单"的方法实现。

6. 账簿管理

可以通过系统提供的账表管理功能,及时掌握资产的统计、汇总和其他各方面的信息。账表包括账簿、折旧表、统计表、分析表 4 类。另外如果所提供的报表种类不能满足需要,系统还提供了自定义报表功能,可以根据实际要求进行设置。

(1) 账簿

系统自动生成的账簿有(单个)固定资产明细账、(部门、类别)明细账、固定资产登记簿、固定资产总账。这些账簿以不同方式,序时地反映了资产变化情况,在查询过程中可联查某时期(部门、类别)明细及相应原始凭证,从而获得所需财务信息。

(2) 折旧表

系统提供了 4 种折旧表:(部门)折旧计提汇总表、固定资产折旧计算明细表、固定资产及累计折旧表(一)和(二)。通过该类表可以了解并掌握本企业所有资产本期、本年乃至某部门计提折旧及其明细情况。

(3) 统计表

统计表是出于管理资产的需要,按管理目的统计的数据。系统提供了 7 种统计表:固定资产原值一览表、固定资产统计表、评估汇总表、评估变动表、盘盈盘亏报告表、逾龄资产统计表、役龄资产统计表。

(4) 分析表

分析表主要通过对固定资产的综合分析,为管理者提供管理和决策依据。系统提供了 4 种分析表:价值结构分析表、固定资产使用状况分析表、部门构成分析表、类别构成分析表。管理者可以通过这些表了解本企业资产计提折旧的程度和剩余价值的大小。

(5) 自定义报表

当系统提供的报表不能满足企业要求时,用户也可以自己定义报表。

6.2.3 期末处理

固定资产管理系统的期末处理工作主要包括计提减值准备、计提折旧、对账、月末结账等内容。

1. 计提减值准备

企业应当在期末或至少在每年年度终止,对固定资产逐项进行检查,如果由于市价持续下跌,或技术陈旧等原因导致其可回收金额低于账面价值的,应当将可回收金额低于账面价值的差额作为固定资产减值准备,固定资产减值准备必须按单项资产计提。

如已计提的固定资产价值又得以恢复,应在原计提的减值准备范围内转回。

2. 计提折旧

自动计提折旧是固定资产管理系统的主要功能之一。可以根据录入系统的资料,利用系统提供的"折旧计提"功能,对各项资产每期计提一次折旧,并自动生成折旧分配表,然后制作记账凭证,将本期的折旧费用自动登账。

当开始计提折旧时,系统将自动计提所有资产当期折旧额,并将当期的折旧额自动累加到累计折旧项目中。计提工作完成后,需要进行折旧分配,形成折旧费用,系统除了自动生成折旧清单外,同时还生成折旧分配表。从而完成本期折旧费用登账工作。

系统提供的折旧清单显示了所有应计提折旧资产所计提的折旧数据额。

折旧分配表是制作记账凭证,把计提折旧额分配到有关成本和费用的依据,折旧分配表有两种类型:类别折旧分配表和部门折旧分配表。生成折旧分配表由"折旧汇总分配周期"决定,因此,制作记账凭证要在生成折旧分配表后进行。

计提折旧遵循以下原则。

(1) 在一个期间内可以多次计提折旧,每次计提折旧后,只是将计提的折旧累加到月初的累计折旧上,不会重复累计。

(2) 若上次计提折旧已制单并传递到总账管理系统,则必须删除该凭证才能重新计提折旧。

(3) 计提折旧后,又对账套进行了影响折旧计算或分配的操作,必须重新计提折旧,否则系统不允许结账。

(4) 若自定义的折旧方法月折旧率或月折旧额出现负数,系统自动中止计提。

(5) 资产的使用部门和资产折旧要汇总的部门可能不同,为了加强资产管理,使用部门必须是明细部门,而折旧分配部门不一定要分配到明细部门,不同的单位处理可能不同,因此要在计提折旧后,分配折旧费用时做出选择。

3. 对账

当初次启动固定资产的参数设置,或选项中的参数设置选择了"与账务系统对账"参数,才可使用本系统的对账功能。

为保证固定资产管理系统的资产价值与总账管理系统中固定资产科目的数值相等，可随时使用对账功能对两个系统进行审查。系统在执行月末结账时自动对账一次，并给出对账结果。

4. 月末结账

当固定资产管理系统完成了本月全部制单业务后，可以进行月末结账，月末结账每月进行一次，结账后当期数据不能修改。如有错必须修改，可通过系统提供的的"恢复月末结账前状态"功能反结账，再进行相应修改。

由于成本系统每月从本系统提取折旧费数据，因此一旦成本系统提取了某期的数据，则该期不能反结账。

本期不结账，将不能处理下期的数据；结账前一定要进行数据备份，否则数据一旦丢失，将造成无法挽回的后果。

实验七　固定资产管理

【实验目的】

1. 掌握用友 ERP-U8 管理软件中固定资产管理系统的相关内容。
2. 掌握固定资产管理系统初始化、日常业务处理、月末处理的操作。

【实验准备】

引入"实验二"账套数据。

【实验内容】

1. 固定资产管理系统参数设置、原始卡片录入。
2. 日常业务：资产增减、资产变动、资产评估、生成凭证、账表查询。
3. 月末处理：计提减值准备、计提折旧、对账和结账。

【实验资料】

1. 初始设置

(1) 控制参数

控 制 参 数	参　数　设　置
约定与说明	我同意
启用月份	2009-08
折旧信息	本账套计提折旧 折旧方法：平均年限法(一) 折旧汇总分配周期：1 个月 当(月初已计提月份=可使用月份－1)时，将剩余折旧全部提足

(续表)

控制参数	参数设置
编码方式	资产类别编码方式：2112 固定资产编码方式： 按"类别编码+部门编码+序号"自动编码 卡片序号长度为3
财务接口	与账务系统进行对账 对账科目： 　　固定资产对账科目：固定资产(1601) 　　累计折旧对账科目：累计折旧(1602)
补充参数	业务发生后立即制单 月末结账前一定要完成制单登账业务 固定资产默认入账科目：1601 累计折旧默认入账科目：1602 减值准备默认入账科目：1605

(2) 资产类别

编码	类别名称	净残值率	单位	计提属性
01	交通运输设备	4%		正常计提
011	经营用设备	4%		正常计提
012	非经营用设备	4%		正常计提
02	电子设备及其他通信设备	4%		正常计提
021	经营用设备	4%	台	正常计提
022	非经营用设备	4%	台	正常计提

(3) 部门及对应折旧科目

部门	对应折旧科目
管理中心、采购部	管理费用/折旧费
销售部	销售费用
制造中心	制造费用/折旧费

(4) 增减方式的对应入账科目

增减方式目录	对应入账科目
增加方式	
直接购入	工行存款(100201)
减少方式	
毁损	固定资产清理(1606)

(5) 原始卡片

固定资产名称	类别编号	所在部门	增加方式	可使用年限	开始使用日期	原 值	累计折旧	对应折旧科目名称
轿车	012	总经理办公室	直接购入	6	2008-06-1	215 470.00	37 254.75	管理费用/折旧费
笔记本电脑	022	总经理办公室	直接购入	5	2008-07-1	28 900.00	5 548.80	管理费用/折旧费
传真机	022	总经理办公室	直接购入	5	2008-06-1	3 510.00	1 825.20	管理费用/折旧费
微机	021	一车间	直接购入	5	2008-07-1	6 490.00	1 246.08	制造费用/折旧费
微机	021	一车间	直接购入	5	2008-07-1	6 490.00	1 246.08	制造费用/折旧费
合　　计						260 860.00	47 120.91	

注：净残值率均为 4%，使用状况均为"在用"，折旧方法均采用平均年限法（一）。

2. 日常及期末业务

2009 年 8 月份发生的业务如下：

(1) 8 月 21 日，财务部购买扫描仪一台，价值 1500 元，净残值率 4%，预计使用年限 5 年。

(2) 8 月 23 日，总经理办公室使用的轿车需要进行大修理，修改固定资产卡片，将使用状况由"在用"修改为"大修理停用"。

(3) 8 月 31 日，计提本月折旧费用。

(4) 8 月 31 日，一车间毁损微机一台。

3. 下月业务

2009 年 9 月份发生的业务如下：

(1) 9 月 16 日，总经理办公室的轿车添置新配件 10 000 元。

(2) 9 月 27 日，总经理办公室的传真机转移到供应部。

(3) 9 月 30 日，经核查对 2008 年购入的笔记本电脑计提 1000 元的减值准备。

(4) 9 月 30 日，对总经理办公室的资产进行盘点。盘点情况为：只有一辆编号为 012101001 的轿车。

【实验要求】

以账套主管"陈明"的身份进行固定资产管理操作。

【操作指导】

1. 启用并注册固定资产管理系统

(1) 执行"开始"|"程序"|"用友ERP-U8"|"企业应用平台"命令，打开"登录"对话框。

(2) 输入操作员"001 陈明"，输入密码1，在"账套"下拉列表框中选择"007 北京阳光信息技术有限公司"，更改操作日期"2009-08-01"，单击"确定"按钮。

(3) 执行"基础设置"|"基本信息"|"系统启用"命令，打开"系统启用"对话框，选中"FA 固定资产"复选框，弹出"日历"对话框，选择固定资产系统启用日期"2009-08-01"，单击"确定"按钮，系统弹出"确实要启用当前系统吗？"信息提示对话框，单击"是"按钮返回。

(4) 在"业务工作"选项卡中，单击"财务会计"|"固定资产"选项，系统弹出"这是第一次打开此账套，还未进行过初始化，是否进行初始化？"信息提示对话框，单击"是"按钮，打开固定资产"初始化账套向导"对话框。

2. 初始设置

■ 设置控制参数

初次启用固定资产管理系统的参数设置

(1) 在"固定资产初始化向导——约定与说明"对话框中，选择"我同意"。

(2) 单击"下一步"按钮，打开"固定资产初始化向导——启用月份"对话框。

(3) 选择启用月份"2009-08"。

(4) 单击"下一步"按钮，打开"固定资产初始化向导——折旧信息"对话框。

(5) 选中"本账套计提折旧"复选框；选择折旧方法"平均年限法(一)"，折旧分配周期"1个月"；选中"当月初已计提月份=可使用月份－1)时，将剩余折旧全部提足"复选框。

(6) 单击"下一步"按钮，打开"固定资产初始化向导——编码方式"对话框。

(7) 确定资产类别编码长度2112；选择"自动编号"单选按钮，选择固定资产编码方式"类别编号+部门编号+序号"，选择序号长度3。

(8) 单击"下一步"按钮，打开"固定资产初始化向导——财务接口"对话框。

(9) 选中"与账务系统进行对账"复选框；选择固定资产的对账科目"固定资产(1601)"，累计折旧的对账科目"累计折旧(1602)"。

(10) 单击"下一步"按钮，打开"固定资产初始化向导——完成"对话框。

(11) 单击"完成"按钮，完成本账套的初始化，系统弹出"是否确定所设置的信息完全正确并保存对新账套的所有设置"信息提示对话框。

(12) 单击"是"按钮，系统弹出"已成功初始化本固定资产账套"信息提示对话框，单击"确定"按钮。

注意：
- 初始化设置完成后，有些参数不能修改，所以要慎重。
- 如果发现参数有错，必须改正，只能通过固定资产管理系统"工具"|"重新初始化账套功能"命令实现，该操作将清空对该子账套所做的一切工作。

补充参数设置

(1) 执行"设置"|"选项"命令，进入"选项"窗口。

(2) 单击"编辑"按钮，打开"与账务系统接口"选项卡。

(3) 选中"业务发生后立即制单"、"月末结账前一定要完成制单登账业务"复选框；选择默认入账科目"固定资产(1601)"、"累计折旧(1602)"、"固定资产减值准备(1603)"，单击"确定"按钮。

■ 设置资产类别

(1) 执行"设置"|"资产类别"，进入"类别编码表"窗口。

(2) 单击"增加"按钮，输入类别名称"交通运输设备"，净残值率"4%"；选择计提属性"正常计提"，折旧方法"平均年限法(一)"，卡片样式"通用样式"，单击"保存"按钮。

(3) 同理，完成其他资产类别的设置。

注意：
- 资产类别编码不能重复，同一级的类别名称不能相同。
- 类别编码、名称、计提属性、卡片样式不能为空。
- 已使用过的类别不能设置新下级。

■ 设置部门对应折旧科目

(1) 执行"设置"|"部门对应折旧科目"，进入"部门编码表"窗口。

(2) 选择部门"管理中心"，单击"修改"按钮。

(3) 选择折旧科目"管理费用/折旧费(660206)"，单击"保存"按钮，系统弹出"是否将管理中心部门的所有下级部门的折旧科目替换为[折旧费]?"信息提示对话框，单击"是"按钮。替换之后，即可看到管理中心下的总经理办公室、财务部对应折旧科目均修改为"管理费用/折旧费"。

(4) 同理，完成其他部门折旧科目的设置。

■ 设置增减方式的对应科目

(1) 执行"设置"|"增减方式"命令，进入增减方式窗口。

(2) 在左侧列表框中，单击"直接购入"增加方式，单击"修改"按钮。

(3) 输入对应入账科目"工行存款(100201)"，单击"保存"按钮。

(4) 同理，输入减少方式"损毁"的对应入账科目"固定资产清理(1606)"。

注意：

当固定资产发生增减变动时，系统生成凭证时，会默认采用这些科目。

■ 录入原始卡片

(1) 执行"卡片"|"录入原始卡片"命令，进入"资产类别参照"窗口。

(2) 选择固定资产类别"非经营用设备(012)"，单击"确认"按钮，进入"固定资产卡片录入"窗口。

(3) 输入固定资产名称"轿车"；双击"部门名称"选择"总经理办公室"，双击"增加方式"选择"直接购入"，双击"使用状况"选择"在用"；输入开始使用日期"2008-06-01"；输入原值215470，累计折旧37254.75；输入可使用年限"6年"；其他信息自动算出。

(4) 单击"保存"按钮，系统弹出"数据成功保存！"信息提示对话框，单击"确定"按钮。

(5) 同理，完成其他固定资产卡片的输入。

(6) 执行"处理"|"对账"命令，系统将固定资产系统录入的明细资料数据汇总并与财务核对，显示与财务对账结果，单击"确定"按钮返回。

注意：

◆ 卡片编号：系统根据初始化时定义的编码方案自动设定，不能修改，如果删除一张卡片，又不是最后一张时，系统将保留空号。

◆ 已计提月份：系统将根据开始使用日期自动算出，但可以修改，请将使用期间停用等不计提折旧的月份扣除。

◆ 月折旧率、月折旧额：与计算折旧有关的项目输入后，系统会按照输入的内容自动算出并显示在相应项目内，可与手工计算的值比较，核对是否有错误。

3. 日常及期末处理

■ 业务1：资产增加

(1) 执行"卡片"|"资产增加"命令，进入"资产类别参照"窗口。

(2) 选择资产类别："非经营用设备(022)"，单击"确定"按钮，进入"固定资产卡片"窗口。

(3) 输入固定资产名称"扫描仪"；双击部门名称弹出"本资产部门使用方式"信息提示对话框，选择"单部门使用"选项，单击"确定"按钮，打开"部门参照"对话框，选择"管理中心/财务部"选项，双击"增加方式"选择"直接购入"，双击"使用状况"选择"在用"；输入原值1500，可使用年限"5年"，开始使用日期"2009-08-21"。

(4) 单击"保存"按钮，进入"填制凭证"窗口。

(5) 选择凭证类别"付款凭证"，修改制单日期、附件数，单击"保存"按钮。

注意：
- ♦ 固定资产原值一定要输入卡片录入月月初的价值，否则会出现计算错误。
- ♦ 新卡片第一个月不提折旧，累计折旧为空或0。
- ♦ 卡片输入完后，也可以不立即制单，月末可以批量制单。

■ 业务2：修改固定资产卡片

(1) 执行"卡片"|"变动单" |"使用状况调整"命令，进入"固定资产变动单"窗口。

(2) 选择"卡片编号"为"00001"的卡片，系统自动显示"资产编号"、"开始使用日期"、"资产名称"及"变动前使用状况"。

(3) 选择"变动后使用状态"为"大修理停用"。

(4) "变动原因"为"大修理"。

(5) 单击"保存"按钮，系统弹出"数据保存成功！"信息提示对话框，单击"确定"按钮。

■ 业务3：折旧处理

(1) 执行"处理"|"计提本月折旧"命令，系统弹出"是否要查看折旧清单？"信息提示对话框，单击"否"按钮。

(2) 系统继续弹出"本操作将计提本月折旧，并花费一定时间，是否要继续？"信息提示对话框，单击"是"按钮。

(3) 系统计提折旧完成后，进入"折旧分配表"窗口，单击"退出"按钮，进入"填制凭证"窗口，选择"转账凭证"类别，修改其他项目，单击"保存"按钮。

注意：
- ♦ 如果上次计提折旧已通过记账凭证把数据传递到账务系统，则必须删除该凭证才能重新计提折旧。
- ♦ 计提折旧后又对账套进行了影响折旧计算或分配的操作，必须重新计提折旧，否则系统不允许结账。

■ 业务4：资产减少

(1) 执行"卡片"|"资产减少"命令，进入"资产减少"窗口。

(2) 选择卡片编号00004，单击"增加"按钮。

(3) 选择减少方式"毁损"，单击"确定"按钮，进入"填制凭证"窗口。

(4) 选择"转账凭证"类别，修改其他项目，单击"保存"按钮。

注意：
- ♦ 本账套需要进行计提折旧后，才能减少资产。

- 如果要减少的资产较少或没有共同点，则通过输入资产编号或卡片号，单击"增加"按钮，将资产添加到资产减少表中。
- 如果要减少的资产较多并且有共同点，则通过单击"条件"按钮，输入一些查询条件，将符合该条件的资产挑选出来进行批量减少操作。

■ 总账系统处理

(1) 固定资产管理系统生成的凭证自动传递到总账管理系统，在总账管理系统中，对传递过来的凭证进行审核和记账。
(2) 以出纳"王晶"的身份登录总账管理系统，进行出纳签字。
(3) 以会计"马方"的身份登录总账，进行审核记账。

注意：
只有总账管理系统记账完毕，固定资产管理系统期末才能和总账进行对账工作。

■ 账表管理

(1) 执行"报表"|"账表管理"命令，进入"固定资产报表"窗口。
(2) 单击"折旧表"，选择"(部门)折旧计提汇总表"。
(3) 单击"打开"按钮，打开"条件"对话框。
(4) 选择期间"2009-08"，汇总部门"1—3"，单击"确认"按钮。

■ 对账

(1) 执行"处理"|"对账"命令，系统弹出"与财务对账结果"信息提示对话框。
(2) 单击"确定"按钮。

注意：
- 当总账记账完毕，固定资产系统才可以进行对账。对账平衡，开始月末结账。
- 如果在初始设置时，选择了"与账务系统对账"功能，对账的操作不限制执行时间，任何时候都可以进行对账。
- 如果在财务接口中选中"在对账不平情况下允许固定资产月末结账"复选框，则可以直接进行月末结账。

■ 结账

(1) 执行"处理"|"月末结账"命令，打开"月末结账"对话框。
(2) 单击"开始结账"按钮，系统弹出"月末结账成功完成！"信息提示对话框。
(3) 单击"确定"按钮。

注意：
- 本会计期间做完月末结账工作后，所有数据资料将不能再进行修改。

♦ 本会计期间不做完月末结账工作，系统将不允许处理下一个会计期间的数据。
♦ 月末结账前一定要进行数据备份，否则数据一旦丢失，将造成无法挽回的后果。

■ 取消结账

(1) 执行"处理"|"恢复月末结账前状态"命令，系统弹出"是否继续？"信息提示对话框。

(2) 单击"是"按钮，系统弹出"成功恢复月末结账前状态！"信息提示对话框。

(3) 单击"确定"按钮。

注意：

♦ 如果在结账后发现结账前操作有误，必须修改结账前的数据，则可以使用"恢复结账前状态"功能，又称"反结账"，即将数据恢复到月末结账前状态，结账时所做的所有工作都被无痕迹删除。

♦ 在总账管理系统未进行月末结账时，才可以使用恢复结账前状态功能。

♦ 一旦成本系统提取了某期的数据，该期不能反结账。如果当前的账套已经做了年末处理，那么就不允许再执行恢复月初状态功能。

4. 下月业务

■ 业务5：资产原值变动

(1) 修改系统日期为2009年9月。

(2) 以"陈明"身份，2009年9月日期登录固定资产管理系统。

(3) 执行"卡片"|"变动单"|"原值增加"命令，进入"固定资产变动单"窗口。

(4) 输入卡片编号00001，输入增加金额10 000，输入变动原因"增加配件"。

(5) 单击"保存"按钮，进入"填制凭证"窗口。

(6) 选择凭证类型"付款凭证"，填写修改其他项目，单击"保存"按钮。

注意：

♦ 资产变动主要包括原值变动、部门转移、使用状况变动、使用年限调整、折旧方法调整、净残值(率)调整、工作总量调整、累计折旧调整、资产类别调整等。系统对已做出变动的资产，要求输入相应的变动单来记录资产调整结果。

♦ 变动单不能修改，只有当月可删除重做，所以请仔细检查后再保存。

♦ 必须保证变动后的净值大于变动后的净残值。

■ 业务6：资产部门转移

(1) 执行"卡片"|"变动单"|"部门转移"命令，进入"固定资产变动单"窗口。

(2) 输入卡片编号00003；双击"变动后部门"选择"采购部"；输入变动原因"调拨"。

(3) 单击"保存"按钮。

■ 业务7：计提减值准备

(1) 执行"卡片"|"变动单"|"计提减值准备"命令，进入"固定资产变动单"窗口。
(2) 输入卡片编号00002，输入减值准备金额1000；输入减值原因"技术进步"。
(3) 单击"保存"按钮，进入"填制凭证"窗口。
(4) 选择凭证类别"转账凭证"，填写修改其他项目，单击"保存"按钮。
计提减值准备生成以下凭证。
　　借：管理费用/其他
　　　　贷：固定资产减值准备

■ 业务8：资产盘点

(1) 执行"卡片"|"卡片管理"命令，进入"卡片管理"窗口。
(2) 选择"总经理办公室"，执行"编辑"|"列头编辑"命令，补充选择其他列头显示项目。单击"打印"按钮，将总经理办公室资产清单打印出来，以备按单核查。
(3) 执行"卡片"|"资产盘点"命令，进入"盘点单管理"窗口。
(4) 单击"增加"按钮，打开"新增盘点单—盘点范围设置"对话框。选择盘点日期"2009-09-30"；盘点方式"按使用部门盘点"；使用部门"总经理办公室"，单击"确定"按钮，打开"栏目设置"对话框，选择"录入项目"为"固定资产编号"和"固定资产名称"，单击"下一步"按钮，进入"数据录入"窗口。
(5) 按盘点实际情况录入盘点记录，固定资产编号012101001,固定资产名称"轿车"。单击"保存"按钮。
(6) 单击"核对"按钮，系统自动与总经理办公室的固定资产账面记录进行核对，生成盘点结果清单。

Chapter 7 应收应付款管理

7.1 系统概述

在用友 ERP-U8 管理软件中,应收款管理系统主要用于核算和管理客户往来款项;应付款管理系统主要用于核算和管理供应商往来款项。应收应付款管理系统从初始设置、系统功能、系统应用方案、业务流程上都极为相似,因此,本章主要介绍应收款管理系统。

7.1.1 功能概述

应收款管理系统以发票、费用单、其他应收单等原始单据为依据,记录销售业务及其他业务所形成的往来款项,处理应收款项的收回、坏账、转账等情况,同时提供票据处理功能。系统根据对客户往来款项核算和管理的程度不同,提供了两种应用方案。

1. 在应收款管理系统核算客户往来款项

如果企业的应收款核算管理内容比较复杂,需要追踪每一笔业务的应收款、收款等情况,或者需要将应收款核算到产品级,那么可以选择该方案。该方案下,所有的客户往来凭证全部由应收款管理系统生成,其他系统不再生成这类凭证。应收款管理系统的主要功能如下。

(1) 根据输入的单据或由销售系统传递过来的单据,记录应收款项的形成。
(2) 处理应收项目的收款及转账业务。
(3) 对应收票据进行记录和管理。
(4) 在应收项目的处理过程中生成凭证,并向总账管理系统进行传递。
(5) 对外币业务及汇兑损益进行处理。

(6) 根据所提供的条件，提供各种查询及分析。

2. 在总账管理系统核算客户往来款项

如果企业的应收款业务比较简单，或者现销业务很多，则可以选择在总账管理系统通过辅助核算完成客户往来核算。其主要功能如下：

(1) 若同时使用销售系统，可接收销售系统的发票，并对其进行制单处理。
(2) 客户往来业务在总账管理系统生成凭证后，可以在应收款管理系统进行查询。

本章采用第一种方案介绍应收款子系统的功能。

7.1.2　应收款管理系统与其他系统的主要关系

应收款管理系统与其他系统的主要关系如图 7-1 所示。

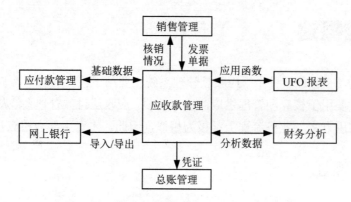

图 7-1　应收款管理系统与其他系统的主要关系

销售管理系统向应收款管理系统已复核的销售发票、销售调拨单以及代垫费用单，在应收款管理系统中对发票进行审核并进行收款结算处理，生成凭证。应收款管理系统为销售管理系统提供各种单据的收款结算情况以及代垫费用的核销情况如下。

(1) 应收款管理系统和应付款管理系统之间可以进行转账处理。
(2) 应收款管理系统向总账管理系统传递凭证。
(3) 应收款管理系统向专家财务评估系统提供各种分析数据。
(4) 应收款管理系统向 UFO 报表提供应用函数。
(5) 应收款管理系统与网上银行进行付款单的导入和导出。

7.1.3　应收款管理系统的业务处理流程

应收款管理系统的业务处理流程如图 7-2 所示。

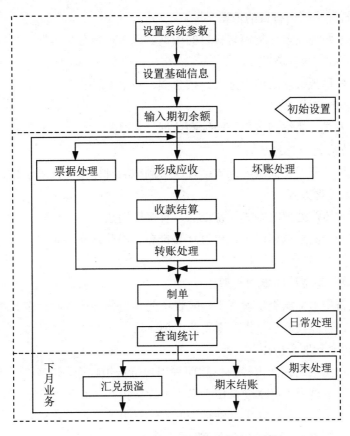

图 7-2　应收款管理系统的业务处理流程

7.2　应收款管理系统日常业务处理

7.2.1　初始设置

1. 设置控制参数

在运行本系统前，应在此设置运行所需要的账套参数。控制参数各项目说明如下。

(1) 选择应收账款的核销方式

系统提供 3 种应收款的核销方式：按余额、按单据、按存货。选择不同的核销方式，将影响到账龄分析的精确性。选择按单据核销或按存货核销能够进行更精确的账龄分析。

(2) 选择设置控制科目的依据

控制科目在本系统指所有带有客户往来辅助核算的科目。系统提供 3 种设置控制科目的依据：按客户分类、按客户、按地区分类。

(3) 选择设置存货销售科目的依据

本系统提供了两种设置存货销售科目的依据。既按存货分类设置和按存货设置。

(4) 选择预收款的核销方式

系统提供了两种预收款的核销方式：按余额、按单据。

(5) 选择制单的方式

有3种制单方式：明细到客户、明细到单据、汇总。

(6) 选择计算汇兑损益的方式

系统提供两种计算汇兑损益的方式：外币余额结清时计算、月末计算。

(7) 选择坏账处理方式

系统提供两种坏账处理的方式：备抵法、直接转销法。

在使用过程中，如果当年已经计提过坏账准备，则此参数不可以修改，只能下一年度修改。

(8) 选择核算代垫费用的单据类型

根据初始设置中"单据类型设置"，应收单的类型分为多种时，在此选择核算代垫费用单的单据类型。若应收单不分类，则无此选项。

(9) 选择是否显示现金折扣

为了鼓励客户在信用期间内提前付款而采用现金折扣政策，选择显示现金折扣，系统会在"单据结算"中显示"可享受折扣"和"本次折扣"，并计算可享受的折扣。

若选择了"不显示现金折扣"，则系统既不计算也不显示现金折扣。

(10) 选择录入发票是否显示提示信息

如果选择了显示提示信息，则在录入发票时，系统会显示该客户的信用额度余额，以及最后的交易情况。这样可能会降低录入的速度，反之选择不提示任何信息。

在账套使用过程中可以修改以上的参数。

2. 设置基础信息

基础信息包括设置科目、设置坏账准备、设置账龄区间、设置报警级别、设置存货分类档案、设置单据类型和设计单据格式等。其他公共信息(会计科目、部门档案、职员档案、外币及汇率、结算方式、付款条件、地区分类、客户分类及档案)已在系统管理和总账管理系统初始设置中完成。

(1) 设置科目

如果企业应收业务类型较固定，生成的凭证类型也较固定，则为了简化凭证生成操作，可以在此处将各业务类型凭证中的常用科目预先设置好。

(2) 设置坏账准备

应收款管理系统可以根据发生的应收业务情况，提供自动计提坏账准备的功能。计提坏账的处理方式包括应收余额百分比法、销售余额百分比法、账龄分析法。

(3) 设置账龄区间

为了对应收账款进行账龄分析，评估客户信誉，并按一定的比例估计坏账损失，应首先在此设置账龄区间。

用友 ERP-U8 应收款账龄设置分为两部分：账期内账龄区间设置、愈期账龄区间设置。

(4) 设置报警级别

通过对报警级别的设置，将客户按照客户欠款余额与其授信额度的比例分为不同的类型，以便于掌握各个客户的信用情况。

(5) 设置存货分类和档案

设置好存货分类和档案后，在输入销售发票时，可以参照选择。

(6) 设置单据类型

系统提供了发票和应收单两大类型的单据。

如果同时使用销售管理系统，则发票的类型包括增值税专用发票、普通发票、销售调拨单和销售日报。如果单独使用应收款管理系统，则发票的类型不包括后两种。发票的类型不能修改和删除。

应收单记录销售业务之外的应收款情况。在本功能中，只能增加应收单，应收单可划分为不同的类型，以区分应收货款之外的其他应收款。例如，应收代垫费用款、应收利息款、应收罚款、其他应收款等。应收单的对应科目由自己定义。

只能增加应收单的类型，而发票的类型是固定的，不能修改删除。应收单中的"其他应收单"为系统默认类型，不能删除、修改，不能删除已经使用过的单据类型。

3. 输入期初余额

初次使用本系统时，要将启用应收款管理系统时未处理完的所有客户的应收账款、预收账款、应收票据等数据输入到本系统，以便于以后的核销处理。当进入第二年度处理时，系统自动将上年度未处理完的单据转为下一年度的期初余额。在下一年度的第一个会计期间里，可以进行期初余额的调整。

输入应收款管理系统的期初数据时应注意以下问题。

(1) 发票和应收单的方向包括正向和负向，类型包括系统预置的各类型以及用户定义的类型。如果是预收款和应收票据，则不用选择方向，系统默认预收款方向为贷方，应收票据方向为借方。

(2) 单据日期必须小于该账套启用期间(第一年使用)或者该年度会计期初(以后年度使用)。如果在初始设置的基本科目设置中，设置了承兑汇票的入账科目，则可以录入该科目下期初应收票据，否则不能输入期初应收票据。单据中的科目栏目，用于输入该笔业务的入账科目，该科目可以为空。建议在输入期初单据时，最好输入科目信息，这样不仅可以执行与总账对账功能，而且可以查询正确的科目明细账和总账。

7.2.2 日常处理

日常处理主要包括应收处理、票据管理、坏账处理、制单处理、查询统计等操作。

1. 应收处理

应收处理包括单据处理、单据结算、转账处理。

(1) 单据处理

销售发票与应收单据是应收账款日常核算的原始单据。销售发票是指销售业务中的各类普通发票和专用发票。应收单是指销售业务之外的应收单据(如代垫运费等)。

如果同时使用应收款管理系统和销售管理系统,则销售发票和代垫费用产生的单据由销售系统录入、审核,自动传递到应收款管理系统,在本系统可以对这些单据进行查询、核销、制单,在本系统需要录入的单据仅限于应收单。如果没有使用销售系统,则各类发票和应收单均应在应收款管理系统录入并审核。

(2) 单据结算

单据结算的功能包括录入收款单、付款单;对发票及应收单进行核销;形成预收款并核销预收款;处理代付款。

收款单是收到款项而输入的单据。包括收到货款、预收款、代付款。付款单是因销售退回而填制的付款单据。核销就是指确定收/付款单与原始的发票、应收单之间的对应关系的操作,即需要指明每一次收款是收的哪几笔销售业务的款项。

(3) 转账处理

在日常处理中,经常会发生以下几种转账处理的情况。

- 预收冲应收:某客户有预收款时,可用该客户的一笔预收款冲一笔应收款。
- 应收冲应付:若某客户即是销售客户又是供应商,则可能发生应收款冲应付款的情况。
- 红字单据冲蓝字单据:当发生退货时,用红字发票对冲蓝字发票。
- 应收冲应收:当一个客户为另一个客户代付款时,发生应收冲应收情况。

2. 票据管理

企业一般情况下都有应收票据。本系统提供了强大的票据管理功能,可以在此对银行承兑汇票和商业承兑汇票进行管理,记录票据详细信息,记录票据处理情况,包括票据贴现、背书、计息、结算、转出等情况。

3. 坏账处理

坏账处理包括坏账发生、坏账收回、坏账计提。

系统提供的计提坏账的方法主要有销售收入百分比法、应收账款百分比法和账龄分析法。不管采用什么方法计提坏账,初次计提时,如果没有进行预先的设置,首先应在初始设置进行设置。应收账款的余额默认为本会计年度最后一天所有未结算完的发票和应收单余额之和减去预收款数额。外币账户用其本位币余额,可以根据实际情况进行修改。销售总额默认为本会计年度发票总额,可以根据实际情况进行修改。账龄分析法各区间余额由系统生成(本会计年度最后一天的所有未结算完的发票和应收单余额之和减去预收款数额),可以根据实际情况进行修改。

4. 制单处理

制单处理分为立即制单和批量制单。

立即制单是在单据处理、转账处理、票据处理及坏账处理等功能操作中,有许多地方系统询问是否立即制单,可以选择"是"按钮,便立即生成凭证。

批量制单是在所有业务发生完成后,使用制单功能进行批处理制单。

5. 查询统计

应收款管理系统的查询统计功能主要有:单据查询、业务账表查询、业务分析和科目账表查询。

(1) 单据查询

单据的查询包括发票、应收单、结算单和凭证的查询。可以查询已经审核的各类型应收单据的收款、结余情况;也可以查询结算单的使用情况;还可以查询本系统所生成的凭证,并且对其进行修改、删除、冲销等操作。

(2) 业务账表查询

业务账表查询可以进行总账、明细账、余额表和对账单的查询,并可以实现总账、明细账、单据之间的联查。

(3) 业务分析

业务分析功能包括应收账龄分析、收款账龄分析和欠款分析。

(4) 科目账表查询

科目账表查询包括科目余额表查询和科目明细表查询,并且可以通过一个"总账/明细"的切换按钮进行联查,实现总账、明细账、凭证的联查。

7.2.3 期末处理

应收款管理系统的期末处理工作主要包括汇兑损益和结账。

1. 汇兑损益

如果客户往来有外币核算,且在总账管理系统中"账簿选项"选取客户往来由"应收系统"核算,则在此计算外币单据的汇兑损益并对其进行相应的处理。

2. 月末结账

如果确认本月的各项处理已经结束,可以选择执行月末结账功能。结账后本月不能再进行单据、票据、转账等业务的增、删、改、审等处理。如果用户觉得某月的月末结账有错误,可以取消月末结账。但取消结账操作只有在该月总账未结账时才能进行。如果启用了销售管理系统,销售管理系统结账后,应收款管理系统才能结账。

注意:

◆ 如果上月没有结账,则本月不能结账。

- 本月的单据(发票和应收单)在结账前应该全部审核。
- 若本月的结算单还有未核销的,不能结账。
- 如果结账期间是本年度最后一个期间,则本年度进行的所有核销、坏账、转账等处理必须制单,否则不能向下一个年度结转,而且对于本年度外币余额为 0 的单据必须将本币余额结转为 0,即必须执行汇兑损益。

实验八 应收款管理

【实验目的】
1. 掌握用友 ERP-U8 管理软件中应收款管理系统的相关内容。
2. 掌握应收款管理系统初始化、日常业务处理及月末处理的操作。
3. 理解应收款管理在总账核算与在应收款管理系统核算的区别。

【实验内容】
1. 初始化:设置账套参数、初始设置。
2. 日常处理:形成应收、收款结算、转账处理、坏账处理、制单、查询统计。
3. 期末处理:月末结账。

【实验准备】
引入"实验二"账套数据。

【实验资料】
1. 初始设置

(1) 控制参数

控制参数	参数设置
坏账处理方式	应收余额百分比
是否自动计算现金折扣	√

(2) 设置科目

科目类别	设置方式
基本科目设置	应收科目(本币):1122 预收科目(本币):2203 销售收入科目:6001 应交增值税科目:22210105

(续表)

科目类别	设置方式
控制科目设置	所有客户的控制科目： 应收科目：1122　　预收科目：2203
结算方式科目设置	结算方式：现金支票；币种：人民币；科目：100201 结算方式：转账支票；币种：人民币；科目：100201

(3) 坏账准备设置

控制参数	参数设置
提取比例	0.5%
坏账准备期初余额	800
坏账准备科目	1231
对方科目	660207

(4) 账期内账龄区间及愈期账龄区间

序号	起止天数	总天数
01	0—30	30
02	31—60	60
03	61—90	90
04	91 以上	

(5) 计量单位组

计量单位组编号	计量单位组名称	计量单位组类别
01	无换算关系	无换算

(6) 计量单位

计量单位编号	计量单位名称	所属计量单位组名称
01	盒	无换算关系
02	台	无换算关系
03	只	无换算关系
04	千米	无换算关系

(7) 存货分类

存货类别编码	存货类别名称
1	原材料
101	主机

(续表)

存货类别编码	存货类别名称
10101	芯片
10102	硬盘
102	显示器
103	键盘
104	鼠标
2	产成品
201	计算机
3	配套用品
301	配套材料
302	配套硬件
30201	打印机
30202	传真机
303	配套软件
9	应税劳务

(8) 存货档案

存货编码	存货名称	所属类别	主计量单位	税率	存货属性	参考成本	参考售价
001	PIII 芯片	10101 芯片	盒	17%	外购,生产耗用,销售	1 200	
002	160 GB 硬盘	10102 硬盘	盒	17%	外购,生产耗用,销售	800	1 000
003	21 英寸显示器	102 显示器	台	17%	外购,生产耗用,销售	2 200	2 500
004	键盘	103 键盘	只	17%	外购,生产耗用,销售	100	120
005	鼠标	104 鼠标	只	17%	外购,生产耗用,销售	50	60
006	计算机	201 计算机	台	17%	自制,销售	5 000	6 500
007	1600K 打印机	30201 打印机	台	17%	外购,销售	2 000	2 300
008	运输费	9 应税劳务	千米	7%	外购,销售,应税劳务		

(9) 期初余额

会计科目：应收账款(1122)　　　余额：借 157 600 元

普通发票

开票日期	客户	销售部门	科目	货物名称	数量	单价	金额
2009-06-25	华宏公司	销售部	1122	键盘	1 992	50	99 600

增值税发票

开票日期	客户	销售部门	科目	货物名称	数量	单价	税率	金额
2009-07-10	昌新贸易公司	销售部	1122	21英寸显示器	18	2 500	17%	52 650

其他应收单

单据日期	科目编号	客户	销售部门	金额	摘要
2009-07-10	1122	昌新贸易公司	销售部	5 350	代垫运费

(10) 开户银行

编码：01；名称：工商银行北京分行中关村分理处；账号：831658796200。

2. 2009年8月份发生经济业务

(1) 8月2日，销售部售给华宏公司计算机10台，单价6 500元/台，开出普通发票，货已发出。

(2) 8月4日，销售部出售精益公司21英寸显示器20台，单价2 500元/台，开出增值税发票。货已发出，同时代垫运费5 000元。

(3) 8月5日，收到华宏公司交来转账支票一张，金额65 000元，支票号ZZ001，用以归还前欠货款。

(4) 8月7日，收到昌新贸易公司交来转账支票一张，金额100 000元，支票号ZZ002，用以归还前欠货款及代垫运费，剩余款转为预收账款。

(5) 8月9日，华宏公司交来转账支票一张，金额10 000元，支票号ZZ003，作为预购PIII芯片的定金。

(6) 8月10日，将精益公司购买21英寸显示器的应收款58 500元转给昌新贸易公司。

(7) 8月11日，用华宏公司交来的10 000元订金冲抵其期初应收款项。

(8) 8月17日，确认本月4日为精益公司代垫运费5 000元，作为坏账处理。

(9) 8月31日，计提坏账准备。

【实验要求】

以账套主管"陈明"的身份进行应收款管理操作。

【操作指导】

1. 启用并进入应收款管理系统

(1) 以账套主管"陈明"身份登录企业应用平台，启用"应收款管理"系统，启用日期"2009-08-01"。

(2) 在企业应用平台的"业务工作"选项卡中，选择"财务会计"|"应收款管理"选项，打开应收款管理菜单。

2. 初始设置

■ 设置控制参数

(1) 执行"设置"|"选项"命令,打开"账套参数设置"对话框。
(2) 单击"编辑"按钮,按实验资料进行控制参数设置。

注意:
◆ 应收款管理系统核销方式一经确定,不允许调整。
◆ 如果当年已计提过坏账准备,则坏账处理方式不允许修改,只能在下一年度修改。

■ 初始设置

(1) 执行"设置"|"初始设置"命令,进入"初始设置"窗口。
(2) 按实验资料进行基本科目设置、控制科目设置、结算方式科目设置、坏账准备设置、账期内账龄区间设置和愈期账龄区间设置。

■ 设置计量单位组和计量单位

(1) 在"企业应用平台"中,执行"基础设置"|"基础档案"|"存货"|"计量单位"命令,进入"计量单位—计量单位组别"窗口。
(2) 单击"分组"按钮,打开"计量单位分组"对话框。
(3) 单击"增加"按钮,按实验资料输入单位组信息并保存。
(4) 选择"无换算关系"计量单位组,单击"单位"按钮,打开"计量单位设置"对话框,按实验资料输入单位信息。

■ 设置存货分类和存货档案

(1) 在"企业应用平台"中,执行"基础设置"|"基础档案"|"存货"|"存货分类"命令,进入"存货分类"窗口。
(2) 按实验资料进行存货分类设置。
(3) 执行"基础设置"|"基础档案"|"存货"|"存货档案"命令,进入"存货档案"窗口。
(4) 选择存货分类"10101 芯片",单击"增加"按钮,进入"存货档案卡片"窗口。
(5) 按实验资料输入存货档案。

■ 输入期初余额

输入期初销售发票

(1) 执行"设置"|"期初余额"命令,打开"期初余额—查询"对话框。
(2) 单击"确定"按钮,进入"期初余额明细表"窗口。
(3) 单击"增加"按钮,打开"单据类别"对话框。

(4) 选择单据名称"销售发票",单据类型"销售普通发票"。

(5) 单击"确定"按钮,进入"期初销售发票"窗口。

(6) 输入开票日期"2009-06-25",客户名称"华宏公司",销售部门"销售部",科目 1122。

(7) 选择货物名称"键盘";输入数量 1992,金额自动算出,单击"保存"按钮。

(8) 同理,输入增值税发票。

注意:
输入期初销售发票时,要确定科目,以方便与总账管理系统的应收账款对账。

输入期初其他应收单

(1) 在"期初余额明细表"窗口中,单击"增加"按钮,打开"单据类别"对话框。

(2) 选择单据名称"应收单",单据类型"其他应收单",单击"确认"按钮,进入"期初录入—其他应收单"窗口。

(3) 输入单据日期"2009-07-10",科目编号 1131,客户"昌新贸易公司",销售部门"销售部",金额 5 350,摘要"代垫费用",单击"保存"按钮。

期初对账

(1) 在"期初余额明细表"窗口,单击"对账"按钮,进入"期初对账"窗口。

(2) 查看应收款管理系统与总账管理系统的期初余额是否平衡。

(3) 关闭"期初对账",返回"期初余额明细表"窗口。

注意:
应收款管理系统与总账管理系统的期初余额的差额应为零。即两个系统的客户往来科目的期初余额应完全一致。

■ **输入开户银行信息**

在企业应用平台"基础设置"中,选择"基础档案"|"收付结算"|"本单位开户银行"选项,输入本单位开户银行信息。

3. 日常处理

■ **增加应收款**

业务 1:输入并审核普通发票

(1) 执行"应收单据处理"|"应收单据录入"命令,打开"单据类别"对话框。

(2) 选择单据名称"销售发票",单据类型"普通发票"。

(3) 单击"确认"按钮,进入"销售普通发票"窗口。

(4) 单击"增加"按钮,输入开票日期"2009-08-02",客户名称"华宏公司"。

(5) 选择货物名称"计算机";输入数量 10,单价 6 500,金额自动算出,单击"保存"按钮。

(6) 单击"审核"按钮,系统弹出"是否立即制单?"信息提示对话框。

(7) 单击"否"按钮,暂不生成凭证,单击"退出"按钮。

注意:
- ◆ 如果应收款管理系统与销售管理系统集成使用,销售发票在销售管理系统中录入并审核。应收款管理系统可对这些销售发票进行查询、核销、制单等操作。
- ◆ 如果没有使用销售管理系统,则在应收款管理系统中录入并审核销售发票,以形成应收款,并对这些发票进行查询、核销、制单等操作。

业务 2:输入并审核专用发票

(1) 执行"应收单据处理"|"应收单据录入"命令,打开"单据类别"对话框。

(2) 选择单据名称"销售发票",单据类型"销售专用发票",单击"确认"按钮,进入"销售专用发票"窗口。

(3) 输入开票日期"2009-08-04",客户名称"精益公司"。

(4) 选择货物名称"21 英寸显示器";输入数量 20,单价 2 500,金额自动计算出,单击"保存"按钮。

(5) 单击"审核"按钮,系统弹出"是否立即制单?"信息提示对话框。

(6) 单击"否"按钮,暂不生成凭证,单击"退出"按钮。

业务 3:输入并审核其他应收单据

(1) 执行"应收单据处理"|"应收单据录入"命令,打开"单据类别"对话框。

(2) 选择单据名称"应收单",单据类型"其他应收单",单击"确认"按钮,进入"其他应收单"窗口。

(3) 输入单据日期"2009-8-04",客户名称"精益公司",金额 5 000,摘要"代垫运费"。

(4) 选择对应科目 100201,单击"保存"按钮。

(5) 单击"审核"按钮,系统弹出"是否立即制单?"信息提示对话框。

(6) 单击"否"按钮,暂不生成凭证,单击"退出"按钮。

注意:
- ◆ 已审核和生成凭证的应收单不能修改删除。若要修改和删除,必须取消相应的操作。
- ◆ 应收款管理系统与销售管理系统集成使用时,需对由销售管理系统中代垫费用单据所形成的应收单据进行审核。

■ 收款结算

业务 4：输入一张收款单据并完全核销应收款

(1) 执行"收款单据处理"|"收款单据录入"命令，进入"收付款单录入"窗口。

(2) 单击"增加"按钮。

(3) 输入日期"2009-08-05"，选择客户"华宏公司"，结算方式"转账支票"，金额 65 000，支票号 ZZ001，单击"保存"按钮。

(4) 单击"审核"按钮，系统弹出"是否立即制单？"信息提示对话框。

(5) 单击"否"按钮，暂不生成凭证。

(6) 单击"核销"按钮，在 8 月 2 日的发票中输入本次结算金额 65 000。

(7) 单击"保存"按钮。

注意：

◆ 录入收款单据内容时，结算方式、结算科目及金额不能为空。

◆ 系统自动生成的结算单据号不能进行修改。

◆ 已核销的收款单据不允许修改和删除。

业务 5：输入一张收款单据，部分核销应收款，部分形成预收账款

(1) 在"结算单录入"窗口，单击"增加"按钮。

(2) 输入日期"2009-08-07"，选择客户"昌新贸易公司"，结算方式"转账支票"，金额 100 000，支票号 ZZ002。

(3) 单击"保存"按钮。

(4) 单击"审核"按钮。系统弹出"是否立即制单？"信息提示对话框，单击"否"按钮，暂不生成凭证。

(5) 单击"核销"按钮，在结算单据中，输入专用发票本次结算额 52 650，其他应收单据本次结算额 5 350，收款单据本次结算额 58 000，单击"保存"按钮。

业务 6：输入一张收款单据全部形成预收款

(1) 在"结算单录入"窗口，单击"增加"按钮。

(2) 输入表头项目：选择客户"华宏公司"，输入日期"2009-08-09"，结算方式"转账支票"，金额 10 000，支票号 ZZ003。输入表体项目：款项类型"预收款"。

(3) 单击"保存"按钮，系统弹出"是否立即制单？"信息提示对话框。

(4) 单击"否"按钮，暂不生成凭证，单击"退出"按钮。

注意：

◆ 全部款项形成预收款的收款单，可在"结算单查询"功能中查看。

◆ 以后可通过"预收冲应收"以及"核销"等操作中使用此笔预收款。

■ 转账处理

业务 7：应收冲应收

(1) 执行"日常处理"|"转账"|"应收冲应收"命令，进入"应收冲应收"窗口。

(2) 输入日期"2009-08-10"；选择转出客户"精益公司"，转入客户"昌新贸易公司"。

(3) 单击"过滤"按钮。系统列出转出户"精益公司"的未核销的应收款。

(4) 双击专用发票单据行，单击"确认"按钮。系统弹出"是否立即制单？"信息提示对话框。

(5) 单击"否"按钮，暂不生成凭证。

业务 8：预收冲应收

(1) 执行"日常处理"|"转账"|"预收冲应收"命令，进入"预收冲应收"窗口。

(2) 输入日期"2009-08-11"。

(3) 单击"预收款"选项卡，选择客户"华宏公司"。单击"过滤"按钮。系统列出该客户的预收款，输入转账金额 10 000。

(4) 打开"应收款"选项卡，单击"过滤"按钮。系统列出该客户的应收款，输入转账金额 10 000。

(5) 单击"确认"按钮，系统弹出"是否立即制单？"信息提示对话框。

(6) 单击"否"按钮，暂不生成凭证。

注意：

♦ 每一笔应收款的转账金额不能大于其余额。

♦ 应收款的转账金额合计应该等于预收款的转账金额合计。

♦ 在初始设置时，如果将应收科目和预收科目设置为同一科目，将无法通过预收冲应收功能生成凭证。

♦ 此笔预收款也可不先冲应收款，待收到此笔货款的剩余款项并进行核销时，再同时使用此笔预收款进行核销。

■ 坏账处理

业务 9：发生坏账

(1) 执行"坏账处理"|"坏账发生"命令，打开"坏账发生"对话框。

(2) 选择客户"精益公司"；输入日期"2009-08-17"；选择币种"人民币"。

(3) 单击"确认"按钮，进入"坏账发生单据明细"窗口，系统列出该客户所有未核销的应收单据。

(4) 在"本次发生坏账金额处输入"5 000，单击 OK 按钮。

(5) 系统弹出"是否立即制单？"信息提示对话框，单击"否"按钮，暂不生成凭证。

最后单击"退出"按钮。

业务10：计提坏账准备

(1) 执行"坏账处理"|"计提坏账准备"命令，进入"应收账款百分比法"窗口。

(2) 系统根据应收账款余额、坏账准备余额、坏账准备初始设置情况自动计算出本次计提金额。

(3) 单击OK按钮，系统弹出"是否立即制单？"信息提示对话框。

(4) 单击"否"按钮，暂不生成凭证。

注意：
如果坏账准备已计提成功，本年度将不能再次计提坏账准备。

■ 制单

立即制单

(1) 在单据进行完相应的操作后，系统弹出"是否立即制单？"信息提示对话框。单击"是"按钮，便可立即生成一张凭证。

(2) 修改后，单击"保存"按钮，此凭证可传递到总账管理系统。

批量制单

(1) 执行"制单处理"命令，打开"制单查询"对话框。

(2) 选中"发票制单"复选框，单击"确认"按钮，进入"销售发票制单"窗口。

(3) 选择凭证类别"转账凭证"，单击"全选"按钮。

(4) 单击"制单"按钮，进入"填制凭证"窗口。

(5) 单击"保存"按钮，凭证左上方出现"已生成"字样，表明此凭证已传递至总账。

(6) 单击"上张"、"下张"按钮，保存其他需保存的凭证。

(7) 完成应收单据制单、收付款单据制单、转账制单、并账制单、坏账处理制单。

注意：
◆ 执行生成凭证的操作员，必须在总账管理系统拥有制单的权限。
◆ 制单日期应大于等于所选的单据的最大日期，但小于当前业务日期。同时，制单日期应满足总账管理系统中制单序时要求。

■ 查询统计

查询统计包括以下内容。

(1) 单据查询。

(2) 业务账表查询。

(3) 科目账表查询。

(4) 账龄分析。

操作步骤在此不再赘述。

4. 期末处理

■ 结账

(1) 执行"期末处理"|"月末结账"命令,打开"月末处理"对话框。

(2) 双击8月份的结账标志栏。

(3) 单击"下一步"按钮,屏幕显示各处理类型的处理情况。

(4) 在处理情况都是"是"的情况下,单击"确认"按钮,结账后,系统弹出"月末结账成功!"信息提示对话框。

(5) 单击"确认"按钮。系统自动在对应的结账月份的"结账标志"栏中显示"已结账"字样。

注意:

◆ 本月的单据在结账前应该全部审核;本月的结算单据在结账前应全部核销。

◆ 应收管理系统结账后,总账管理系统才能结账。

◆ 应收管理系统与销售管理系统集成使用,应在销售管理系统结账后,才能对应收管理系统进行结账处理。

■ 取消结账

(1) 执行"期末处理"|"取消月结"命令,打开"取消结账"对话框。

(2) 选择"8月 已结账"月份。

(3) 单击"确认"按钮,系统弹出"取消结账成功!"信息提示对话框。

(4) 单击"确定"按钮,当月结账标志即被取消。

注意:
如果当月总账管理系统已经结账,则应收管理系统不能取消结账。

Chapter 8 供应链管理

8.1 系统概述

供应链管理系统是用友 ERP-U8 管理软件的重要组成部分,它突破了会计核算软件单一财务管理的局限,实现了从财务管理到企业财务业务一体化全面管理,实现了物流、资金流管理的统一。

8.1.1 供应链管理系统应用方案

供应链管理系统包括采购管理、销售管理、库存管理和存货核算等模块。其中每个模块既可以单独应用,也可以与相关子系统联合应用。

8.1.2 供应链管理系统的业务处理流程

在企业的日常工作中,采购供应部门、仓库、销售部门、财务部门等都涉及购销存业务及其核算的处理,各个部门的管理内容是不同的,工作间的延续性是通过单据在不同部门间的传递来完成,那么这些工作在软件中是如何体现的?计算机环境下的业务处理流程与手工环境下的业务处理流程肯定存在差异,如果缺乏对供应链管理系统业务流程的了解,那么就无法实现部门间的协调配合,就会影响系统的效率。

供应链管理系统数据流程如图 8-1 所示。

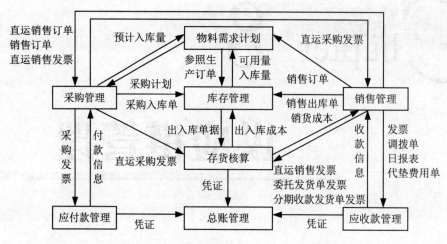

图 8-1 供应链管理系统的业务处理流程

8.2 供应链管理系统初始化

供应链管理系统初始化包括供应链管理系统建账、基础信息设置及期初数据录入等项工作。

8.2.1 供应链管理系统建账

企业建账过程在系统管理一章已有描述,在这里只需启用相关子系统即可。与以前的软件版本相比,用友 ERP-U8 供应链管理系统功能更完善、使用更方便、适用面更广、更具开放性,这意味着系统内蕴涵了丰富的参数开关、个性化设置细节等,为了能更清晰地了解各项参数与业务之间的关系,参数设置在业务处理时一并介绍。

8.2.2 基础档案设置

本章之前设计的实验中,都有基础信息的设置,但基本限于与财务相关的信息。除此以外,供应链管理系统还需要增设与业务处理、查询统计、财务连接相关的基础信息。

1. 基础档案信息

使用供应链管理系统之前,应做好手工基础数据的准备工作,如对存货合理分类,准备存货的详细档案,进行库存数据的整理及与账面数据的核对等。供应链管理系统需要增设的基础档案信息包括以下项目。

(1) 存货分类

如果企业存货较多,需要按照一定的方式进行分类管理。存货分类是指按照存货固有的特征或属性将存货划分为不同的类别，以便于分类核算与统计。如工业企业可以将存货划分为原材料、产成品、应税劳务；商业企业可以将存货分为商品、应税劳务等。

在企业日常购销业务中，经常会发生一些劳务费用，如运输费、装卸费等，这些费用也是构成企业存货成本的一个组成部分，并且它们可以拥有不同于一般存货的税率。为了能够正确反映和核算这些劳务费用，一般在存货分类中单独设置一类，如"应税劳务"或"劳务费用"。

(2) 计量单位

企业中存货种类繁多，不同的存货存在不同的计量单位。有些存货财务计量单位、库存计量单位、销售发货单位可能是一致的，如自行车的 3 种计量单位均为"辆"。同一种存货用于不同的业务，其计量单位也可能不同。如对某种药品来说，其核算单位可能是"板"，也就是说，财务上按板计价；而其库存单位可能按"盒"，1 盒=20 板；对客户发货时可能按"箱"，1 箱=100 盒。因此，在开展企业日常业务之前，需要定义存货的计量单位。

(3) 存货档案

在"存货档案"窗口中包括 8 个选项卡：基本、成本、控制、其他、计划、MPS/MRP、图片以及附件。

在"基本"选项卡中，有 25 个复选框，用于设置存货属性。设置存货属性的目的是在填制单据参照存货时缩小参照范围。

- 内销、外销：用于发货单、发票、销售出库单等与销售有关的单据参照存货时使用，表示该存货可用于销售。
- 外购：用于购货所填制的采购入库单、采购发票等与采购有关的单据参照使用，在采购发票、运费发票上一起开具的采购费用，也应设置为外购属性。
- 生产耗用：存货可在生产过程被领用、消耗。生产产品耗用的原材料、辅助材料等在开具材料领料单时参照。
- 自制：由企业生产自制的存货，如产成品、半成品等，主要用在开具产成品入库单时参照。
- 在制：指尚在制造加工中的存货。
- 应税劳务：指在采购发票上开具的运输费、包装费等采购费用及开具在销售发票或发货单上的应税劳务、非应税劳务等。
- 在"控制"选项卡中，有 20 多个复选框。
- 是否批次管理：对存货是否按批次进行出入库管理。该项必须在库存管理系统账套参数中选中"有批次管理"后，方可设定。
- 是否保质期管理：有保质期管理的存货必须有批次管理。因此该项也必须在库存管理系统账套参数中选中"有批次管理"后，方可设定。
- 是否呆滞积压：存货是否呆滞积压，完全由用户自行决定。

(4) 仓库档案

存货一般是存放在仓库保管的。对存货进行核算管理，就必须建立仓库档案。

(5) 收发类别

收发类别用来表示存货的出入库类型，便于对存货的出入库情况进行分类汇总统计。

(6) 采购类型/销售类型

定义采购类型和销售类型，能够按采购、销售类型对采购、销售业务数据进行统计和分析。采购类型和销售类型均不分级次，根据实际需要设立。

(7) 产品结构

产品结构用来定义产品的组成，包括组成成分和数量关系，以便用于配比出库、组装拆卸、消耗定额、产品材料成本、采购计划、成本核算等引用。产品结构中引用的物料必须首先在存货档案中定义。

(8) 费用项目

销售过程中有很多不同的费用发生，如代垫费用、销售支出等，在系统中将其设置为费用项目，以方便记录和统计。

2. 设置存货系统业务科目

存货核算系统是供应链管理系统与财务系统联系的桥梁，各种存货的购进、销售及其他出入库业务，均在存货核算系统中生成凭证，并传递到总账管理系统。为了快速、准确地完成制单操作，应事先设置凭证上的相关科目。

(1) 设置存货科目

存货科目是设置生成凭证所需要的各种存货科目和差异科目。存货科目既可以按仓库也可以按存货分类分别进行设置。

(2) 设置对方科目

对方科目是设置生成凭证所需要的存货对方科目，可以按收发类别设置。

8.2.3　供应链管理系统期初数据

在供应链管理系统中，期初数据录入是一个非常关键的环节，期初数据的录入内容及顺序如表8-1所示。

表8-1　供应链管理系统期初数据

系统名称	操作	内容	说明
采购管理	录入	期初暂估入库	暂估入库是指货到票未到
		期初在途存货	在途存货是指票到货未到
	期初记账	采购期初数据	没有期初数据也要执行期初记账，否则不能开始日常业务

(续表)

系统名称	操 作	内 容	说 明
销售管理	录入并审核	期初发货单	已发货、出库，但未开票
		期初委托代销发货单	已发货未结算的数量
		期初分期收款发货单	已发货未结算的数量
库存	录入(取数)	库存期初余额	库存和存货共用期初数据
	审核	不合格品期初数据	未处理的不合格品结存量
存货	录入(取数)	存货期初余额	
	记账	期初分期收款发出商品余额	

实验九　供应链管理系统初始设置

【实验目的】

1. 掌握用友 ERP-U8 管理软件中供应链管理系统初始设置的相关内容。
2. 理解供应链管理系统业务处理流程。
3. 掌握供应链管理系统基础信息设置、期初余额录入的操作方法。

【实验内容】

1. 启用供应链管理系统。
2. 供应链管理系统基础信息设置。
3. 供应链管理系统期初数据录入。

【实验准备】

引入"实验二"账套数据，启用采购管理、销售管理、库存管理、存货核算、应收款、应付款管理子系统，启用日期为 2009-08-01。

【实验资料】

1. 基础信息

(1) 存货分类

存货类别编码	存货类别名称
1	原材料
101	主机
10101	芯片
10102	硬盘
102	显示器

(续表)

存货类别编码	存货类别名称
103	键盘
104	鼠标
2	产成品
201	计算机
3	配套用品
301	配套材料
302	配套硬件
30201	打印机
30202	传真机
303	配套软件
9	应税劳务

(2) 计量单位组

计量单位组编号	计量单位组名称	计量单位组类别
01	无换算关系	无换算率

(3) 计量单位

计量单位编号	计量单位名称	所属计量单位组名称
01	盒	无换算关系
02	台	无换算关系
03	只	无换算关系
04	千米	无换算关系

(4) 存货档案

存货编码	存货名称	所属类别	主计量单位	税率	存货属性
001	PIII 芯片	芯片	盒	17%	外购，生产耗用，外销
002	160GB 硬盘	硬盘	盒	17%	外购，生产耗用，外销
003	21 英寸显示器	显示器	台	17%	外购，生产耗用，外销
004	键盘	键盘	只	17%	外购，生产耗用，外销
005	鼠标	鼠标	只	17%	外购，生产耗用，外销
006	计算机	计算机	台	17%	自制，内销，外销
007	1600K 打印机	打印机	台	17%	外购，内销，外销
008	运输费	应税劳务	千米	7%	外购，外销，应税劳务

(5) 仓库档案

仓 库 编 码	仓 库 名 称	计 价 方 式
1	原料库	移动平均法
2	成品库	移动平均法
3	配套用品库	全月平均法

(6) 收发类别

收发类别编码	收发类别名称	收发标志	收发类别编码	收发类别名称	收发标志
1	正常入库	收	3	正常出库	发
101	采购入库	收	301	销售出库	发
102	产成品入库	收	302	领料出库	发
103	调拨入库	收	303	调拨出库	发
2	非正常入库	收	4	非正常出库	发
201	盘盈入库	收	401	盘亏出库	发
202	其他入库	收	402	其他出库	发

(7) 采购类型

采购类型编码	采购类型名称	入 库 类 别	是否默认值
1	普通采购	采购入库	是

(8) 销售类型

销售类型编码	销售类型名称	出 库 类 别	是否默认值
1	经销	销售出库	是
2	代销	销售出库	否

(9) 开户银行

编码：01；名称：工商银行北京分行中关村分理处；账号：831658796200。

2. 设置基础科目

(1) 存货核算系统

存货科目：按照存货分类设置存货科目。

存货科目设置：

仓　　库	存 货 科 目
原料库	生产用原材料(140301)
成品库	库存商品(1405)
配套用品库	库存商品(1405)

对方科目：根据收发类别设置对方科目。
对方科目设置：

收 发 类 别	对 方 科 目
采购入库	材料采购(1401)
产成品入库	生产成本/直接材料(500101)
盘盈入库	待处理资产损溢/待处理流动资产损溢(190101)
销售出库	主营业务成本(6401)
领料出库	生产成本/直接材料(500101)

(2) 应收款管理系统

应收款核销方式：按单据；坏账处理方式：应收余额百分比；其他参数为系统默认。

基本科目设置：应收科目1122，预收科目2203，销售收入科目6001，应交增值税科目22210105，其他可暂时不设置。

结算方式科目设置：现金结算对应科目1001，转账支票对应科目100201，现金支票对应科目100201。

坏账准备设置：提取比例0.5%，期初余额10 000，科目1231，对方科目660207。

账期内账龄区间设置：

序 号	起 止 天 数	总 天 数
01	00—30	30
02	31—60	60
03	61—90	90
04	91—120	120
05	121以上	

报警级别设置：

序 号	起 止 比 率	总 比 率	级 别 名 称
01	0以上	10	A
02	10%—30%	30	B
03	30%—50%	50	C
04	50%—100%	100	D
05	100%以上		E

(3) 启动应付款管理系统

应付款核销方式：按单据；其他参数为系统默认。

科目设置：应付科目2202，预付科目1123，采购科目1401，采购税金科目22210101，其他可暂时不设置。

结算方式科目设置：现金结算对应科目 1001，转账支票对应科目 100201，现金支票对应科目 100201。

账期内账龄区间和报警级别参照应收管理系统。

3．期初数据

(1) 采购管理系统期初数据

7月25日，收到兴华公司提供的160GB硬盘100盒，单价为800元，商品已验收入原料仓库，至今尚未收到发票。

(2) 销售管理系统期初数据

7月28日，销售部向昌新贸易公司出售计算机10台，报价为6 500元，由成品仓库发货。该发货单尚未开票。

(3) 库存和存货核算系统期初数据

7月31日，对各个仓库进行了盘点，结果如下表。

仓库名称	存货名称	数量	结存单价
原料库	PIII 芯片	700	1 200.00
	160GB 硬盘	200	820.00
成品库	计算机	380	4 800.00
配套用品库	1600K 打印机	400	1 800.00

(4) 应收款管理系统期初数据

应收账款科目的期初余额为157 600元，以应收单形式录入。

日期	客户	方向	金额	业务员
2009-06-25	华宏公司	借	99 600.00	王丽
2009-07-10	昌新贸易公司	借	58 000.00	王丽

(5) 应付款管理系统期初数据

应付账款科目的期初余额中涉及到兴华公司的余额为276 850元，以应付单形式录入。

日期	供应商	方向	金额	业务员
2009-5-20	兴华公司	贷	276 850.00	李平

【实验要求】

以账套主管"陈明"身份进行供应链系统初始设置。

【操作指导】

1. 以账套主管身份注册登录企业应用平台

以账套主管"陈明"的身份注册登录企业应用平台，启用采购管理、销售管理、库存管理、存货核算、应收款、应付款管理子系统，启用日期为2009-08-01。

2. 基础信息设置

(1) 打开企业应用平台窗口的"基础设置"选项卡。

(2) 在"基础档案"下，根据实验资料设置信息：存货分类、计量单位组及计量单位、存货档案、仓库档案、采购类型、销售类型、收发类别、产品结构、费用项目等。

注意：

设置计量单位时，应先设置计量单位组，然后在不同的计量单位组下设置相应的计量单位。

3. 存货核算系统基础科目设置

(1) 从企业应用平台中进入存货核算系统。

(2) 执行"初始设置"|"科目设置"|"存货科目"命令，进入"存货科目"窗口，按实验资料中"存货科目设置"表设置存货科目。

(3) 执行"初始设置"|"科目设置"|"对方科目"命令，进入"对方科目设置"窗口，按实验资料中"对方科目设置"表设置对方科目。

4. 应收款管理系统相关设置及期初数据录入

(1) 从企业应用平台中进入应收款管理系统。

(2) 执行"设置"|"选项"命令，打开"账套参数设置"对话框。

(3) 单击"编辑"按钮，选择应收款核销方式为"按单据"，坏账处理方式为"应收余额百分比法"，其他参数采用系统默认，单击"确定"按钮。

(4) 执行"设置"|"初始设置"命令，进入"初始设置"窗口，进行以下的档案设置。

① 基本科目设置。选择应收科目1122，预收科目2203，销售收入科目6001，应交增值税科目22010105，其他可暂时不设置。

② 结算方式科目设置。现金结算对应科目1001，转账支票对应科目100201，现金支票对应科目100201。

③ 坏账准备设置。坏账准备提取比例0.5%，坏账准备期初余额10 000，坏账准备科目1141，对方科目660207，单击"确认"按钮。

④ 账期内账龄区间设置。按实验资料设置账龄区间。

⑤ 报警级别设置。按实验资料设置报警级别。

(5) 设置完成后，退出"初始设置"窗口。

(6) 执行"设置"|"期初余额"命令，打开"期初余额—查询"对话框，单击"确认"

按钮,进入"期初余额明细表"窗口。

(7) 单击工具栏上的"增加"按钮,打开"单据类别"对话框,单据名称选择"应收单",单击"确认"按钮,进入"应收单"窗口。

(8) 按实验资料要求输入应收期初数据。输入完毕,退出"应收单"窗口。

(9) 单击"对账"按钮,与总账管理系统进行对账。

5. 应付款管理系统相关设置及期初数据录入

(1) 从企业应用平台进入应付款管理系统。

(2) 执行"设置"|"选项"命令,打开"账套参数设置"对话框。

(3) 单击"编辑"按钮,选择应付款核销方式"按单据",其他参数采用系统默认,单击"确定"按钮。

(4) 执行"设置"|"初始设置"命令,进入"初始设置"窗口,进行以下的档案设置。

① 基本科目设置:应付科目 2202,预付科目 1123,采购科目 1401,采购税金科目 22210101,其他可暂时不设置。

② 结算方式科目设置。现金结算对应科目 1001,转账支票对应科目 100201,现金支票对应科目 100201。

③ 账期内账龄区间设置。按实验资料设置账龄区间。

④ 报警级别设置。按实验资料设置报警级别。

(5) 与应收款管理系统相同,录入应付款管理系统期初数据并与总账对账。

6. 采购管理系统期初数据录入

采购管理系统有可能存在两类期初数据:一类是货到票未到即暂估入库业务,对于这类业务应调用期初采购入库单录入;另一类是票到货未到即在途业务,对于这类业务应调用期初采购发票功能录入。本例为暂估入库业务。

■ 货到票未到业务的处理

(1) 启用采购管理系统,执行"采购入库"|"入库单"命令,进入"期初采购入库单"窗口。

(2) 单击"增加"按钮,输入入库日期"2009-07-25",选择仓库"原料库",供货单位"兴华公司",部门"采购部",入库类别"采购入库",采购类型"普通采购"。

(3) 选择存货编码 002,输入数量 100,暂估单价 800,单击"保存"按钮。

(4) 录入完成后,单击"退出"按钮。

■ 采购管理系统期初记账

(1) 执行"设置"|"采购期初记账"命令,系统弹出"期初记账"信息提示对话框。

(2) 单击"记账"按钮,稍候片刻,系统弹出"期初记账完毕!"信息提示对话框。

(3) 单击"确定"按钮,返回采购管理系统。

注意：

- ◆ 采购管理系统如果不执行期初记账，无法开始日常业务处理，因此，如果没有期初数据，也要执行期初记账。
- ◆ 采购管理系统如果不执行期初记账，库存管理系统和存货核算系统不能记账。
- ◆ 采购管理若要取消期初记账，执行"设置"|"采购期初记账"命令，单击其中的"取消记账"按钮即可。

7. 销售系统期初数据录入

销售系统期初数据是指销售系统启用日期之前已经发货、出库但未开具销售发票的存货。如果企业有委托代销业务，则已经发生但未完全结算的存货也需要在期初数据中录入。

（1）进入销售管理系统，执行"设置"|"期初录入"|"期初发货单"命令，进入"期初发货单"窗口。

（2）单击"增加"按钮，输入发货日期"2009-07-28"，选择销售类型"经销"，选择客户名称"昌新贸易公司"，选择销售部门"销售部"。

（3）选择仓库"成品库"，选择存货"计算机"，输入数量10、无税单价6 500，单击"保存"按钮。

（4）单击"审核"按钮，审核该发货单。

8. 库存/存货期初数据录入

各个仓库存货的期初余额既可以在库存管理系统录入，也可以在存货核算系统中录入。因涉及到总账对账，因此建议在存货核算系统中录入。

■ 录入存货期初数据并记账

（1）启用存货核算系统，执行"初始设置"|"期初数据"|"期初余额"命令，进入"期初余额"窗口。

（2）选择仓库"原料库"，单击"增加"按钮，输入存货编码001，数量700、单价1 200。同理，输入"160GB 硬盘"的期初数据。

（3）选择仓库"成品库"，单击"增加"按钮，输入存货编码006，数量380，单价4 800。

（4）选择仓库"配套用品库"，单击"增加"按钮，输入存货编码007，数量400，单价1 800。

（5）单击"记账"按钮，系统对所有仓库进行记账，稍候，系统提示"期初记账成功！"信息。

■ 录入库存期初数据

（1）启用库存管理系统，执行"初始设置"|"期初结存"命令，进入"期初结存"窗口。

(2) 选择"原料库",单击"修改"按钮,再单击"取数"按钮,然后单击"保存"按钮。录入完成后单击"审核"按钮,系统弹出"审核成功!"信息提示对话框,单击"确定"按钮。

(3) 同理,通过取数方式输入其他仓库存货期初数据。录入完成后,单击"对账"按钮,核对库存管理系统和存货核算系统的期初数据是否一致;若一致,系统弹出"对账成功!"信息提示对话框。

(4) 单击"确定"按钮返回。

Chapter 9 采购管理

9.1 系统概述

9.1.1 功能概述

采购管理系统是用友 ERP-U8 供应链管理系统的一个子系统,它的主要功能包括以下几个方面。

1. 采购系统初始设置

采购管理系统初始设置包括设置采购管理系统业务处理所需要的采购参数、基础信息及采购期初数据。

2. 采购业务处理

采购业务处理主要包括请购、订货、到货、入库、采购发票、采购结算等采购业务全过程的管理。可以处理普通采购业务、受托代销业务、直运业务等业务类型。企业可根据实际业务情况,对采购业务处理流程进行可选配置。

3. 采购账簿及采购分析

采购管理系统可以提供各种采购明细表、增值税抵扣明细表、各种统计表及采购账簿供用户查询。同时提供采购成本分析、供应商价格对比分析、采购类型结构分析、采购资金比重分析、采购费用分析、采购货龄综合分析。

9.1.2 采购管理系统与其他系统的主要关系

采购管理系统既可以单独使用，也可以与用友 ERP-U8 管理系统的库存管理、存货核算、销售管理、应付款管理集成使用，采购管理系统与其他管理系统的主要关系如图 9-1 所示。

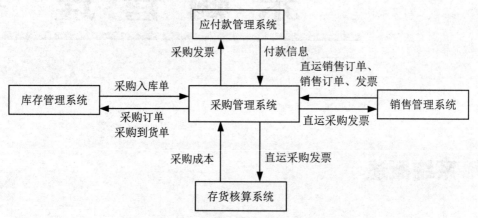

图 9-1 采购管理系统与其他管理系统的主要关系

采购管理系统可参照销售管理系统的销售订单生成采购订单，在直运业务必有订单模式下，直运采购订单必须参照直运销售订单生成，直运采购发票必须参照直运采购订单生成；如果直运业务非必有订单，那么直运采购发票和直运销售发票可相互参照。

库存管理系统可以参照采购管理系统的采购订单、采购到货单生成采购入库单，并将入库情况反馈到采购管理系统。

采购发票在采购管理系统录入后，在应付款管理系统中审核登记应付明细账，进行制单生成凭证。应付款管理系统进行付款并核销相应应付单据后回写付款核销信息。

直运采购发票在存货核算系统进行记账，登记存货明细表并制单生成凭证。采购结算单在存货核算系统进行制单生成凭证，存货核算系统为采购管理系统提供采购成本。

9.2 采购管理系统日常业务处理

9.2.1 普通采购业务处理

普通采购业务适合于大多数企业的日常采购业务，提供对采购请购、采购订货、采购入库、采购发票、采购成本核算、采购付款全过程管理。

1. 请购

采购请购是指企业内部各部门向采购部门提出采购申请，或采购部门汇总企业内部采购需求列出采购清单。请购是采购业务的起点，可以依据审核后的采购请购单生成采购订单。在采购业务处理流程中，请购环节可以省略。

2. 订货

订货是指企业与供应商签订采购合同或采购协议，确定要货需求。供应商根据采购订单组织货源，企业依据采购订单进行验收。在采购业务处理流程中，订货环节也是可选的。

3. 到货处理

采购到货是采购订货和采购入库的中间环节，一般由采购业务员根据供方通知或送货单填写，确认对方所送货物、数量、价格等信息，以到货单的形式传递到仓库作为保管员收货的依据。在采购业务流程中，到货处理可选也可不选。

4. 入库处理

采购入库是指将供应商提供的物料检验(也可以免检)确定合格后，放入指定仓库的业务。当采购管理系统与库存管理系统集成使用时，入库业务在库存管理系统中进行处理。当采购管理系统不与库存管理系统集成使用时，入库业务在采购管理系统中进行处理。在采购业务处理流程中，入库处理是必需的。

采购入库单是仓库管理员根据采购到货签收的实收数量填制的入库单据。采购入库单既可以直接填制，也可以复制采购订单或采购到货单生成。

5. 采购发票

采购发票是供应商开出的销售货物的凭证，系统根据采购发票确定采购成本，并据此登记应付账款。采购发票按业务性质分为蓝字发票和红字发票；按发票类型分为增值税专用发票、普通发票和运费发票。

采购发票既可以直接填制，也可以从采购订单、采购入库单或其他的采购发票复制生成。

6. 采购结算

采购结算也称为采购报账，在手工业务中，采购业务员拿着经主管领导审批过的采购发票和仓库确认的入库单到财务部门，由财务人员确定采购成本。在本系统中采购结算是针对采购入库单，根据发票确定其采购成本。采购结算的结果是生成采购结算单，它是记载采购入库单与采购发票对应关系的结算对照表。采购结算分为自动结算和手工结算两种方式。

自动结算是由计算机系统自动将相同供货单位的，存货相同且数量相等采购入库单和采购发票进行结算。

使用"手工结算"功能可以进行正数入库单与负数入库单结算、正数发票与负数发票结算、正数入库单与正数发票结算，费用发票单独结算。手工结算时可以结算入库单中部分货物，未结算的货物可以在今后取得发票后再结算。可以同时对多张入库单和多张发票进行报账结算。手工结算还支持到下级单位采购，付款给其上级主管单位的结算，支持三角债结算，即支持甲单位的发票可以结算乙单位的货物。

在实际工作中，有时费用发票在货物发票已经结算后才收到，为了将该笔费用计入对应存货的采购成本，需要采用费用发票单独结算的方式。

9.2.2 采购入库业务

按货物和发票到达的先后，将采购入库业务划分为单货同行、货到票未到(暂估入库)、票到货未到(在途存货) 3 种类型，不同的业务类型相应的处理方式有所不同。

1. 单货同行

当采购管理、库存管理、存货核算、应付款管理、总账集成使用时，单货同行的采购业务处理流程(省略请购、订货、到货等可选环节)如图 9-2 所示。

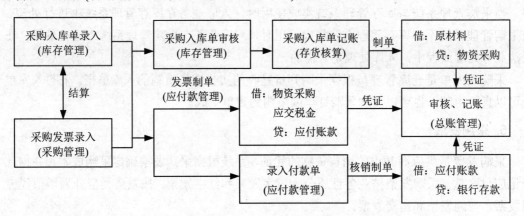

图 9-2 单货同行的业务处理流程

2. 货到票未到(暂估入库)业务

暂估是指本月存货已经入库，但采购发票尚未收到，不能确定存货的入库成本，月底时为了正确核算企业的库存成本，需要将这部分存货暂估入账，形成暂估凭证。对暂估业务，系统提供了 3 种不同的处理方法。

(1) 月初回冲

进入下月后，存货核算系统自动生成与暂估入库单完全相同的"红字回冲单"，同时登录相应的存货明细账，冲回存货明细账中上月的暂估入库。对"红字回冲单"制单，冲回上月的暂估凭证。

收到采购发票后，录入采购发票，对采购入库单和采购发票作采购结算。结算完毕后，进入存货核算系统,执行"暂估处理"功能,进行暂估处理后,系统根据发票自动生成一张"蓝字回冲单",其上的金额为发票上的报销金额。同时登记存货明细账,使库存增加。对"蓝字回冲单"制单,生成采购入库凭证。

(2) 单到回冲

下月初不做处理,采购发票收到后,在采购管理系统中录入并进行采购结算;再到存货核算中进行"暂估处理",系统自动生成红字回冲单、蓝字回冲单,同时据以登记存货明细账。红字回冲单的入库金额为上月暂估金额,蓝字回冲单的入库金额为发票上的报销金额。在"存货核算"|"生成凭证"中,选择"红字回冲单"、"蓝字回冲单"制单,生成凭证,传递到总账。

(3) 单到补差

下月初不做处理,采购发票收到后,在采购管理系统中录入并进行采购结算;再到存货核算中进行"暂估处理",如果报销金额与暂估金额的差额不为零,则产生调整单,一张采购入库单生成一张调整单,用户确认后,自动记入存货明细账;如果差额为零,则不生成调整单;最后对"调整单"制单,生成凭证,传递到总账。

以单到回冲为例,暂估处理的业务处理流程如图9-3所示。

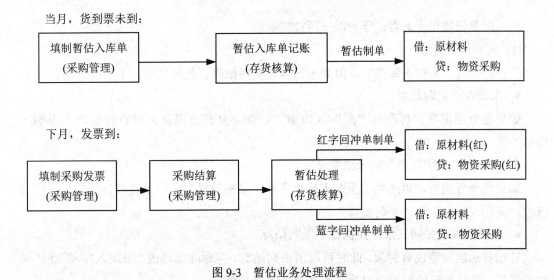

图9-3 暂估业务处理流程

注意:

对于暂估业务,在月末暂估入库单记账前,要对所有的没有结算的入库单填入暂估单价,然后才能记账。

3. 票到货未到(在途存货)业务

如果先收到了供货单位的发票,而没有收到供货单位的货物,可以对发票进行压单处理,待货物到达后,再一并输入计算机做报账结算处理。但如果需要实时统计在途货物的情况,就必须将发票输入计算机,待货物到达后,再填制入库单并做采购结算。

9.2.3 直运采购业务

直运采购业务是指产品无须入库即可完成的购销业务,由供应商直接将商品发给企业的客户,没有实务的入库处理,财务结算由供销双方通过直运销售发票和直运采购发票分别与企业结算。直运业务适用于大型电器、汽车和设备等产品的购销。

直运采购业务类型有两种:普通直运业务和必有订单直运业务。

9.2.4 采购退货业务

由于材料质量不合格、企业转产等原因,企业可能发生退货业务,针对退货业务发生的不同时机,软件中采用了不同的解决方法。

1. 货收到未做入库手续

如果尚未录入采购入库单,此时只要把货退还给供应商即可,软件中不用做任何处理。

2. 记账入库单的处理

从入库单记账角度来看,分为以下两种情况。

(1) 入库单未记账

即已经录入"采购入库单",但尚未记入存货明细账。此时又分以下 3 种情况。

- 未录入"采购发票"

如果是全部退货,可删除"采购入库单";如果是部分退货,可直接修改"采购入库单"。

- 已录入"采购发票"但未结算

如果是全部退货,可删除"采购入库单"和"采购发票";如果是部分退货,可直接修改"采购入库单"和"采购发票"。

- 已经录入"采购发票"并执行了采购结算

若结算后的发票没有付款,此时可取消采购结算,再删除或修改"采购入库单"和"采购发票";若结算后的发票已付款,则必须录入退货单。

(2) 入库单已记账

此时无论是否录入"采购发票","采购发票"是否结算,结算后的"采购发票"是否付款,都需要录入退货单。

3. 付款采购发票的处理

从采购发票付款角度来看,分为以下两种情况。

(1) 采购发票未付款

当入库单尚未记账时,直接删除"采购入库单"和"采购发票",已结算的"采购发票"需先取消结算再删除。当入库单已经记账时,必须录入退货单。

(2) 采购发票已付款

此时无论入库单是否记账,都必须录入退货单。

4. 退货处理

退货业务处理流程如图 9-4 所示。

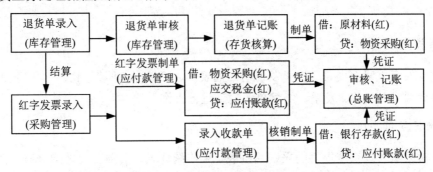

图 9-4 退货业务处理流程

9.2.5 现付业务

所谓现付业务,是当采购业务发生时,立即付款,由供货单位开具发票。现付业务处理流程如图 9-5 所示。

图 9-5 现付业务处理流程

9.2.6 受托代销业务

受托代销业务是一种先销售后结算的采购模式。指商业企业接受其他企业的委托,为其代销商品,代销商品售出后,本企业与委托方进行结算,开具正式的销售发票,商品的所有权实现转移。这种业务的处理流程如下:

(1) 受托方接收货物,填制受托代销入库单。
(2) 受托方售出代销商品后,手工开具代销商品清单交委托方。
(3) 委托方开具发票。
(4) 受托方进行"委托代销结算",计算机自动生成"受托代销发票"和"受托代销结算单"。

本系统中,只有在建账时选择企业类型为"商业",才能处理受托代销业务。对于受托代销商品，必须在存货档案中选中"是否受托代销"复选框，并且把存货属性设置为"外购"、"销售"。

9.2.7 综合查询

灵活运用采购管理系统提供的各种查询功能，可以有效提高信息利用和采购管理水平。

1. 单据查询

通过"入库单明细列表"、"发票明细列表"、"结算单明细列表"、"凭证列表查询"可以分别对入库单、发票、结算单、凭证进行查询。

2. 账表查询

通过对采购管理系统提供的采购明细表、采购统计表、余额表及采购分析表的对比分析，可以掌握采购环节业务情况，为事中控制、事后分析提供依据。

9.2.8 月末结账

月末结账是将当月的单据数据封存，结账后不允许再对该会计期的采购单据进行增加、修改和删除处理。

实验十　采购管理

【实验目的】

1. 掌握用友 ERP-U8 管理软件中采购管理系统的相关内容。
2. 掌握企业日常采购业务处理方法。
3. 理解采购管理系统各项参数设置的意义，理解采购管理系统与其他系统之间的数据传递关系。

【实验内容】

1. 普通采购业务处理。
2. 请购比价采购业务。
3. 采购退货业务。
4. 现结业务。
5. 采购运费处理。
6. 暂估处理。
7. 月末结账及取消。

【实验准备】

引入"实验九"账套数据。

以账套主管身份进入企业应用平台,设置采购专用发票、采购普通发票和采购运费发票的发票号"完全手工编号"。

(1) 在企业应用平台,执行"单据设置"|"单据编号设置"命令,打开"单据编号设置"对话框。

(2) 单击单据类型下的"采购管理"方式,选择"采购专用发票"选项,单击"修改"按钮,选中"完全手工编号"复选框,单击"保存"按钮。

(3) 同理,设置采购普通发票和采购运费发票的发票号完全手工编号。

【实验资料】

2009年8月份采购业务如下。

1. 普通采购业务

(1) 8月1日,业务员白雪向建昌公司询问键盘的价格(95元/只),评估后确认价格合理,随即向公司上级主管提出请购要求,请购数量为300只。业务员据此填制请购单。

(2) 8月2日,上级主管同意向建昌公司订购键盘300只,单价为95元,要求到货日期为8月3日。

(3) 8月3日,收到所订购的键盘300只。填制到货单。

(4) 8月3日,将所收到的货物验收入原料库。填制采购入库单。

(5) 当天收到该笔货物的专用发票一张,发票号8001。

(6) 业务部门将采购发票交给财务部门,财务部门确定此业务所涉及的应付账款及采购成本,材料会计记材料明细账。

(7) 财务部门开出转账支票一张,支票号C1,付清采购货款。

2. 采购现结业务

8月5日,向建昌公司购买鼠标300只,单价为50元/只,验收入原料仓库。同时收到专用发票一张,票号为85011,立即以转账支票(支票号Z011)形式支付货款。记材料明细账,确定采购成本,进行付款处理。

3. 采购运费处理

8月6日,向建昌公司购买160 GB硬盘200盒,单价为800元/盒,验收入原料库。同时收到专用发票一张,票号为85012。另外,在采购的过程中,发生了一笔运输费200元,税率为7%,收到相应的运费发票一张,票号为5678。确定采购成本及应付账款,记材料明细账。

4. 请购比价业务

(1) 8月8日,业务员白雪欲购买100只鼠标,提出请购要求,经同意填制并审核请购单。根据以往的资料得知提供鼠标的供应商有两家，分别为兴华公司和建昌公司，他们的报价分别为 35 元/只、40 元/只。通过比价，决定向兴华公司订购，要求到货日期为 8 月 9 日。

(2) 8 月 9 日，未收到上述所订货物，向供应商发出催货函。

5. 暂估入库报销处理

8 月 9 日，收到兴华公司提供的上月已验收入库的 80 盒 160 GB 硬盘的专用发票一张，票号为 48210，发票单价为 820 元。进行暂估报销处理，确定采购成本及应付账款。

6. 暂估入库处理

8 月 9 日，收到艾德公司提供的 1600K 打印机 100 台，入配套用品库。由于到了月底发票仍未收到，故确定该批货物的暂估成本为 1 500 元，并进行暂估记账处理。

7. 采购结算前退货

(1) 8 月 10 日，收到建昌公司提供的 21 英寸显示器，数量 202 套，单价为 1 150 元。验收入原料库。

(2) 8 月 11 日，仓库反映有 2 台显示器有质量问题，要求退回给供应商。

(3) 8 月 11 日，收到建昌公司开据的专用发票一张，其发票号为 AS4408。进行采购结算。

8. 采购结算后退货

8 月 13 日，从建昌公司购入的键盘质量有问题，退回 2 只，单价为 95 元，同时收到票号为 665218 的红字专用发票一张。对采购入库单和红字专用采购发票进行结算处理。

【实验要求】

对每一笔采购业务，都严格按照该类型业务操作流程进行操作，基本顺序如下。

(1) 以"白雪"的身份、业务日期进入采购管理系统，对该笔采购业务的采购发票进行录入。

(2) 以"白雪"的身份、业务日期进入库存管理系统，对该笔采购业务的入库单进行录入并审核。

(3) 以"白雪"的身份、业务日期进入存货核算系统，对该笔采购业务所生成的入库单进行记账，对上月收到的货物当月进行采购结算的入库单进行暂估处理；生成入库凭证。

(4) 以"白雪"的身份、业务日期进入存货核算系统，进行发票制单，录入付款单并核销制单。

【操作指导】

1. 采购业务 1

业务类型：普通采购业务。

■ 在采购管理系统中填制并审核请购单

(1) 启用采购管理系统，执行"请购"|"请购单"命令，进入"采购请购单"窗口。

(2) 单击"增加"按钮，输入日期"2009-08-01"，选择部门"采购部"，业务员"白雪"。

(3) 选择存货编号"004 键盘"，输入数量300，无税单价95、需求日期"2009-08-03"，供应商"建昌公司"。

(4) 单击"保存"按钮。然后单击"审核"按钮。

(5) 最后单击"退出"按钮，退出"采购请购单"窗口。

■ 在采购管理系统中填制并审核采购订单

(1) 执行"采购订货"|"采购订单"命令，进入"采购订单"窗口。

(2) 单击"增加"按钮，单击"生单"，选择"请购单"选项，打开"过滤条件窗口"对话框，单击"过滤"按钮，进入"订单拷贝请购单表头列表"窗口。

(3) 双击需要参照的采购请购单的"选择"栏，单击"确定(OK)"按钮，将采购请购单相关信息带入采购订单。

(4) 单击"保存"按钮，再单击"审核"按钮，订单底部显示审核人姓名。

(5) 最后单击"退出"按钮，退出"采购订单"窗口。

注意：

◆ 在填制采购订单时，单击鼠标右键可查看存货现存量。

◆ 如果在存货档案中设置了最高进价，那么当采购订单中货物的进价高于最高进价时，系统会自动报警。

◆ 如果企业要按部门或业务员进行考核，必须输入相关"部门"和"业务员"信息。

◆ 采购订单审核后，可在"采购订单执行统计表"中查询。

■ 在采购管理系统中填制到货单

(1) 执行"采购到货"|"到货单"命令，进入"到货单"窗口。

(2) 单击"增加"按钮，单击"生单"，选择"采购订单"选项，打开"过滤条件窗口"对话框，单击"过滤"按钮，进入"到货单拷贝订单表头列表"窗口。

(3) 双击需要参照的采购订单的"选择"栏，单击"OK 确定"按钮，将采购订单相关信息带入采购到货单。

(4) 单击"保存"按钮。

(5) 单击"退出"按钮，退出"采购到货单"窗口。

■ 在库存管理系统中填制并审核采购入库单

(1) 启用库存管理系统，执行"入库业务"|"采购入库单"命令，进入"采购入库单"窗口。

(2) 单击"生单"按钮，进入"选择采购订单或到货单"窗口。

(3) 打开"采购到货单"选项卡，单击"过滤"按钮，选择需要参照的采购到货单，选择入库仓库"原料库"，单击"确定"按钮，系统弹出"确定要生单吗？"信息提示对话框。

(4) 单击"是"按钮，将采购到货单相关信息带入采购入库单。

(5) 单击"审核"按钮，系统弹出"该单据审核成功！"信息提示对话框，单击"确定"按钮返回。

注意：
- 只有采购管理系统、库存管理系统集成使用时，库存管理系统才可通过"生单"功能生成采购入库单。
- 生单时参照的单据是采购管理系统中已审核未关闭的采购订单和到货单。
- 采购管理系统如果设置"必有订单业务模式"时，不可手工录入采购入库单。
- 当入库数量与订单/到货单数量完全相同时，可不显示表体。

■ 在采购管理系统中填制并审核采购发票

(1) 启用采购管理系统，执行"采购发票"|"专用采购发票"命令，进入"采购专用发票"窗口。

(2) 单击"增加"按钮，单击"生单"按钮，选择"采购入库单"选项，打开"过滤条件窗口"对话框。单击"过滤"按钮，进入"发票拷贝入库单表头列表"窗口。

(3) 选择需要参照的采购入库单，单击"确定"按钮，将采购入库单信息带入采购专用发票，输入发票号 8001。

(4) 单击"保存"按钮，再单击"退出"按钮。

■ 在采购管理系统中执行采购结算

(1) 在采购管理系统中，执行"采购结算"|"自动结算"命令，打开"采购自动结算"对话框，结算模式选择"入库单和发票"类型，单击"过滤"按钮，系统弹出"全部成功，共处理了（1）条记录！"信息提示对话框。

(2) 单击"确定"按钮返回。

注意：
- 结算结果可以在"结算单列表"中查询。
- 结算完成后，在"手工结算"窗口，将看不到已结算的入库单和发票。
- 由于某种原因需要修改或删除入库单、采购发票时，需先取消采购结算。

■ 在应付款管理系统中审核采购专用发票并生成应付凭证

(1) 在应付款管理系统中，执行"应付单据处理"|"应付单据审核"命令，打开"单据过滤条件"对话框。

(2) 选择供应商"建昌公司",单击"确定"按钮,进入"单据处理"窗口。

(3) 选择需要审核的单据,单击"审核"按钮,系统弹出"审核成功"信息提示对话框,单击"确定"按钮返回后退出。

(4) 执行"制单处理"命令,打开"制单查询"对话框,选择"发票制单",选择供应商"建昌公司",单击"确定"按钮,进入"采购发票制单"窗口。

(5) 单击"全选"按钮,或在"选择标志"栏输入某数字作为选择标志,选择凭证类别"转账凭证",单击"制单"按钮,进入"填制凭证"窗口。

(6) 单击"保存"按钮,凭证左上角出现"已生成"标志,表示凭证已传递到总账。

■ 在存货核算系统中记账并生成入库凭证

(1) 在存货核算系统中,执行"业务核算"|"正常单据记账"命令,打开"正常单据记账条件"对话框。

(2) 选择查询条件,单击"过滤"按钮,进入"正常单据记账"窗口。

(3) 选择要记账的单据,单击"记账"按钮,退出"正常单据记账"窗口。

(4) 执行"财务核算"|"生成凭证"命令,进入"生成凭证"窗口。

(5) 单击工具栏上的"选择"按钮,打开"查询条件"对话框。

(6) 选择"采购入库单(报销记账)"选项,单击"确定"按钮,进入"未生成凭证单据一览表"窗口。

(7) 选择要制单的记录行,单击"确定"按钮,进入"生成凭证"窗口。

(8) 选择凭证类别"转账凭证",单击"生成"按钮,进入"填制凭证"窗口。

(9) 单击"保存"按钮,凭证左上角出现"已生成"标志,表示凭证已传递到总账。

■ 在应付款管理系统中付款处理并生成付款凭证

(1) 在应付款管理系统中,执行"付款单据处理"|"付款单据录入"命令,进入"付款单"窗口。

(2) 单击"增加"按钮,选择供应商"建昌公司",结算方式"转账支票",金额33 345,单击"保存"按钮。

(3) 单击"审核"按钮,系统弹出"是否立即制单?"信息提示对话框,单击"是"按钮,进入"填制凭证"窗口。

(4) 选择凭证类别"付款凭证",单击"保存"按钮,凭证左上角出现"已生成"标志,表示凭证已传递到总账。退出应付款管理系统。

■ 相关查询

(1) 在采购管理系统中查询"到货明细表"、"入库明细表"、"采购明细表"等报表。

(2) 在库存管理系统中,查询"库存台账"。

(3) 在存货核算系统中,查询"收发存汇总表"。

2. 采购业务 2

业务类型：现结业务。

■ **在库存管理系统中直接填制采购入库单并审核**

（1）在库存管理系统中，执行"入库业务"|"采购入库单"命令，进入"采购入库单"窗口。

（2）单击"增加"按钮，选择"原料库"，选择供应商"建昌公司"，入库类别"采购入库"，存货编码"005 鼠标"，数量300，单价50。

（3）单击"保存"按钮，再单击"审核"按钮，系统弹出"该单据审核成功！"信息提示对话框。

（4）单击"确定"按钮返回后退出。

■ **在采购管理系统中录入采购专用发票进行现结处理和采购结算**

（1）在采购管理系统中，执行"采购发票"|"专用采购发票"命令，进入"采购专用发票"窗口。

（2）单击"增加"按钮，单击"生单"按钮，选项"入库单"选项，打开"过滤条件窗口"对话框。单击"过滤"按钮，进入"发票拷贝入库单表头列表"窗口。

（3）选择需要参照的采购入库单，单击"确定"按钮，将采购入库单信息带入采购专用发票。修改发票号为85011。

（4）单击"保存"按钮，单击"现付"按钮，打开"采购现付"对话框。

（5）选择结算方式202，输入结算金额17 550，支票号Z011，银行账号831658796200，单击"确定"按钮，发票左上角显示"已现付"字样。

（6）单击"结算"按钮，自动完成采购结算，发票左上角显示"已结算"字样。

■ **在应付款管理系统中审核发票进行现结制单**

（1）在应付款管理系统中，执行"应付单据处理"|"应付单据审核"命令，打开"单据过滤条件"对话框。

（2）选择供应商"建昌公司"，选择左下角"包含已现结发票"复选框，单击"确定"按钮，进入"单据处理"窗口。

（3）选择需要审核的单据，单击"审核"按钮，系统弹出"审核成功！"信息提示对话框，单击"确定"按钮返回后退出。

（4）执行"制单处理"命令，打开"制单查询"对话框，选择"现结制单"选项，选择供应商"建昌公司"，单击"确定"按钮，进入"现结制单"窗口。

（5）选择要制单的记录行，选择凭证类别"付款凭证"，单击"制单"按钮，进入"填制凭证"窗口。

（6）单击"保存"按钮，凭证左上角出现"已生成"标志，表示凭证已传递到总账。

■ 在存货核算系统中记账并生成入库凭证

操作步骤参见采购业务1。

3. 采购业务3

业务类型：采购运费处理。

■ 在库存管理系统中填制并审核采购入库单

操作步骤参见采购业务2。

■ 在采购管理系统中参照采购入库单填制采购专用发票

操作步骤参见采购业务2。

■ 在采购管理系统中填制运费发票并进行采购结算(手工结算)

(1) 在采购管理系统中，执行"采购发票"|"运费发票"命令，进入"运费发票"窗口。

(2) 单击"增加"按钮，输入发票号5678，供货单位"建昌公司"，存货"运输费"，金额200，单击"保存"按钮，然后单击"退出"按钮。

注意：
费用发票上的存货必须具有"应税劳务"属性。

(3) 执行"采购结算"|"手工结算"命令，进入"手工结算"窗口。

(4) 单击"过滤"按钮，打开"结算选单"对话框。

(5) 输入过滤条件，单击"过滤"按钮，上方显示采购专用发票和运费发票。

(6) 选择要结算的入库单和发票，单击"确定"按钮，返回"手工结算"窗口。

(7) 选择费用分摊方式"按数量"，单击"分摊"按钮，系统弹出关于分摊方式确认的信息提示对话框，单击"是"按钮确认。

(8) 单击"结算"按钮，系统进行结算处理，完成后系统弹出"完成结算！"信息提示对话框。单击"确定"按钮返回。

注意：
不管采购入库单上有无单价，采购结算后，其单价都被自动修改为发票上的存货单价。

■ 在应付款管理系统中审核发票并合并制单

(1) 在应付款管理系统中，进行采购专用发票和运费发票的审核，操作步骤参见采购业务1。

(2) 执行"制单处理"命令，打开"制单查询"对话框。

(3) 选择"发票制单",单击"确定"按钮,进入"制单"窗口。

(4) 选择凭证类别"转账凭证",单击"合并"按钮,然后单击"制单"按钮,进入"填制凭证"窗口。

(5) 单击"保存"按钮,生成凭证。

■ 在存货核算系统中记账并生成入库凭证

操作步骤参见采购业务1。

4. 采购业务4

业务类型:比价请购。

■ 在采购管理系统中定义供应商存货对照表

以账套主管"陈明"的身份重新注册企业应用平台。

(1) 在企业应用平台的"基础设置"选项卡中,执行"基础档案"|"对照表"|"供应商存货对照表"命令,进入"供应商存货对照表"窗口。

(2) 单击"增加"按钮,打开"增加"对话框,选择供应商编码"001 兴华公司",存货编码"005 鼠标"。

(3) 单击"其他"按钮,再单击"增行"按钮,输入无税单价35,单击"保存"按钮,退出;同理,输入建昌公司的价格信息。

(4) 输入完成后,退出供应商存货对照表。

■ 在采购管理系统中填制并审核请购单

以操作员"白雪"的身份重新注册企业应用平台。

操作步骤参见采购业务1。

注意:

采购请购单无须填写单价、供应商等信息。

■ 在采购管理系统中请购比价生成采购订单

(1) 在采购管理系统中,执行"采购订货"|"请购比价生单"命令,打开"过滤条件窗口"对话框。单击"过滤"按钮,进入"请购比价生单列表"窗口。

(2) 单击"全选"按钮,单击"比价"按钮,系统将供应商存货对照表中该存货价格最低的供应商挑选到当前单据中。

(3) 单击"生单"按钮,系统提示"成功生成采购订单0000000002!"信息。

(4) 执行"采购订货"|"采购订单"命令,查看请购比价生成的采购订单,单击"修改"按钮,填写计划到货日期"2009-08-09",单击"保存"按钮,再单击"审核"按钮。

■ 供应商催货及查询

(1) 在采购管理系统中，执行"供应商管理"|"供应商催货函"命令，打开"供应商催货函"对话框。

(2) 输入到货日期"2009-08-09"，选择供应商"兴华公司"，单击"过滤"按钮，进入"供应商催货函"窗口。

(3) 单击"保存"按钮退出。

5. 采购业务5

业务类型：上月暂估业务，本月发票已到。

业务特征：发票数量、单价与入库单数量、单价均不同。

■ 在采购管理系统中填制采购发票

(1) 在采购管理系统中，执行"采购发票"|"专用采购发票"命令，进入"采购专用发票"窗口。

(2) 单击"增加"按钮，单击"生单"按钮，选择"入库单"选项，打开"过滤条件窗口"对话框，单击"过滤"按钮，进入"发票拷贝入库单表头列表"窗口。

(3) 选择要参照的入库单，单击"确定"按钮，将采购入库单信息带入采购专用发票。

(4) 修改发票号48210，数量80，单价820，单击"保存"按钮。

■ 在采购管理系统中手工结算

(1) 在采购管理系统中，执行"采购结算"|"手工结算"命令，进入"手工结算"窗口。

(2) 单击"选单"按钮，打开"结算选单"对话框。

(3) 单击"过滤"，选择"入库单选单过滤"，修改过滤日期从"2009-07-01"到"2009-08-31"，单击"过滤"按钮，下方显示符合条件的入库单列表。

(4) 单击"过滤"，选择"发票选单过滤"，修改过滤日期从"2009-07-01"到"2009-08-31"，单击"过滤"按钮，上方显示符合条件的发票列表。

(5) 选择要结算的入库单和发票，单击"确定"按钮，返回"手工结算"窗口。

(6) 修改入库单的结算数量80，单击"结算"按钮，系统弹出"完成结算！"信息提示对话框，单击"确定"按钮返回。

■ 在存货核算系统中执行结算成本处理并生成凭证

(1) 在存货核算系统中，执行"业务核算"|"结算成本处理"命令，打开"暂估处理查询"对话框，选择"原料库"，选中"未全部结算完的单据是否显示"复选框，单击"确定"按钮，进入"暂估结算表"窗口。

(2) 选择需要进行暂估结算的单据，单击"暂估"按钮，完成结算，然后退出。

(3) 执行"财务核算"|"生成凭证"命令，进入"生成凭证"窗口。

(4) 单击"选择"按钮，打开"查询条件"对话框，选择"红字回冲单、蓝字回冲单(报销)"选项，单击"确定"按钮返回。

(5) 单击"全选"按钮，再单击"确定"按钮，进入"生成凭证"窗口。

(6) 选择凭证类别"转账凭证"，输入红字回冲单对方科目"材料采购(1401)"，单击"生成"按钮，进入"填制凭证"窗口。

(7) 单击"保存"按钮，保存红字回冲单生成的凭证。

(8) 单击"下张"按钮，再单击"保存"按钮，保存蓝字回冲单生成的凭证。

■ 在应付款管理系统中审核发票并制单处理

操作步骤参见采购业务1。

■ 在采购管理系统中查询暂估入库余额表

(1) 在采购管理系统中，执行"账表"|"采购账簿"|"暂估入库余额表"命令，打开"暂估入库余额表"对话框。

(2) 单击"过滤"按钮，进入"暂估入库余额表"窗口。发现该单据上期结余数量为100，本期结算数量为80，本期结余数量为20。

6. 采购业务6

业务类型：暂估入库处理。

■ 在库存管理系统中填制并审核采购入库单

操作步骤参见采购业务2。

注意：

采购入库单不必填写单价。

■ (月末发票未到)在存货核算系统中录入暂估入库成本并记账生成凭证

(1) 在存货核算系统中，执行"业务核算"|"暂估成本录入"命令，进入"采购入库单成本成批录入查询"窗口。单击"确定"按钮，进入"采购入库单成本成批录入"窗口。

(2) 输入单价1500，单击"保存"按钮，系统弹出"保存成功！"信息提示对话框，单击"确定"按钮返回。

(3) 执行"业务核算"|"正常单据记账"命令，打开"正常单据记账条件"对话框。

(4) 选择条件，单击"确定"按钮，进入"正常单据记账"窗口。

(5) 选择要记账的单据，单击"记账"按钮，完成记账后退出。

(6) 执行"财务核算"|"生成凭证"命令，进入"生成凭证"窗口。

(7) 单击"选择"按钮,打开"查询条件"对话框。选择"采购入库单(暂估记账)"选项,单击"确定"按钮,进入"选择单据"窗口。

(8) 选择要记账的单据,单击"确定"按钮,进入"生成凭证"窗口。

(9) 选择凭证类别"转账凭证",补充输入对方科目"材料采购(1401)",单击"生成"按钮,保存生成的凭证。

注意:

本例采用的是月初回冲方式,月初,系统自动生成"红字回冲单",自动记入存货明细账,回冲上月的暂估业务。

7. 采购业务 7

业务类型:结算前部分退货。

■ **在库存管理系统中填制并审核采购入库单**

操作步骤参见采购业务 2。

■ **在库存管理系统中填制红字采购入库单**

(1) 在库存管理系统中,执行"入库业务"|"采购入库单"命令,进入"采购入库单"窗口。

(2) 单击"增加"按钮,选择窗口右上角"红字"选项,输入相关信息,退货数量﹣2,单价 1150,单击"保存"按钮,再单击"审核"按钮后退出。

■ **在采购管理系统根据采购入库单生成采购专用发票**

(1) 在采购管理系统中,执行"采购发票"|"专用采购发票"命令,进入"采购专用发票"窗口。

(2) 单击"增加"按钮,单击"生单"按钮,选择"入库单"选项,打开"过滤条件窗口"对话框。

(3) 单击"过滤"按钮,进入"生单选单列表"窗口。

(4) 选择该笔业务的"采购入库单",单击"确定"按钮,将采购入库单相关信息带入采购专用发票。

(5) 修改发票号 AS4408,数量 200,单击"保存"按钮。

■ **在采购管理系统中处理采购结算**

在采购管理系统中,对采购入库单、红字采购入库单、采购专用发票进行手工采购结算处理。

8. 采购业务 8

业务类型:采购结算后退货。

■ 在库存管理系统中填制红字采购入库单并审核

操作步骤参见采购业务7。

■ 在采购管理系统中填制红字采购专用发票并执行采购结算

(1) 在采购管理系统中，执行"采购发票"|"红字专用采购发票"命令，进入"采购专用发票(红字)"窗口。

(2) 单击"增加"按钮，单击"生单"按钮，选择"入库单"选项，单击"过滤"按钮，选择红字入库单，生成"红字采购专用发票"，输入发票号665218，保存后退出。

(3) 在采购管理系统中，进行自动结算或手工结算。

9. 数据备份

在采购管理月末结账之前，进行账套数据备份。

10. 月末结账

■ 结账处理

(1) 执行"月末结账"命令，打开"月末结账"对话框。

(2) 单击"选择标志"栏，出现"选中"标志。

(3) 单击"结账"按钮，系统弹出"月末结账完毕！"信息提示对话框，单击"确定"按钮，"是否结账"一栏显示"已结账"字样。

(4) 单击"退出"按钮。

■ 取消结账

(1) 执行"月末结账"命令，打开"月末结账"对话框。

(2) 单击"选择标志"栏，出现"选中"标志。

(3) 单击"取消结账"按钮，系统弹出"取消月末结账完毕！"信息提示对话框，单击"确定"按钮，"是否结账"一栏显示"未结账"字样。

(4) 单击"退出"按钮。

注意：

若应付款管理系统或库存管理系统或存货核算系统已结账，采购管理系统不能取消结账。

【参考答案】

以上采购日常业务经过处理后，在存货核算系统生成采购入库凭证传递到总账，在应付款管理系统生成应付凭证和付款核销凭证传递到总账，最后在总账管理系统中可以查询到下表所示凭证。

采购日常业务处理生成凭证一览

业务号	日期	摘要	会计科目	借方金额	贷方金额	来源
1	08-03	采购入库单	原材料/生产用原材料 材料采购	28 500	28 500	存货核算
	08-03	采购专用发票	材料采购 应交税费/应交增值税/进项税 应付账款	28 500 4 845	33 345	应付款管理
	08-03	付款单	应付账款 银行存款/工行存款	33 345	33 345	应付款管理
2	08-05	采购入库单	原材料/生产用原材料 材料采购	15 000	15 000	存货核算
	08-05	采购现付	材料采购 应交税费/应交增值税/进项税 银行存款/工行存款	15 000 2 550	17 550	应付款管理
3	08-06	采购入库单	原材料/其他原材料 材料采购	160 186	160 186	存货核算
	08-06	运费发票	材料采购 应交税费/应交增值税/进项税 应付账款	160 186 27 214	187 400	应付款管理
4	08-08	不生成凭证				
5	08-09	红字回冲单	原材料/生产用原材料 材料采购	80 000 (红)	80 000 (红)	存货核算
	08-09	蓝字回冲单	原材料/生产用原材料 材料采购	65 600	65 600	存货核算
	08-09	采购专用发票	材料采购 应交税费/应交增值税/进项税 应付账款	65 600 11 152	76 752	应付款管理
6	08-09	采购入库单	库存商品 材料采购	150 000	150 000	存货核算
7	08-11	不要求生成凭证				
8	08-13	不要求生成凭证				

Chapter 10 销售管理

10.1 系统概述

10.1.1 功能概述

销售管理系统是用友 ERP-U8 供应链管理系统的一个子系统,它的主要功能包括以下几个方面。

1. 销售管理系统初始设置

销售管理系统初始设置包括设置销售管理系统业务处理所需要的各种业务选项、基础档案信息及销售期初数据。

2. 销售业务管理

销售业务管理主要处理销售报价、销售订货、销售发货、销售开票、销售调拨、销售退回、发货折扣、委托代销、零售业务等,并根据审核后的发票或发货单自动生成销售出库单,处理随同货物销售所发生的各种代垫费用,以及在货物销售过程中发生的各种销售支出。

在销售管理系统中,可以处理普通销售、委托代销、直运销售、分期收款销售、销售调拨及零售业务等业务类型。

3. 销售账簿及销售分析

销售管理系统可以提供各种销售明细账、销售明细表及各种统计表。销售管理系统还提供各种销售分析及综合查询统计分析。

10.1.2 销售管理系统与其他系统的主要关系

销售管理系统与其他系统的主要关系如图 10-1 所示。

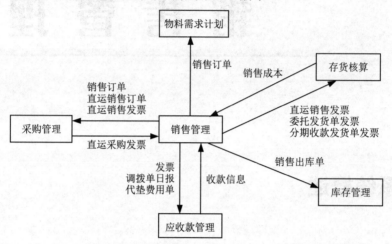

图 10-1 销售管理系统与其他系统的主要关系

采购管理可参照销售管理的销售订单生成采购订单；在直运业务必有订单模式下，直运采购订单必须参照直运销售订单生成；如果直运业务非必有订单，那么直运采购发票和直运销售发票可相互参照。

根据选项设置，销售出库单既可以在销售管理系统生成传递到库存管理系统审核，也可以在库存管理系统参照销售管理系统的单据生成销售出库单；库存管理系统为销售管理系统提供可用于销售的存货的可用量。

销售发票、销售调拨单、零售日报、代垫费用单在应收款管理系统中审核登记应收明细账，进行制单生成凭证；应收款系统进行收款并核销相应应收单据后回写收款核销信息。

直运销售发票、委托代销发货单发票、分期收款发货单发票在存货核算系统登记存货明细账，并制单生成凭证；存货核算系统为销售管理系统提供销售成本。

10.2 销售管理系统日常业务处理

10.2.1 普通销售业务处理

1. 业务类型说明

普通销售业务模式适用于大多数企业的日常销售业务，与其他系统一起，提供对销售报价、销售订货、销售发货、销售开票、销售出库、结转销售成本、销售收款结算全过程处理。用户也可以根据企业的实际业务应用，结合本系统对销售流程进行灵活配置。

(1) 销售报价

销售报价是企业向客户提供货品、规格、价格、结算方式等信息，双方达成协议后，销售报价单可以转为有效力的销售合同或销售订单。企业可以针对不同客户、不同存货、不同批量提出不同的报价和扣率。在销售业务处理流程中，销售报价环节可省略。

(2) 销售订货

销售订货处理是指企业与客户签定销售合同，在系统中体现为销售订单。若客户经常采购某产品，或客户是我们的经销商，则销售部门无需经过报价环节即可输入销售订单。如果前面已有对客户的报价，也可以参照报价单生成销售订单。在销售业务处理流程中，订货环节也是可选的。

已审核未关闭的销售订单可以参照生成销售发货单或销售发票

(3) 销售发货

当客户订单交期来临时，相关人员应根据订单进行发货。销售发货是企业执行与客户签订的销售合同或销售订单，将货物发往客户的行为，是销售业务的执行阶段。除了根据销售订单发货外，销售管理系统也有直接发货的功能，无需事先录入销售订单即随时可以将产品发给客户。在销售业务处理流程中，销售发货处理是必需的。

先发货后开票模式中发货单由销售部门根据销售订单填制或手工输入，客户通过发货单取得货物所有权。发货单审核后，可以生成销售发票和销售出库单。开票直接发货模式中发货单由销售发票自动生成，发货单只做浏览，不能进行修改、删除、弃审等操作，但可以关闭和打开；销售出库单根据自动生成的发货单生成。

参照订单发货时，一张订单可多次发货，多张订单也可一次发货。如果不做"超订量发货控制"，可以超销售订单数量发货。

(4) 销售开票

销售开票是在销售过程中企业给客户开具销售发票及其所附清单的过程，它是销售收入确定、销售成本计算、应交销售税金确认和应收账款确认的依据，是销售业务的必要环节。

销售发票既可以直接填制，也可以参照销售订单或销售发货单生成。参照发货单开票时，多张发货单可以汇总开票，一张发货单也可拆单生成多张销售发票。

(5) 销售出库

销售出库是销售业务处理的必要环节。在库存管理系统用于存货出库数量核算，在存货核算系统用于存货出库成本核算(如果存货核算销售成本的核算选择依据销售出库单)。

根据参数设置的不同，销售出库单可在销售系统生成；也可以在库存管理系统生成。如果由销售管理系统生成出库单，只能一次销售全部出库；而由库存管理系统生成销售出库单,可实现一次销售分次出库。

(6) 出库成本确认

销售出库(开票)之后,要进行出库成本的确认。对于先进先出、后进先出、移动平均、个别计价这4种计价方式的存货,在存货核算系统进行单据记账时进行出库成本核算;而全月平均、计划价/售价法计价的存货,在期末处理时进行出库成本核算。

(7) 应收账款确认及收款处理

及时进行应收账款确认及收款处理是财务核算工作的基本要求,由应收款管理系统完成。应收款管理系统主要完成对经营业务转入的应收款项的处理,提供各项应收款项的相关信息,以明确应收账款款项来源,有效掌握收款核销情况,提供适时的催款依据,提高资金周转率。

2. 业务处理流程

普通销售业务支持两种业务模式,先发货后开票业务模式和开票直接发货业务模式。以先发货后开票为例,业务处理流程如图 10-2 所示。

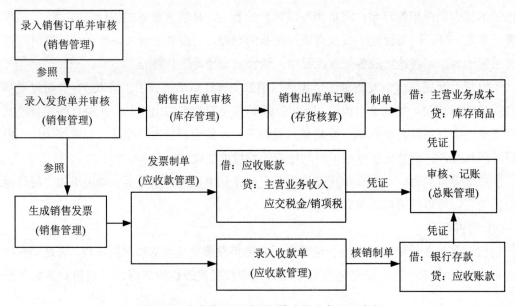

图 10-2 先发货后开票业务模式的业务处理流程

10.2.2 以订单为中心的销售业务

1. 业务类型说明

销售订单是反映由购销双方确定的客户购货需求的单据,它可以是企业销售合同中关于货物的明细内容,也可以是一种订货的口头协议。以订单为中心的销售业务是标准、规范的销售管理模式,订单是整个销售业务的核心。整个业务流程的执行都回写到销售订单,通过销售订单可以跟踪销售的整个业务处理流程。

2. 相关设置

如果企业选择使用以订单为中心的销售业务模式,则需要在销售管理系统中设置"必有订单"业务模式的相关参数,这些参数可以选择:普通销售必有订单、委托代销必有订单、分期收款必有订单、直运销售必有订单。

3. 业务处理流程

如果设置了"普通业务必有订单",则其业务处理流程如图10-3所示。

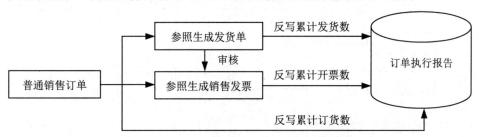

图 10-3　必有订单销售业务的业务处理流程

10.2.3　委托代销业务

1. 业务类型说明

委托代销业务,指企业将商品委托他人进行销售但商品所有权仍归本企业的销售方式,委托代销商品销售后,受托方与企业进行结算,并开具正式的销售发票,形成销售收入,商品所有权转移。

2. 相关设置

如果企业存在委托代销业务,需要分别在销售管理系统和库存管理系统中进行参数设置。只有设置了委托代销业务参数后,才能处理委托代销业务,账表查询中才增加相应的委托代销账表。为了便于系统根据委托代销业务类型自动生成凭证,需要在存货核算系统中进行委托代销相关科目设置。

3. 业务处理流程

委托代销业务处理流程和单据处理流程如图10-4所示。

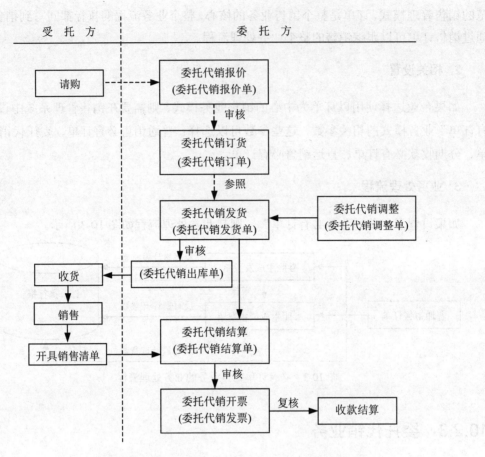

图 10-4 委托代销业务处理流程及单据处理流程

10.2.4 直运销售业务

1. 业务类型说明

直运业务是指产品无需入库即可完成的购销业务,由供应商直接将商品发给企业的客户;结算时,由购销双方分别与企业结算,企业赚取购销间差价。直运业务示意如图 10-5 所示。

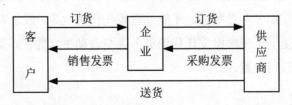

图 10-5 直运业务示意图

直运业务包括直运销售业务和直运采购业务。直运业务没有实物的出入库，货物流向是直接从供应商到客户，财务结算通过直运销售发票、直运采购发票解决。直运业务适用于如大型电器、汽车、设备等产品的销售。

2. 相关设置

直运销售业务分为两种模式：一种是只开发票，不开订单；另一种是先有订单再开发票。分别称为普通直运销售业务(非必有订单)和必有订单直运销售。无论采用哪种应用模式，直运业务选项均在销售管理系统设置。

3. 业务处理流程

必有订单直运业务的数据处理流程如图 10-6 所示。

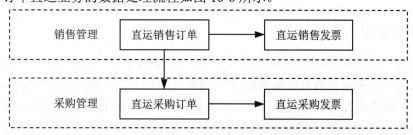

图 10-6 必有订单直运业务的数据处理流程

如果是非必有订单直运业务，直运采购发票和直运销售发票可以相互参照。

10.2.5 分期收款销售业务

1. 业务类型说明

分期收款销售业务类似于委托代销业务，货物提前发给客户，分期收回货款，收入与成本按照收款情况分期确定。分期收款销售的特点是：一次发货，当时不确定收入，分次确认收入，在确认收入的同时配比性地结转成本。

2. 相关设置

在销售管理系统中进行分期收款销售业务的选项设置，在存货核算系统中进行分期收款销售业务的科目设置。

3. 业务处理流程

分期收款销售业务处理流程及单据处理流程如图 10-7 所示。

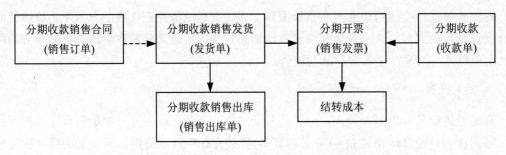

图 10-7 分期收款销售业务处理流程及单据处理流程

10.2.6 销售调拨业务

1. 业务类型说明

销售调拨一般是处理集团企业内部有销售结算关系的销售部门或分公司之间的销售业务。销售调拨单是给有销售结算关系的客户(客户实际上是销售部门或分公司)开具的原始销售票据，客户通过销售调拨单取得货物的实物所有权。与销售开票相比，销售调拨业务只记销售收入并不涉及销售税金。调拨业务必须在当地税务机关许可的前提下方可使用，否则处理内部销售调拨业务必须开具发票。

2. 业务处理流程

销售调拨业务的业务处理流程如图 10-8 所示。

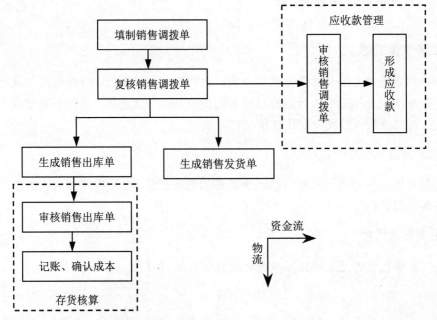

图 10-8 销售调拨业务的业务处理流程

10.2.7 零售业务

1. 业务类型说明

零售业务是处理商业企业将商品销售给零售客户的销售业务,如果用户有零售业务,相应的销售票据是按日汇总数据,然后通过零售日报进行处理。这种业务常见于商场、超市及企业的各零售店。

2. 业务处理流程

零售业务的业务处理流程如图 10-9 所示。

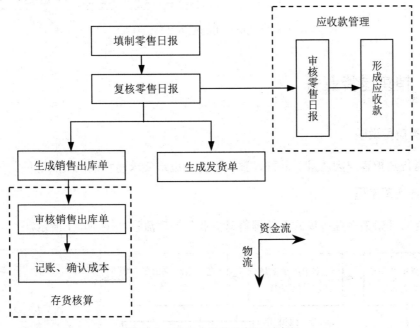

图 10-9 零售业务的业务处理流程

10.2.8 代垫费用

1. 业务类型说明

代垫费用是指在销售业务中,随货物销售所发生的如运杂费、保险费等暂时代垫费用,将来需向对方单位收取的费用项目。代垫费用实际上形成了用户对客户的应收款,代垫费用的收款核销由应收款管理系统来处理,本系统仅对代垫费用的发生情况进行登记。

2. 业务处理流程

代垫费用的业务处理流程如图 10-10 所示。

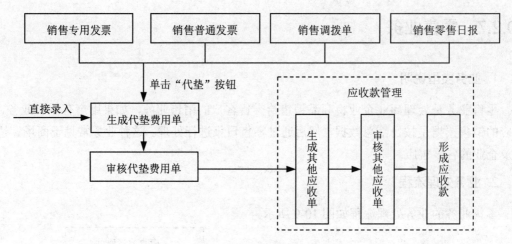

图 10-10　代垫费用的业务处理流程

10.2.9　销售退货业务

1. 业务类型说明

销售退货是指客户因质量、品种、数量不符合规定要求而将已购货物退回。

2. 业务处理流程

先发货后开票销售业务模式下的销售退货业务处理流程如图 10-11 所示。

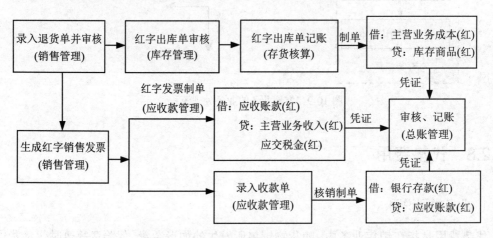

图 10-11　先发货后开票销售业务模式下的销售退货业务处理流程

开票直接发货销售业务模式下的销售退货业务处理流程为：填制并审核红字销售发票，审核后的红字销售发票自动生成相应的退货单、红字销售出库单以及红字应收账款，并传递到库存管理系统和应收款管理系统。

10.2.10 现收业务

现收业务是指在销售货物的同时向客户收取货币资金的行为。在销售发票、销售调拨单和零售日报等销售结算单据中,可以直接处理现收业务并结算,业务处理流程如图 10-12 所示。

图 10-12　现收业务的业务处理流程

10.2.11 综合查询

灵活运用销售管理系统提供的各种查询功能,可以有效提高信息利用和销售管理水平。

1. 单据查询

通过"销售订单列表"、"发货单列表"、"委托代销发货单列表"、"发票列表"、"销售调拨单列表"、"零售日报列表"可以分别对销售订单、发货单、委托代销发货单、销售发票、销售调拨单、零售日报进行查询。

2. 账表查询

通过查询销售管理系统提供的销售明细表、销售统计表、余额表及销售分析表,实现对销售业务的事中控制、事后分析的管理。

10.2.12 月末处理

月末结账是将当月的单据数据封存,结账后不允许再对该会计期的销售单据进行增加、修改、删除处理。

实验十一　销售管理

【实验目的】
1. 掌握用友 ERP-U8 管理软件中销售管理系统的相关内容。
2. 掌握企业日常销售业务处理方法。
3. 理解销售管理系统与其他系统之间的数据传递关系。

【实验内容】
1. 普通销售业务处理。
2. 商业折扣处理。
3. 委托代销业务。
4. 分期收款销售业务。
5. 直运销售业务。
6. 现收业务。
7. 销售调拨业务。
8. 代垫费用处理。
9. 销售退货处理。
10. 销售账表查询。

【实验准备】
引入"实验九"账套数据。

【实验资料】
2009年8月份销售日常业务如下。

1. 普通销售业务

(1) 8月14日，昌新贸易公司欲购买10台计算机，向销售部了解价格。销售部报价为6500元/台。填制并审核报价单。

(2) 该客户了解情况后，要求订购10台，要求发货日期为8月16日。填制并审核销售订单。

(3) 8月16日，销售部从成品仓库向昌新贸易公司发出其所订货物。并据此开据专用销售发票一张。

(4) 业务部门将销售发票交给财务部门，财务部门结转此业务的收入及成本。

(5) 8月17日，财务部收到昌新贸易公司转账支票一张，金额76 050元，支票号1155。据此填制收款单并制单。

2. 商业折扣的处理

(1) 8月17日，销售部向昌新贸易公司出售1600K打印机5台，报价为2 300元/台，成交价为报价的90%，货物从配套用品库发出。

(2) 8月17日，根据上述发货单开据专用发票一张。

3. 现结业务

(1) 8月17日，销售部向昌新贸易公司出售计算机10台，无税报价为6 400元/台，货物从成品库发出。

(2) 8月17日，根据上述发货单开据专用发票一张。同时收到客户以转账支票所支付的全部货款。支票号 ZZ001188。

(3) 进行现结制单处理。

4. 代垫费用处理

8月19日，销售部在向昌新贸易公司销售商品过程中，发生了一笔代垫的安装费500元。客户尚未支付该笔款项。

5. 汇总开票业务

(1) 8月17日，销售部向昌新贸易公司出售计算机10台，报价为6 400元/台，货物从成品仓库发出。

(2) 8月17日，销售部向昌新贸易公司出售1600K打印机5台，报价为2 300元/台，货物从配套用品库发出。

(3) 8月17日，根据上述两张发货单开据专用发票一张。

6. 分次开票业务

(1) 8月18日，销售部向华宏公司出售1600K打印机20台，报价为2 300元/台，货物从配套用品库发出。

(2) 8月19日，应客户要求，对上述所发出的商品开据两张专用销售发票，第一张发票中所列示的数量为15台，第二张发票上所列示的数量为5台。

7. 开票直接发货

8月19日，销售部向昌新贸易公司出售1600K打印机10台，报价为2 300元/台，物品从配套用品库发出。并据此开据专用销售发票一张。

8. 一次销售分次出库

(1) 8月20日，销售部向精益公司出售PIII芯片200盒，由原料库发货，报价为1 500元/盒，同时开据专用发票一张。

(2) 8月20日，客户根据发货单从原料仓库领出PIII芯片150盒。

(3) 8月21日，客户根据发货单再从原料仓库领出PIII芯片50盒。

9. 超发货单出库

(1) 8月20日，销售部向精益公司出售PIII芯片20盒，由原料库发货，报价为1 500元/盒。开据发票时，客户要求再多买2盒，根据客户要求开据了22盒PIII芯片的专用发票一张。

(2) 8月20日，客户从原料仓库领出PIII芯片22盒。

10. 发出商品

(1) 8月20日，销售部向精益公司出售计算机200台，由成品仓库发货，报价为6 500

元/台。由于金额较大，客户要求以分期付款形式购买该商品。经协商，客户分4次付款，并据此开据相应销售发票。第一次开据的专用发票数量为50台，单价6500元/台。

(2) 业务部门将该业务所涉及到的出库单及销售发票交给财务部门，财务部门据此结转收入及成本。

11. 委托代销业务

(1) 8月20日，销售部委托利氏公司代为销售计算机50台，售价为6500元/台，货物从成品仓库发出。

(2) 8月25日，收到利氏公司的委托代销清单一张，结算计算机30台，售价为6500元/台。立即开据销售专用发票给利氏公司。

(3) 业务部门将该业务所涉及到的出库单及销售发票交给财务部门，财务部门据此结转收入及成本。

12. 开票前退货业务

(1) 8月25日，销售部出售给昌新贸易公司的计算机10台，单价6500元/台，从成品库发出。

(2) 8月26日，销售部出售给昌新贸易公司的计算机因质量问题，退回1台，单价为6500元/台，收回成品库。

(3) 8月26日，开据相应的专用发票一张，数量为9台。

13. 委托代销退货业务

8月27日，委托利氏公司销售的计算机退回2台，入成品仓库。由于该货物已经结算，故开据红字专用发票一张。

14. 直运业务

(1) 8月25日，销售部接到业务信息，精益公司欲购买服务器1台。经协商以单价为100000元/台成交，增值税率为17%。随后，销售部填制相应销售订单。

(2) 8月26日，销售部经联系以90000元的价格向艾德公司发出采购订单。并要求对方直接将货物送到精益公司。

(3) 8月27日，货物送至精益公司，艾德公司凭送货签收单根据订单开具了一张专用发票给销售部。

(4) 8月28日，销售部根据销售订单开具专用发票一张。

(5) 销售部将此业务的采购、销售发票交给财务部。财务部结转此业务的收入及成本。

【实验要求】

对每一笔销售业务，都严格按照该类型业务操作流程进行操作，基本顺序如下。

(1) 以"王丽"的身份、业务日期进入销售管理系统，对该笔销售业务进行处理。

(2) 以"王丽"的身份、业务日期进入库存管理系统，对该笔销售业务所生成的出库单进行审核。

(3) 以"王丽"的身份、业务日期进入存货核算系统，对该笔销售业务所生成的出库单记账，并生成凭证。

(4) 以"王丽"的身份、业务日期进入应收款管理系统，对该笔销售业务所生成的发票制单，对有结算要求的业务结算，并生成凭证。

【操作指导】

1. 销售业务1

业务类型：普通销售业务。

启用销售管理系统，执行"设置"|"销售选项"命令，不选择"报价是否含税"。

■ 在销售管理系统中填制并审核报价单

(1) 启用销售管理系统，执行"销售报价"|"销售报价单"命令，进入"销售报价单"窗口。

(2) 单击"增加"按钮，输入报价日期"2009-08-14"，销售类型"经销"，客户名称"昌新贸易公司"，销售部门"销售部"。

(3) 选择货物名称"006 计算机"，输入数量10、报价6500。

(4) 单击"保存"按钮，再单击"审核"按钮，保存并审核报价单后退出。

■ 在销售管理系统中填制并审核销售订单

(1) 执行"销售订货"|"销售订单"命令，进入"销售订单"窗口。

(2) 单击"增加"按钮，单击"生单"按钮，打开"报价单"对话框。

(3) 从上边窗口中选择上面已录入的报价单，从下边窗口中选择要参照的记录行，单击"确定"按钮，将报价单信息带入销售订单。

(4) 修改销售订单表体中第1行末"预发货日期"为"2009-08-16"。

(5) 单击"保存"按钮，再单击"审核"按钮，保存并审核销售订单后退出。

■ 在销售管理系统中填制并审核销售发货单

(1) 执行"销售发货"|"发货单"命令，进入"发货单"窗口。

(2) 单击"增加"按钮，打开"选择订单"对话框，选择上面已生成的销售订单，单击"确定"按钮，将销售订单信息带入发货单。

(3) 输入发货日期"2009-08-16"，选择仓库"成品库"。

(4) 单击"保存"按钮，再单击"审核"按钮，保存并审核发货单后退出。

■ 在销售管理系统中根据发货单填制并复核销售发票

(1) 执行"设置"|"销售选项"命令，打开"选项"对话框。打开"其他控制"选项卡，选择新增发票为默认的"参照发货"，单击"确定"按钮返回。

(2) 执行"销售开票"|"销售专用发票"命令，进入"销售专用发票"窗口。

(3) 单击"增加"按钮，打开"选择发货单"对话框，单击"过滤"按钮，选择要参照的发货单，单击"确定"按钮，将发货单信息带入销售专用发票。

(4) 单击"保存"按钮。然后单击"复核"按钮，复核销售专用发票，单击"退出"按钮。

■ **在应收款管理系统中审核销售专用发票并生成销售收入凭证**

(1) 在应收款系统中，执行"应收单据处理"|"应收单据审核"命令，打开"单据过滤条件"对话框，单击"确定"按钮，进入"应收单据列表"窗口。

(2) 选择要审核的单据，单击"审核"按钮，系统弹出"审核成功！"信息提示对话框，单击"确定"按钮返回，然后退出。

(3) 执行"制单处理"命令，打开"制单查询"对话框。

(4) 选中"发票制单"复选框，单击"确定"按钮，进入"销售发票制单"窗口。

(5) 选择凭证类别"转账凭证"，单击工具栏上的"全选"按钮，选择窗口中的所有单据。单击"制单"按钮，屏幕上出现根据发票生成的转账凭证。

(6) 修改制单日期，输入附件数，单击"保存"按钮，凭证左上角显示"已生成"红字字样，表示已将凭证传递到总账。

■ **在库存管理系统中审核销售出库单**

(1) 启用库存管理系统，执行"出库业务"|"销售出库单"命令，进入"销售出库单"窗口。

(2) 单击"审核"按钮，系统弹出"该单据审核成功！"信息提示对话框，单击"确定"按钮返回。

■ **在存货核算系统中对销售出库单记账并生成凭证**

(1) 启用存货核算系统，执行"业务核算"|"正常单据记账"命令，打开"正常单据记账条件"对话框。

(2) 选中"成品库"复选框，保留"销售出库单"单据类型，单击"确定"按钮，进入"正常单据记账"窗口。

(3) 单击需要记账的单据前的"选择"栏，出现"√"标志，或单击工具栏上的"全选"按钮，选择所有单据，然后单击工具栏上的"记账"按钮。

(4) 系统开始进行单据记账，记账完成后，单据不在窗口中显示。

(5) 执行"财务核算"|"生成凭证"命令，进入"生成凭证"窗口。

(6) 单击"选择"按钮，打开"查询条件"对话框。

(7) 选择"销售出库单"选项，单击"确定"按钮，进入"选择单据"窗口。

(8) 单击需要生成凭证的单据前的"选择"栏，或单击工具栏上的"全选"按钮，然后单击工具栏上的"确定"按钮，进入"生成凭证"窗口。

(9) 选择凭证类别"转账凭证",单击"生成"按钮,系统显示生成的转账凭证。

(10) 修改确定无误后,单击工具栏上的"保存"按钮,凭证左上角显示"已生成"红色字样,表示已将凭证传递到总账。

■ **在应收款管理系统中输入收款单并制单**

(1) 启用应收款管理系统,执行"收款单据处理"|"收款单据录入"命令,进入收款单录入窗口。

(2) 输入收款单信息。

(3) 单击"保存"按钮,再单击"审核"按钮,系统弹出"是否立即制单?"信息提示对话框,单击"是"按钮。

(4) 在填制凭证窗口,单击"保存"按钮。

2. 销售业务 2

业务类型:销售折扣的处理。

■ **在销售管理系统中填制并审核发货单**

(1) 执行"销售发货"|"发货单"命令,进入"发货单"窗口。

(2) 单击"增加"按钮,打开"选择订单"对话框,单击"取消"按钮,进入"发货单"窗口。

(3) 输入发货日期"2009-08-17",客户"昌新贸易公司",销售部门"销售部"。

(4) 选择仓库"配套用品库",存货名称"1600K 打印机",数量 5,报价 2 300,扣率 90%。

(5) 单击"保存"按钮,再单击"审核"按钮,保存并审核发货单后退出。

■ **在销售管理系统中根据发货单填制并复核销售发票**

操作步骤参见销售业务 1。

3. 销售业务 3

业务类型:现结销售。

■ **在销售管理系统中填制并审核发货单**

操作步骤参见业务 2。

■ **在销售管理系统中根据发货单生成销售专用发票并执行现结**

(1) 在销售管理系统中,根据发货单生成销售专用发票,单击"保存"按钮。

(2) 在销售专用发票界面,单击"现结"按钮,打开"现结"对话框。选择结算方式为"转账支票",输入结算金额 74 880,支票号 ZZ001188,银行账号 12345,单击"确定"按钮返回,销售专用发票左上角显示"现结"标志。

(3) 单击"复核"按钮,对现结发票进行复核。

注意:
◆ 应在销售发票复核前进行现结处理。
◆ 销售发票复核后才能在应收款管理系统中进行"现结"制单。

■ **在应收款管理系统中审核应收单据和现结制单**

(1) 启用应收款管理系统,执行"应收单据处理"|"应收单据审核"命令,打开"单据过滤条件"对话框。

(2) 选中"包含已现结发票"复选框,单击"确定"按钮,进入"应收单据列表"窗口。

(3) 审核上面在销售管理系统中根据发货单生成的销售专用发票。

(4) 执行"制单处理"命令,打开"制单查询"对话框。选中"现结制单"复选框,单击"确定"按钮,进入"应收制单"窗口。

(5) 在需要制单的单据行的"选择标志"栏单击,输入任一标志,选择凭证类别"收款凭证",输入制单日期,单击"制单"按钮,生成收款凭证。

(6) 修改确定无误后,单击"保存"按钮,凭证左上角出现"已生成"红色字样,表示凭证已传递到总账。

4. 销售业务 4

业务类型:代垫费用处理。

■ **在企业应用平台中设置费用项目**

(1) 在企业应用平台的"基础设置"选项卡中,执行"基础档案"|"业务"|"费用项目分类"命令,进入"费用项目分类"窗口。增加项目分类"1 代垫费用"。

(2) 执行"基础档案"|"业务"|"费用项目"命令,进入"费用项目"窗口。增加"01 安装费"并保存。

■ **在销售管理系统中填制并审核代垫费用单**

(1) 在销售管理系统中,执行"代垫费用"|"代垫费用单"命令,进入"代垫费用单"窗口。

(2) 单击"增加"按钮,输入代垫日期"2009-08-19",客户"昌新贸易公司",销售部门"销售部",费用项目"安装费",代垫金额 500,保存并审核。

■ **在应收款管理系统中对代垫费用单审核并确认应收**

(1) 在应收款管理系统的"应收单据处理"|"应收单据审核"中,对代垫费用单形成的其他应收单进行审核。

(2) 执行"制单处理"命令,打开"制单查询"对话框。选择"应收单制单"选项,单击"确定"按钮,进入"应收制单"窗口。

(3) 选择要制单的单据,选择凭证类别"转账凭证",单击"制单"按钮,生成一张转账凭证,输入借方科目122101,贷方科目6051,单击"保存"按钮。

5. 销售业务5

业务类型:多张发货单汇总开票。

■ **在销售管理系统中填制并审核两张发货单**

操作步骤参见业务2。

■ **在销售管理系统中参照上述两张发货单填制并复核销售发票**

(1) 在销售管理系统中,执行"销售开票"|"销售专用发票"命令,进入"销售专用发票"窗口。

(2) 单击"增加"按钮,打开"选择发货单"对话框。选择客户"昌新贸易公司",单击"过滤"按钮。

(3) 选择要开具销售专用发票的发货单(按住 Ctrl 键并连续单击选择多张发货单),单击"确定"按钮,将发货单信息汇总反映在销售专用发票上。

(4) 单击"保存"按钮,再单击"复核"按钮,保存并复核销售专用发票。

6. 销售业务6

业务类型:一张发货单分次开票。

■ **在销售管理系统中填制并审核发货单**

操作步骤参见销售业务2。

■ **在销售管理系统中根据上述发货单分次填制两张销售发票并复核**

(1) 在销售管理系统中,执行"销售开票"|"销售专用发票"命令,进入"销售专用发票"窗口。

(2) 单击"增加"按钮,打开"选择发货单"对话框。选择客户"华宏公司",单击"过滤"按钮。

(3) 选择要开具销售专用发票的发货单,单击"确定"按钮,发货单信息带到销售专用发票上。修改开票日期"2009-08-19",数量15,保存并复核。

(4) 单击"增加"按钮,打开"选择发货单"对话框。选择客户"华宏公司",单击"过滤"按钮。

(5) 选择要开具销售专用发票的发货单,注意此时发货单上"未开票数量"一栏显示5,单击"确定"按钮,发货单信息带到销售专用发票上。修改开票日期"2009-08-19",保存并复核。

7. 销售业务 7

业务类型：开票直接发货业务。

■ **在销售管理系统中填制并复核销售专用发票**

(1) 在销售管理系统中，执行"销售开票"|"销售专用发票"命令，进入"销售专用发票"窗口。

(2) 单击"增加"按钮，打开"选择发货单"对话框。单击"取消"按钮，返回"销售专用发票"窗口。

(3) 按实验要求输入销售专用发票内容并复核。

■ **在销售管理系统中查询销售发货单**

执行"销售发货"|"发货单"命令，进入"发货单"窗口，可以查看到根据销售专用发票自动生成的发货单。

■ **在库存管理系统中查询销售出库单**

在库存管理系统中，执行"出库业务"|"销售出库单"命令，进入"销售出库单"窗口，可以查看到根据销售发票自动生成的销售出库单。

8. 销售业务 8

业务类型：一次销售分次出库。

■ **在销售管理系统中设置相关选项**

(1) 在销售管理系统中，执行"设置"|"销售选项"命令，进入"选项"窗口。

(2) 在"业务控制"选项卡中，取消"是否销售生成出库单"复选框中的"✓"标志，单击"确定"按钮返回。

注意：
修改该选项的前提是原操作模式下的单据(发货单、发票)必须全部审核。

■ **在销售管理系统中填制并审核发货单**

操作步骤参见销售业务 2。

■ **在销售管理系统中根据发货单开具销售专用发票并复核**

操作步骤参见销售业务 2。

■ **在库存管理系统中根据发货单开具销售出库单**

(1) 在库存管理系统中，执行"出库业务"|"销售出库单"命令，进入"销售出库单"窗口。

(2) 单击"生单"按钮，打开"选择发货单"对话框。

(3) 单击"过滤"按钮，选择要参照的发货单，窗口下方显示发货单表体内容。移动水平滚动条，在记录行末修改"本次出库数量"150，单击"确定"按钮，系统弹出"确定要生单吗？"信息提示对话框，单击"是"按钮，生成销售出库单。

(4) 单击"审核"按钮，系统提示"该单据审核成功！"信息提示对话框，单击"确定"按钮返回。

(5) 同理，填制第二张销售出库单，出库数量50。

9. 销售业务9

业务类型：超发货单出库及开票。

■ 在库存管理系统中修改相关选项设置

(1) 在库存管理系统中，执行"初始设置"|"选项"命令，打开"库存选项设置"对话框。

(2) 打开"专用设置"选项卡，选中"允许超发货单出库"选项。

(3) 单击"确定"按钮返回。

■ 在企业应用平台中修改存货档案并设置超额出库上限为20%

(1) 在企业应用平台中的"基础设置"选项卡中，执行"基础档案"|"存货"|"存货档案"命令，进入"存货档案"窗口。

(2) 在"芯片"分类下，找到"001 PIII 芯片"记录行，单击"修改"按钮，打开"修改存货档案"对话框。

(3) 打开"控制"选项卡，在"出库超额上限"一栏输入0.2，单击"保存"按钮。

■ 在销售管理系统中填制并审核发货单

操作步骤参见销售业务2。

■ 在销售管理系统中填制并复核销售专用发票

操作步骤参见销售业务2。

注意：
修改开票数量22。

■ 在库存管理系统中根据发货单生成销售出库单

(1) 在库存管理系统中，执行"出库业务"|"销售出库单"命令，进入"销售出库单"窗口。

(2) 单击"生单"按钮，打开"选择发货单"对话框。

(3) 单击"过滤"按钮，选择要参照的发货单，选中"根据累计出库数更新发货单"

复选框，修改"本次出库数量"22，单击"确定"按钮，审核销售出库单。

(4) 在销售管理系统中，查询该笔业务的发货单，发现"数量"一栏已根据销售出库单改写为22。

10. 销售业务10

业务类型：发出商品。

■ **在销售管理系统中修改相关选项设置**

(1) 在销售管理系统中，执行"设置"|"销售选项"命令，打开"选项"对话框。

(2) 打开"业务控制"选项卡，选中"有分期收款业务"及"销售生成出库单"复选框。

(3) 单击"确定"按钮返回。

■ **在存货核算系统中设置分期收款业务相关科目**

(1) 在存货核算系统中，执行"初始设置"|"科目设置"|"存货科目"命令，进入"存货科目"窗口。

(2) 设置所有仓库"发出商品科目"为"发出商品(1406)"。

■ **在销售管理系统中填制并审核发货单**

操作步骤在此不再赘述。

注意：

填制发货单时选择业务类型为"分期收款"。

■ **在存货核算系统中执行发出商品记账并生成出库凭证**

(1) 在存货核算系统中，执行"业务核算"|"发出商品记账"命令，打开"发出商品核算查询条件"对话框。

(2) 选择业务类型"分期收款"，单据类型"发货单"，仓库"成品库"，单击"确定"按钮，进入"未记账单据一览表"窗口。

(3) 选择要记账的单据，单击"记账"按钮后退出。

(4) 执行"财务核算"|"生成凭证"命令，进入"生成凭证"窗口。单击"选择"按钮，打开"查询条件"对话框。

(5) 在单据列表中，选择"分期收款发出商品发货单"选项，单击"确定"按钮，进入"未生成凭证单据一览表"窗口。

(6) 选择要记账的发货单，单击"确定"按钮，进入"生成凭证"窗口。单击"生成"按钮，生成以下出库凭证。

    借：发出商品   960 000
     贷：库存商品   960 000

■ 在销售管理系统中根据发货单填制并复核销售发票

操作步骤在此不再赘述。

注意：
♦ 参照发货单时，选择业务类型"分期收款"。
♦ 修改开票数量50。

■ 在应收款管理系统中审核销售发票及生成应收凭证

操作步骤参见销售业务2。

■ 在存货核算系统中对销售发票记账并生成结转销售成本凭证

(1) 在存货核算系统中，执行"业务核算"|"发出商品记账"命令，打开"发出商品核算查询条件"对话框。

(2) 选择业务类型"分期收款"，单据类型"发票"，仓库"成品库"，单击"过滤"按钮，进入"未记账发出商品一览表"窗口。

(3) 选择要记账的单据，单击"记账"按钮。

(4) 执行"财务核算"|"生成凭证"命令，进入"生成凭证"窗口。单击"选择"按钮，打开"查询条件"对话框。

(5) 在单据列表中，选择"发出商品专用发票"选项，单击"确定"按钮，进入"未生成凭证单据一览表"窗口。

(6) 选择要记账的发货单，单击"确定"按钮，进入"生成凭证"窗口。单击"生成"按钮，生成出库凭证。

借：主营业务成本　　　　　240 000
　　贷：发出商品　　　　　240 000

■ 查询分期收款相关账表

(1) 在存货核算系统中，查询发出商品明细账。
(2) 在销售管理系统中，查询销售统计表。

11. 销售业务11

业务类型：委托代销业务。

■ 初始设置调整

(1) 在存货核算系统中，执行"初始设置"|"选项"|"选项录入"命令，将"委托代销成本核算方式"设置为"按发出商品核算"，单击"确定"按钮，保存设置。

(2) 在销售管理系统中，执行"设置"|"销售选项"命令，在"业务控制"选项卡中，选择"有委托代销业务"选项，单击"确定"按钮。

■ 委托代销发货处理

(1) 在销售管理系统中，执行"委托代销"|"委托代销发货单"命令，进入"委托代销发货单"窗口，填制并审核委托代销发货单。

(2) 在库存管理系统中审核销售出库单。

(3) 在存货核算系统中对委托代销发货单记账，生成以下出库凭证。在生成凭证前，输入发出商品的科目编码1406。

　　借：发出商品　　　　　　　　　　240 000
　　　　贷：库存商品　　　　　　　　　　　240 000

■ 委托代销结算处理

(1) 在销售管理系统中，参照委托代销发货单生成委托代销结算单。

注意：
修改委托代销结算数量30。

(2) 单击"审核"按钮，打开"请选择发票类型"对话框。选择"专用发票"选项，单击"确定"按钮后退出。

(3) 在销售管理系统中。查看根据委托代销结算单生成的销售专用发票并复核。

注意：
◆ 委托代销结算单审核后，由系统自动生成相应的销售发票。
◆ 系统可根据委托代销结算单生成"普通发票"或"专用发票"两种发票类型。
◆ 委托代销结算单审核后，由系统自动生成相应的销售出库单，并将其传递到库存管理系统。

(4) 在应收款管理系统中，审核销售发票生成销售凭证。

　　借：应收账款　　　　　　　　　　228 150
　　　　贷：主营业务收入　　　　　　　　　195 000
　　　　　　应交税金/应交增值税/销项税　　33 150

(5) 在存货核算系统中，结转销售成本。

在存货核算系统中，执行"发出商品记账"命令，对委托代销销售专用发票记账。然后在"生成凭证"中，对委托代销发出商品专用发票生成凭证。发出商品的科目编码为1406。

　　借：主营业务成本　　　　　　　　144 000
　　　　贷：发出商品　　　　　　　　　　　144 000

■ 委托代销相关账表查询

(1) 在销售管理系统中，查询委托代销统计表。

(2) 在库存管理系统中，查询委托代销备查簿。

12. 销售业务 12

业务类型：开票前退货处理。

■ **在销售管理系统中填制并审核发货单**

操作步骤参见销售业务1。

■ **在销售管理系统中填制并审核退货单**

操作步骤在此不再赘述。

注意：
♦ 填制退货单时可参照订单、发货单。

■ **在销售管理系统中填制并复核销售发票**

操作步骤在此不再赘述。

注意：
参照发货单生成销售专用发票时，需要同时选中"蓝字记录"和"红字记录"复选框。如果生成退货单时已参照发货单，则"选择发货单"窗口中不再出现退货单，而参照的结果是发货单与退货单的数量差。

13. 销售业务 13

业务类型：委托代销退货业务——结算后退货。

■ **在销售管理系统中参照委托代销发货单填制委托代销结算退回**

操作步骤在此不再赘述。

■ **对委托代销结算退回审核并生成红字销售专用发票**

操作步骤在此不再赘述。

■ **查看红字销售专用发票并复核**

操作步骤在此不再赘述。

14. 销售业务 14

业务类型：直运销售业务。

■ **在销售管理系统中设置直运业务相关选项**

(1) 执行"设置"|"销售选项"命令，打开"选项"对话框。
(2) 选中"有直运销售业务"复选框，单击"确定"按钮。

■ 在企业应用平台中增加存货"009 服务器"

(1) 在企业应用平台中执行"基础档案"|"存货"|"存货分类"命令，进入"存货分类"窗口，在"产成品"分类下增加"202 服务器"分类。

(2) 执行"基础档案"|"存货"|"存货档案"命令，进入"存货档案"窗口，在"服务器"分类下增加"009 服务器"。

注意：
直运销售涉及的存货应具有"销售、外购"属性。

■ 在销售管理系统中填制并审核直运销售订单

(1) 执行"销售订货"|"销售订单"命令，进入"销售订单"窗口。

(2) 单击"增加"按钮，选择业务类型"直运销售"，按要求填写其他内容，保存并审核。

■ 在采购管理系统中填制并审核直运采购订单

(1) 执行"采购订货"|"采购订单"命令，进入"采购订单"窗口。

(2) 单击"增加"按钮，单击"生单"按钮，选择"销售订单"命令，将销售订单相关信息带入"采购订单"。选择供货单位"艾德公司"，输入单价 90 000，单击"保存"按钮。

(3) 再单击"审核"按钮，审核采购订单。

注意：
直运采购发票必须参照直运销售发票生成。

■ 在销售管理系统中填制并复核直运销售发票

操作步骤在此不再赘述。

■ 在采购管理系统中参照直运销售发票生成直运采购发票

操作步骤在此不再赘述。

■ 在应付款管理系统中审核直运采购发票

操作步骤在此不再赘述。

注意：
在"单据过滤条件"对话框，选中"未完全报销"复选框，才能找到直运采购发票。

■ 在存货核算系统中执行直运销售记账

(1) 在存货核算系统中，执行"业务核算"|"直运销售记账"命令，打开"直运采购发票核算查询条件"对话框，选择"采购发票"、"销售发票"选项，单击"确定"按钮返回。

(2) 选择要记账的单据，单击"记账"按钮。

■ 结转直运业务的收入及成本

(1) 在存货核算系统中，执行"财务核算"|"生成凭证"命令，进入"生成凭证"窗口，选择"直运采购发票"和"直运销售发票"生成凭证。在两张发票的存货科目栏输入1405。

直运采购发票生成凭证如下：

  借：库存商品   90 000
    应交税费/应交增值税/进项税额 15 300
  贷：应付账款   105 300

直运销售发票生成凭证如下：

  借：主营业务成本   90 000
  贷：库存商品   90 000

(2) 在应收款管理系统中，对直运销售发票审核并制单。

直运销售发票生成收入凭证如下：

  借：应收账款   117 000
   贷：主营业务收入   100 000
     应交税费/应交增值税/销项税额 17 000

15. 账簿查询

在销售日常业务处理完毕后，进行销售账表查询。

16. 数据备份

在销售日常业务处理完毕后，进行账套数据备份。

17. 月末结账

■ 结账处理

(1) 执行"月末结账"命令，打开"销售月末结账"对话框，其中蓝条位置是当前会计月。

(2) 单击"月末结账"按钮，系统开始结账。

(3) 结账完成后，"是否结账"一栏显示"是"字样。

(4) 单击窗口右上角"关闭"按钮返回。

■ 取消结账

(1) 执行"月末结账"命令,打开"销售月末结账"对话框,其中蓝条位置是当前会计月。

(2) 单击"取消结账"按钮,"是否结账"一栏显示为"否"字样。

(3) 单击窗口右上角"关闭"按钮返回。

注意:

若应收款管理系统或库存管理系统或存货核算系统已结账,销售管理系统不能取消结账。

【参考答案】

以上销售日常业务经过处理后,在存货核算系统生成销售出库凭证传递到总账,在应收款管理系统生成应收凭证和收款核销凭证传递到总账,最后在总账管理系统中可以查询到如下表所示的凭证。

部分业务处理生成凭证一览

业务号	日期	摘要	会计科目	借方金额	贷方金额	来源
1	08-16	专用发票	主营业务成本	48 000		存货核算
			库存商品		48 000	
	08-16	销售专用发票	应收账款	76 050		应收款
			主营业务收入		65 000	
			应交税费/增值税/销项税		11 050	
	08-17	收款单	银行存款	76 050		应收款
			应收账款		76 060	
2	08-17	未要求生成凭证				
3	08-17	现结	银行存款/工行存款	74 880		应收款
			主营业务收入		64 000	
			应交税费/应交增值税/销项税		10 880	
4	08-19	其他应收单	其他应收款/应收单位款	500		应收款
			其他业务收入		500	
5	08-18	不要求生成凭证				
6	08-18	不要求生成凭证				
7	08-19	不要求生成凭证				
8	08-20	不要求生成凭证				
9	08-20	不要求生成凭				

(续表)

业务号	日期	摘要	会计科目	借方金额	贷方金额	来源
10	08-20	发货单	发出商品	960 000		存货核算
			库存商品		960 000	
	08-20	销售专用发票	应收账款	380 250		应收款
			主营业务收入		325 000	
			应交税费/增值税/销项税		55 250	
	08-20	专用发票	主营业务成本	240 000		存货核算
			发出商品		240 000	
11	08-22	委托代销发货单	发出商品	240 000		存货核算
			库存商品		240 000	
	08-25	销售专用发票	应收账款	228 150		应收款
			主营业务收入		195 000	
			应交税费/增值税/销项税		33 150	
	08-25	专用发票	主营业务成本	144 000		存货核算
			发出商品		144 000	
12	未要求生成凭证					
13	未要求生成凭证					
14	08-27	直运采购发票	库存商品	90 000		存货核算
			应交税费/增值税/进项税	15 300		
			应付账款		105 300	
	08-27	专用发票	主营业务成本	90 000		存货核算
			库存成本		90 000	
	08-27	销售专用发票	应收账款	117 000		应收款
			主营业务收入		100 000	
			应交税费/增值税/销项税		17 000	

Chapter 11 库存管理

11.1 系统概述

11.1.1 功能概述

库存管理系统是用友 ERP-U8 供应链管理系统的一个子系统，它的主要功能包括以下几个方面。

1. 日常收发存业务处理

库存管理系统的主要功能是对采购管理系统、销售管理系统及库存管理系统填制的各种出入库单据进行审核，并对存货的出入库数量进行管理。

除管理采购业务、销售业务形成的入库和出库业务外，还可以处理仓库间的调拨业务、盘点业务、组装拆卸业务、形态转换业务等。

2. 库存控制

库存管理系统支持批次跟踪、保质期管理、委托代销商品管理、不合格品管理、现存量(可用量管理)、安全库存管理，对超储、短缺、呆滞积压、超额领料等情况进行报警。

3. 库存账簿及统计分析

库存管理系统可以提供出入库流水账、库存台账、受托代销商品备查簿、委托代销商品备查簿、呆滞积压存货备查簿供用户查询，同时提供各种统计汇总表。

11.1.2　库存管理系统与其他系统的主要关系

库存管理系统既可以和采购管理、销售管理、存货核算集成使用，也可以单独使用。在集成应用模式下，库存管理系统与其他系统的主要关系如图11-1所示。

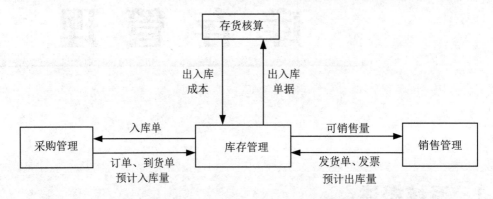

图 11-1　库存管理系统与其他系统的主要关系

库存管理系统可以参照采购管理系统的采购订单、采购到货单生成采购入库单，库存管理系统将入库情况反馈到采购管理系统。采购管理系统向库存管理系统提供预计入库量。

根据选项设置，销售出库单可以在库存管理系统填制、生成，也可以在销售管理系统生成后传递到库存管理系统，库存管理系统再进行审核。如果在库存管理系统生成，则需要参照销售管理系统的发货单、销售发票。销售管理系统为库存管理系统提供预计出库量。库存管理系统为销售管理系统提供可用于销售的存货的可用量。

库存管理系统为存货核算系统提供各种出入库单据。所有出入库单均由库存管理系统填制，存货核算系统只能填写出入库单的单价、金额，并可对出入库单进行记账操作，核算出入库的成本。

11.2　库存管理系统日常业务处理

11.2.1　入库业务处理

库存管理系统主要是对各种入库业务进行单据的填制和审核。

1. 入库单据

库存管理系统管理的入库业务单据主要包括以下几个方面。

(1) 采购入库单

采购业务员将采购回来的存货交到仓库时，仓库保管员对其所购存货进行验收确定，填制采购入库单。采购入库单生成的方式有 4 种：参照采购订单、参照采购到货单、检验入库(与 GSP 集成使用时)、直接填制。采购入库单的审核相当于仓库保管员对采购的实际到货情况进行质量、数量的检验和签收。

(2) 产成品入库单

产成品入库单是管理工业企业的产成品入库、退回业务的单据。

对于工业企业，企业对原材料及半成品进行一系列的加工后，形成可销售的商品，然后验收入库。只有工业企业才有产成品入库单，商业企业没有此单据。

产成品一般在入库时是无法确定产品的总成本和单位成本的，因此，在填制产成品入库单时，一般只有数量，没有单价和金额。

产成品入库的业务处理流程如图 11-2 所示。

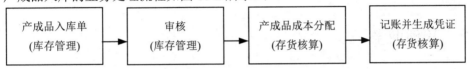

图 11-2　产成品入库的业务处理流程

(3) 其他入库单

指除了采购入库、产成品入库之外的其他入库业务。如调拨入库、盘盈入库、组装拆卸入库、形态转换入库等业务形成的入库单。

注意：

调拨入库、盘盈入库、组装拆卸入库、形态转换入库等业务可以自动形成相应的其他入库单，除此之外的其他入库单由用户填制。

2．审核入库单据

库存管理系统中的审核具有多层含义，既可表示通常意义上的审核，也可用单据是否审核代表实物的出入库行为，即在入库单上的所有存货均办理了入库手续后，对入库单进行审核。

11.2.2　出库业务处理

1．销售出库

如果没有启用销售管理系统，销售出库单需要手工增加。

如果启用了销售管理系统，则在销售管理系统中填制的销售发票、发货单、销售调拨单、零售日报，经复核后均可以参照生成销售出库单。根据选项设置，销售出库单可以在库存管理系统填制、生成，也可以在销售管理系统生成后传递到库存管理系统，库存管理系统再进行审核。

2. 材料出库

材料出库单是工业企业领用材料时所填制的出库单据,材料出库单也是进行日常业务处理和记账的主要原始单据之一。只有工业企业才有材料出库单,商业企业没有此单据。

3. 其他出库

其他出库指除销售出库、材料出库之外的其他出库业务,如维修、办公耗用、调拨出库、盘亏出库、组装拆卸出库、形态转换出库等。

注意:

调拨出库、盘盈出库、组装出库、拆卸出库、形态转换出库等业务可以自动形成相应的其他出库单,除此之外的其他出库单由用户填制。

11.2.3 其他业务

1. 库存调拨

库存管理系统中提供了调拨单用于处理仓库之间存货的转库业务或部门之间的存货调拨业务。如果调拨单上的转出部门和转入部门不同,就表示是部门之间的调拨业务;如果转出部门和转入部门相同,但转出仓库和转入仓库不同,就表示是仓库之间的转库业务。

2. 盘点

库存管理系统中提供了盘点单用来定期对仓库中的存货进行盘点。存货盘点报告表,是证明企业存货盘盈、盘亏和毁损,据以调整存货实存数的书面凭证,经企业领导批准后,即可作为原始凭证入账。

本功能提供两种盘点方法:按仓库盘点,按批次盘点,还可对各仓库或批次中的全部或部分存货进行盘点,盘盈、盘亏的结果可自动生成出入库单。

注意:

- ♦ 上次盘点的仓库的存货所在的盘点表未记账之前,不应再对此仓库此存货进行盘点,否则账面数不准确。即同一时刻不能有两张相同仓库相同存货的盘点表未记账。
- ♦ 盘点前应将所有已办理实物出入库但未录入计算机的出入库单,或销售发货单、销售发票均录入计算机中。
- ♦ 盘点前应将所有委托代管或受托代管的存货进行清查,并将这些存货与已记录在账簿上需盘点的存货区分出来。盘点表中的盘点数量不应包括委托代管或受托代管的数量。

- 盘点开始后至盘点结束前不应再办理出入库业务。即新增盘点表后，不应再录入出入库单、发货单及销售发票等单据，也不应办理实物出入库业务。
- 盘点表中的账面数，为增加盘点表中的存货的那一时刻该仓库、该存货的现存量，它为库存管理系统中该仓库、该存货的账面结存数减去销售管理系统中已开据发货单或发票但未生成出库单的数量的差。

3. 组装与拆卸

有些企业中的某些存货既可单独出售，又可与其他存货组装在一起销售。如计算机销售公司既可将显示器、主机、键盘等单独出售，又可按客户的要求将显示器、主机、键盘等组装成计算机销售，这时就需要对计算机进行组装；如果企业库存中只存有组装好的计算机，但客户只需要买显示器，此时又需将计算机进行拆卸，然后将显示器卖给客户。

组装指将多个散件组装成一个配套件的过程。组装单相当于两张单据，一个是散件出库单，一个是配套件入库单。配套件和散件之间是一对多的关系。配套件和散件之间的关系，在产品结构中设置。用户在组装之前应先进行产品结构定义，否则无法进行组装。

拆卸指将一个配套件拆卸成多个散件的过程。拆卸单相当于两张单据，一个是配套件出库单，一个是散件入库单。配套件和散件之间是一对多的关系。配套件和散件之间的关系，在产品结构中设置。用户在组装拆卸之前应先进行产品结构定义，否则无法进行拆卸。

4. 形态转换

由于自然条件或其他因素的影响，某些存货会由一种形态转换成另一种形态，如煤块由于风吹、雨淋，天长日久变成了煤渣，活鱼由于缺氧变成了死鱼等，从而引起存货规格和成本的变化，因此库管员需根据存货的实际状况填制形态转换单，或叫规格调整单，报请主管部门批准后进行调账处理。

实验十二　库存管理

【实验目的】
1. 掌握用友 ERP-U8 管理软件中库存管理系统的相关内容。
2. 掌握企业库存日常业务处理方法。
3. 理解库存管理系统与其他系统之间的数据传递关系。

【实验内容】
1. 入库业务处理。
2. 出库业务处理。
3. 其他业务处理。
4. 库存账簿查询。

5. 月末结账。

【实验准备】

1 引入"实验九"账套。

2. 在"生产成本"项目大类下增加"103 计算机"项目目录,所属分类码为1。

【实验资料】

2009 年 8 月份库存业务如下。

1. 产成品入库业务

(1) 8 月 15 日,成品库收到当月一车间加工的 10 台计算机作产成品入库。

(2) 8 月 16 日,成品库收到当月一车间加工的 20 台计算机作产成品入库。

(3) 随后收到财务部门提供的完工产品成本,其中计算机的总成本 144 000 元,立即做成本分配,记账生成凭证。

2. 材料领用

8 月 15 日,一车间向原料库领用 PIII 芯片 100 盒,160 GB 硬盘 100 盒,用于生产。记材料明细账,生成领料凭证。

3. 出库跟踪入库

(1) 有一存货"1 GB 内存条",在库存管理时,需要对每一笔入库的出库情况做详细的统计。

(2) 8 月 10 日,采购部向建昌公司购进 80 根 1GB 内存条,单价为 300 元/根。物品入原料库。

(3) 8 月 12 日,采购部向建昌公司购进 100 根 1GB 内存条,单价为 295 元/根。物品入原料库。

(4) 8 月 12 日,收到上述两笔入库的专用发票一张。

(5) 8 月 25 日,一车间向原料库领用 50 根 1GB 内存条,用于生产。

4. 调拨业务

8 月 20 日,将原料库中的 50 盒 PIII 芯片调拨到配套用品库。

5. 盘点预警

8 月 20 日,根据上级主管要求,PIII 芯片应在每周二进行盘点一次。如果周二未进行盘点,需进行提示。

6. 盘点业务

8 月 25 日,对原料库的"1 GB 内存条"存货进行盘点,盘点后,发现 1 GB 内存条多出 2 根。经确认,该内存条的成本为 300 元/根。

7. 假退料

8月30日,根据生产部门的统计,有8根PIII芯片当月尚未耗用完。先做假退料处理,下个月再继续使用。

8. 其他入库业务

8月29日,销售部收到赠品21英寸显示器一台,单价2 200元。

9. 其他出库业务

8月30日,销售部领取10台计算机样本,用于捐助教育部门。

10. 组装业务

8月30日,应客户急需,一车间当日组装了30台计算机。

【实验要求】

1. 本实验以库存管理与供应链其他子系统集成应用为实验条件,不再处理单纯的采购入库、销售出库业务,相关业务处理参见采购管理、销售管理。

2. 以"陈明"的身份、业务日期进入库存管理系统,填制各种出入库单据并进行审核。之后进入存货核算系统,对各种出入库单进行记账,生成出入库凭证。

【操作指导】

1. 库存业务1

业务类型:产成品入库。

■ **在库存管理系统中录入产成品入库单并审核**

(1) 执行"入库业务"|"产成品入库单"命令,进入"产成品入库单"窗口。

(2) 单击"增加"按钮,输入入库日期"2009-08-15",选择仓库"成品库",入库类型"产成品入库",部门"一车间"。

(3) 选择存货编码"006 计算机",输入数量10。

(4) 单击"保存"按钮。

(5) 再单击"审核"按钮,完成对该单据的审核。

(6) 同理,输入第二张产成品入库单。

注意:

产成品入库单上无须填写单价,待产成品成本分配后会自动写入。

■ **在存货核算系统中录入生产总成本并对产成品成本分配**

(1) 执行"业务核算"|"产成品成本分配"命令,进入"产成品成本分配表"窗口。

(2) 单击"查询"按钮,打开"产成品成本分配表查询"对话框。选择"成品库"选项，单击"确认"按钮，系统将符合条件的记录带回"产成品成本分配表"。

(3) 在"006 计算机"记录行"金额"栏输入 144 000。

(4) 单击"分配"按钮，系统弹出"分配操作顺利完成！"信息提示对话框，单击"确定"按钮返回。

(5) 执行"日常业务"|"产成品入库单"命令，进入"产成品入库单"窗口，查看入库存货单价。

■ 在存货核算系统中对产成品入库单记账并生成凭证

(1) 执行"业务核算"|"正常单据记账"命令，对产成本入库单进行记账处理。

(2) 执行"财务核算"|"生成凭证"命令，选择"产成品入库单"生成凭证。在生成凭证窗口，单击"合成"按钮，可合并生成以下入库凭证。

借：1405 库存商品　　　　　　　　　144 000
　　贷：500101 生产成本/直接材料　　 144 000

注意：
生产成本/直接材料为项目核算科目，本业务项目为"103 计算机"。

2. 库存业务 2

业务类型：材料领用出库。

■ 设置相关选项

(1) 在库存管理系统中，执行"初始设置"|"选项"命令，打开"库存选项设置"对话框。

(2) 打开"可用量控制"选项卡，选中"是否允许超可用量出库"复选框。

(3) 单击"确定"按钮。

■ 在库存管理系统中填制材料出库单

(1) 执行"出库业务"|"材料出库单"命令，进入"材料出库单"窗口。

(2) 单击"增加"按钮，填写出库日期"2009-08-15"，选择仓库"原料库"，出库类别"领料出库"，部门"一车间"。

(3) 选择"001 PIII 芯片"，输入数量 100；选择"002 160 GB 硬盘"，输入数量 100。

(4) 单击"保存"按钮。再单击"审核"按钮。

■ 在存货核算系统中对材料出库单记账并生成凭证

(1) 执行"业务核算"|"正常单据记账"命令，对材料出库单记账。

(2) 执行"财务核算"|"生成凭证"命令，选择材料出库单生成以下凭证。

借：生产成本/直接材料　　　　　　 204 000
　　贷：原材料/生产用原材料　　　　204 000

注意：

生产成本/直接材料为项目核算科目，本业务项目为"103 计算机"。

3. 库存业务 3

业务类型：出库跟踪入库。

■ **在企业应用平台中增加存货分类及存货**

(1) 在企业应用平台的"基础设置"选项卡中，执行"基础档案"|"存货"|"存货分类"命令，增加存货分类"10103 内存"。

(2) 执行"基础档案"|"存货"|"计量单位"命令，增加计量单位"05 根"。

(3) 执行"基础档案"|"存货"|"存货档案"命令，增加存货"010 1 GB 内存条"，具有"内销、外销、外购、生产耗用"属性，在"控制"选项卡中，选择"出库跟踪入库"选项。

■ **在企业应用平台中设计材料出库单单据**

(1) 在企业应用平台的"基础设置"选项卡中，选择"单据设置"|"单据格式设置"命令，进入"单据格式设置"窗口。

(2) 选择"库存管理"|"材料出库单"|"显示"|"材料出库单"选项，进入"材料出库单"窗口。

(3) 单击"表体项目"按钮，打开"表体项目"对话框。选择"对应入库单号"选项，单击"确定"按钮。

(4) 退出"单据格式设置"窗口，系统弹出"模板已修改，是否保存？"信息提示对话框，单击"是"按钮，保存设计结果。

(5) 同理，设计"组装单"的"对应入库单号"单据。

■ **在库存管理系统中分别填制并审核采购入库单**

操作步骤在此不再赘述。

■ **在采购管理系统中参照采购入库单生成采购专用发票**

操作步骤在此不再赘述。

■ **在存货核算系统中对采购入库单进行记账处理**

操作步骤在此不再赘述。

■ **在库存管理系统中填制材料出库单并审核**

操作步骤在此不再赘述。

注意：

◆ 对于出库跟踪入库的存货出库时需要输入相应的入库单号。

- 设置自动出库跟踪入库时，系统分配入库单号的方式有两种："先进先出"和"后进先出"。可以在库存管理系统中，执行"初始设置"|"选项"命令，在"库存选项设置"窗口中的"通用设置"选项卡中选择。
- 对于出库跟踪入库的存货，不允许超可用量出库。

4. 库存业务4

业务类型：库存调拨——仓库调拨。

■ **在库存管理系统中填制调拨单**

(1) 执行"调拨业务"|"调拨单"命令，进入"调拨单"窗口。

(2) 单击"增加"按钮，输入调拨日期"2009-08-20"；选择转出仓库"原料库"，转入仓库"配套用品库"，出库类别"调拨出库"，入库类别"调拨入库"。

(3) 选择存货编码"001 PIII 芯片"，数量50，单击"保存"按钮。

(4) 再单击"审核"按钮。

注意：

- 调拨单保存后，系统自动生成其他入库单和其他出库单，且由调拨单生成的其他入库单和其他出库单不得修改和删除。
- 转出仓库的计价方式是移动平均、先进先出、后进先出时，调拨单的单价可以为空，系统根据计价方式自动计算填入。

■ **在库存管理系统中对调拨单生成的其他出入库单审核**

(1) 执行"入库业务"|"其他入库单"命令，进入"其他入库单"窗口。

(2) 单击"审核"按钮。

(3) 同理，完成对其他出库单的审核。

■ **在存货核算系统中对其他出入库单记账**

(1) 执行"业务核算"|"特殊单据记账"命令，打开"特殊单据记账条件"对话框。

(2) 选择单据类型"调拨单"，单击"确定"按钮，进入"特殊单据记账"窗口。

(3) 选择要记账的调拨单，单击"记账"按钮。

注意：

在"库存商品"科目不分明细的情况下，库存调拨业务不会涉及到账务处理，因此，对库存调拨业务生成的其他出入库单暂不进行制单。

■ **相关账表查询**

(1) 在库存管理系统中，执行"报表"|"库存账"|"入库跟踪表"命令，打开"入库

跟踪表"查询条件对话框。

(2) 选择"原料库"选项,单击"确定"按钮,进入"入库跟踪表"窗口,查看出库跟踪入库情况。

5. 库存业务 5

业务类型:盘点预警。

■ **在库存管理系统中设置相关选项**

(1) 执行"初始设置"|"选项"命令,打开"库存选项设置"对话框。

(2) 在"专用设置"选项卡中,选中"按仓库控制盘点参数"复选框,单击"确定"按钮返回。

■ **在企业应用平台的"基础设置"选项卡中修改存货档案**

(1) 执行"基础档案"|"存货"|"存货档案"命令,进入"存货档案"窗口。

(2) 在"控制"选项卡中修改存货"PIII 芯片"的盘点周期单位为"周";每周第 3 天为盘点日期,然后保存。

■ **检验**

以一周后业务日期注册进入库存管理系统,如果周二未对该存货进行盘点,系统会给出相应提示。

6. 库存业务 6

业务类型:盘点业务。

■ **在库存管理系统中增加盘点单**

(1) 执行"盘点业务"命令,进入"盘点单"窗口。

(2) 单击"增加"按钮,输入日期"2009-08-25",选择盘点仓库"原料库",出库类别"盘亏出库",入库类别"盘盈入库"。

(3) 单击"盘库"按钮,系统弹出"盘库将删除未保存的所有记录,是否继续?"信息提示对话框,单击"是"按钮,弹出"盘点处理"对话框。选择盘点方式"按仓库盘点",单击"确定"按钮,稍候,系统将盘点结果带回盘点单。

(4) 输入存货"010 1 GB 内存条"的盘点数量 32,单击"保存"按钮。

(5) 再单击"审核"按钮。

注意:

◆ 盘点单审核后,系统自动生成相应的其他入库单和其他出库单。

◆ 单击"盘库"按钮,表示选择盘点仓库中所有的存货进行盘点;单击"选择"按钮,表示按存货分类批量选择存货进行盘点。

◆ 盘点单中输入的盘点数量是实际库存盘点的结果。

♦ 盘点单记账后，不能再取消记账。

■ **在库存管理系统中对盘点单生成的其他入库单审核**

操作步骤在此不再赘述。

■ **在存货核算系统中对其他入库单记账并生成凭证**

在存货核算系统中其他入库单生成的凭证如下。

  借：原材料/生产用原材料   600
    贷：待处理财产损溢/待处理流动资产损溢 600

7. 库存业务 7

业务类型：假退料业务。

■ **在存货核算系统中填制假退料单**

(1) 执行"日常业务"|"假退料单"命令，进入"假退料单"窗口。
(2) 单击"增加"按钮，输入出库日期"2009-08-30"，选择仓库"原料库"；输入材料"001 PIII 芯片"，数量 -8，单击"保存"按钮。

■ **在存货核算系统中对假退料单单据记账**

操作步骤在此不再赘述。

■ **在存货核算系统中查询 PIII 芯片的明细账**

(1) 执行"账表"|"账簿"|"明细账"命令，打开"明细账查询"对话框。
(2) 选择查询存货"PIII 芯片"，查看假退料对材料明细账的影响。

提示：
月末结账后，再次查询该材料明细账，看有什么结果？

8. 库存业务 8

业务类型：其他入库——赠品入库。

■ **在库存管理系统中录入其他入库单并审核**

(1) 执行"入库业务"|"其他入库单"命令，进入"其他入库单"窗口。
(2) 单击"增加"按钮，输入入库日期"2009-08-29"，选择仓库"原料库"，入库类别"其他入库"，部门"销售部"。
(3) 选择存货编码"003 21 英寸显示器"，输入数量 1，单价 2 200。
(4) 单击"保存"按钮。
(5) 再单击"审核"按钮，完成对该单据的审核。

■ 在存货核算系统中对其他入库单记账

操作步骤在此不再赘述。

■ 在存货核算系统中生成凭证

操作步骤在此不再赘述。
在存货核算系统中生成的凭证如下。

借：库存商品　　　　　　　　　　2 200
　　贷：资本公积/其他资本公积　　　　2 200

9. 库存业务9

业务类型：其他出库——样品出库。

■ 在库存管理系统中录入其他出库单并审核

(1) 执行"出库业务"|"其他出库单"命令，进入"其他出库单"窗口。
(2) 单击"增加"按钮，输入出库日期"2009-08-30"，选择仓库"成品库"，出库类别"其他出库"，部门"销售部"。
(3) 选择存货编码"006 计算机"，输入数量10。
(4) 单击"保存"按钮。
(5) 再单击"审核"按钮，完成对该单据的审核。

■ 在存货核算系统中对其他出库单记账

操作步骤在此不再赘述。

■ 在存货核算系统中生成凭证

在凭证中需要补充输入对方科目：销售费用(6601)，然后再生成以下凭证。

借：销售费用　　　　　　　　　　48 000
　　贷：库存商品　　　　　　　　　　48 000

10. 库存业务10

业务类型：组装业务。

■ 在库存管理中设置相关选项

(1) 在库存管理系统中，执行"初始设置"|"选项"命令，打开"库存选项设置"窗口。在"通用设置"选项卡中，选中"有无组装拆卸业务"复选框，单击"确定"按钮返回。日常业务菜单下出现"组装拆卸"菜单项。
(2) 在企业应用平台的"基础设置"选项卡中，选择"基础档案"|"业务"|"收发类别"命令，增加"104 组装入库"、"304 组装出库"项目。
(3) 进行单据设计，在"组装单"上增加"对应入库单号"表体项目。

■ 定义产品结构

(1) 执行"基础档案"|"业务"|"产品结构"命令，进入"产品结构"窗口，定义散件与组装件之间的关系。

(2) 单击"增加"按钮，打开"增加产品结构"对话框。选择母件名称"计算机"；子件分别为"PIII 芯片、160 GB 硬盘和 1 GB 内存条"，定额数量均为 1；存放仓库均为"原料库"，单击"保存"按钮。

■ 在库存管理系统中录入组装单

(1) 执行"组装拆卸"|"组装单"命令，进入"组装单"窗口。

(2) 单击"增加"按钮，输入日期"2009-08-30"，选择配套件"计算机"，单击"展开"按钮，系统弹出"是否展到末级"信息提示对话框，单击"是"按钮，系统将产品结构信息带到组装单。选择入库类别"组装入库"，出库类别"组装出库"，部门"一车间"。

(3) 在单据体第一行，选择仓库"成品库"，输入数量 30，输入"1 GB 内存条"的入库单号。

(4) 单击"保存"按钮，再单击"审核"按钮。

注意：

- ◆ 组装单保存后，系统自动生成相应的其他入库单和其他出库单。
- ◆ 组装单保存后生成的其他出库单和其他入库单无单价，一般需要在存货核算系统中通过修改单据功能输入单价。

■ 在库存管理系统中对组装单生成的其他入库单及出库单审核

操作步骤在此不再赘述。

■ 在存货核算系统中修改其他入库单单价

修改其他入库单，"计算机"的单价为 6 000 元/台。

■ 在存货核算系统中对其他入库单及出库单记账

操作步骤在此不再赘述。

注意：

组装拆卸业务一般不涉及账务处理，因此，对组装拆卸业务生成的其他出入库单暂不进行制单。

11. 数据备份

在库存日常业务处理完毕后，进行账套数据备份。

12. 月末处理

■ 对账

(1) 执行"财务核算"|"与总账对账"命令,进入"与总账对账表"窗口。
(2) 选择对账月份 8,查看对账结果。

■ 月末结账

(1) 执行"业务核算"|"月末结账"命令,打开"月末结账"对话框。
(2) 单击"确定"按钮,系统弹出"采购系统尚未结账,不能继续!"信息提示对话框,单击"确定"按钮返回。

Chapter 12 存货核算

12.1 系统概述

12.1.1 功能概述

存货核算系统是用友 ERP-U8 供应链管理系统的一个子系统,存货核算系统主要针对企业存货的收发存业务进行核算,掌握存货的耗用情况,及时准确地把各类存货成本归集到各成本项目和成本对象上,为企业的成本核算提供基础数据。

存货核算系统的主要功能包括存货出入库成本的核算、暂估入库业务处理、出入库成本的调整、存货跌价准备的处理等。

12.1.2 存货核算系统与其他系统的主要关系

存货核算系统与其他系统的主要关系如图 12-1 所示。

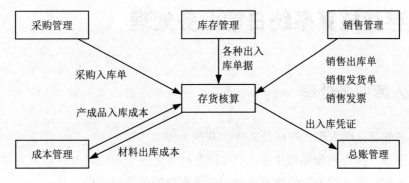

图 12-1 存货核算系统与其他系统的主要关系

存货核算系统可对采购管理系统生成的采购入库单记账，对采购暂估入库单进行暂估报销处理。存货核算系统可对库存管理系统生成的各种出入库单据记账核算。企业发生的正常销售业务的销售成本可以在存货核算系统根据所选的计价方法自动计算；企业发生分期收款业务和委托代销业务时，存货核算系统可以对销售管理系统生成的发货单和发票记账并确认成本。在存货核算系统，进行了出入库成本记账的单据可以生成一系列的物流凭证传入总账管理系统，实现财务和业务的一体化。成本管理系统可以将存货核算系统中材料出库单的出库成本自动读取出来，作为成本核算时的材料成本；成本管理系统完成成本计算后，存货核算系统可以从成本管理系统读取其计算的产成品成本，并且分配到未记账的产成品入库单中，作为产成品入库单的入库成本。

12.1.3 存货核算系统应用模式

存货核算系统既可以和采购管理、销售管理、库存管理集成使用，也可以只与库存管理联合使用，也可以单独使用。

1. 集成应用模式

当存货核算系统与采购管理、销售管理、库存管理集成使用时，在库存管理系统中录入采购入库单，在销售管理系统中录入发货单，审核后自动生成销售出库单或在库存管理系统中参照销售订单或发货单生成销售出库单，传递到存货核算系统，在存货核算系统中，对各种出入库单据记账，并生成出入库凭证。

2. 与库存管理联合使用

当存货核算系统与库存管理联合使用时，在库存管理系统中录入各种出入库单据并审核，在存货核算系统中对各种出入库单据记账，生成凭证。

3. 独立应用模式

如果存货核算系统单独使用，那么所有的出入库单据均由存货核算系统填制。

12.2 存货核算系统日常业务处理

12.2.1 入库业务处理

入库业务包括采购入库、产成品入库和其他入库。

采购入库单在库存管理系统中录入，在存货核算系统中可以修改采购入库单上的入库金额，采购入库单上"数量"的修改只能在该单据填制的系统进行。

产成品入库单在填制时一般只填写数量,单价与金额既可以通过修改产成品入库单直接填入,也可以由存货核算系统的产成品成本分配功能自动计算填入。

大部分其他入库单都是由相关业务直接生成的,如果与库存管理系统集成使用,可以通过修改其他入库单的操作对盘盈入库业务生成的其他入库单的单价输入或修改。

12.2.2 出库业务处理

出库单据包括销售出库、材料出库和其他出库。在存货核算系统修改出库单据上的单价或金额。

12.2.3 单据记账

单据记账是将所输入的各种出入库单据记入存货明细账、差异明细账、受托代销商品明细账等。单据记账应注意以下几点。

(1) 无单价的入库单据不能记账,因此记账前应对暂估入库的成本、产成品入库单的成本进行确认或修改。

(2) 各个仓库的单据应该按照实践顺序记账。

(3) 已记账单据不能修改和删除。如果发现已记账单据有错误,在本月未结账状态下可以取消记账。如果已记账单据已生成凭证,就不能取消记账,除非先删除相关凭证。

12.2.4 调整业务

出入库单据记账后,发现单据金额错误,如果是录入错误,通常采用修改方式进行调整。但如果遇到由于暂估入库后发生零出库业务等原因所造成的出库成本不准确,或库存数量为零而仍有库存金额的情况,就需要利用调整单据进行调整。

调整单据包括入库调整单和出库调整单。它们都只针对当月存货的出入库成本进行调整,并且只调整存货的金额,不调整存货的数量。

出入库调整单保存即记账,因此已保存的单据不可修改和删除。

12.2.5 暂估处理

存货核算系统中对采购暂估入库业务提供了月初回冲、单到回冲、单到补差3种方式,暂估处理方式一旦选择不可修改。无论采用哪种方式,都要遵循以下步骤。

(1) 待采购发票到达后,在采购管理系统填制发票并进行采购结算。

(2) 然后在存货核算系统中完成暂估入库业务成本处理。

12.2.6 生成凭证

在存货核算系统中，可以将各种出入库单据中，涉及存货增减和价值变动的单据生成凭证传递到总账。

对比较规范的业务，在存货核算系统的初始设置中，可以事先设置好凭证上的存货科目和对方科目，系统将自动采用这些科目生成相应的出入库凭证，并传送到总账。

在执行生成凭证操作时，一般由在总账中有填制凭证权限的操作员来完成。

12.2.7 综合查询

存货核算系统中提供了存货明细账/总账/出入库流水账/入库汇总表/出库汇总表/差异(差价)分摊表、收发存汇总表、存货周转率分析表、入库成本分析、暂估材料余额分析等多种分析统计账表。

在查询过程中，应注意查询条件输入的准确性、灵活性。

12.2.8 月末处理

存货核算系统的月末处理工作包括期末处理和结账两部分。

1. 期末处理

当存货核算系统日常业务全部完成后，进行期末处理，系统自动计算全月平均单价及本会计月出库成本，自动计算差异率(差价率)以及本会计月的分摊差异/差价，并对已完成日常业务的仓库/部门作处理标志。

2. 月末结账

存货核算系统期末处理完成后，就可以进行月末结账。如果是集成应用模式，必须采购管理、销售管理、库存管理全部结账后，存货核算系统才能结账。

3. 与总账系统对账

为保证业务与财务数据的一致性，需要进行对账。存货核算系统记录的存货明细账数据与总账管理系统存货科目和差异科目的结存金额和数量进行核对。

实验十三　存货核算

【实验目的】

1. 掌握用友 ERP-U8 管理软件中存货核算系统的相关内容。

2. 掌握企业存货日常业务处理方法。

3. 理解存货核算系统与其他系统之间的数据传递关系。

【实验内容】

1. 入出库单据处理。

2. 暂估业务处理。

3. 生成凭证。

4. 存货账簿查询。

5. 月末处理。

【实验准备】

引入"实验九"账套数据。

【实验资料】

2009年8月份存货业务如下。

(1) 8月3日，向建昌公司订购键盘300只，单价为95元，将收到的货物验收入原料库。填制采购入库单。

(2) 8月17日，销售部向昌新贸易公司出售计算机10台，报价为6400元/台，货物从成品库发出。

(3) 8月20日，将8月3日发生的采购键盘的入库成本增加600元。

(4) 8月30日，调整8月17日出售给昌新贸易公司的计算机的出库成本200元。

【实验要求】

以"陈明"的身份进入存货核算系统进行操作。

【操作指导】

1. 存货业务1

在库存管理系统中，输入采购入库单并审核，在存货核算系统中记账并生成凭证。

注意：

记账时选择"采购入库单(暂估记账)"，生成凭证的对方科目编码为1401。

2. 存货业务2

(1) 在存货核算系统中，执行"初始设置" | "选项" | "选项录入"命令，选择销售成本结算方式为"销售出库单"。

(2) 在销售管理系统中，设置销售选项，报价不含税。

(3) 在销售管理系统中输入销售发货单并审核，在库存管理系统中审核销售出库单，在存货核算系统中记账并生成凭证。

3. 存货业务3

■ **在存货核算系统中录入调整单据**

(1) 执行"日常业务"|"入库调整单"命令,进入"入库调整单"窗口。

(2) 单击"增加"按钮,选择"原料库",输入日期"2009-08-20",选择收发类别"采购入库",部门"采购部",供应商"建昌公司"。

(3) 选择存货编码"004 键盘",调整金额 600 元。

(4) 单击"保存"按钮。

(5) 再单击"记账"按钮。

注意:
入库调整单是对存货的入库成本进行调整的单据,可针对单据进行调整,也可针对存货进行调整。

■ **在存货核算系统中生成入库调整凭证**

(1) 执行"财务核算"|"生成凭证"命令,进入"生成凭证"列表窗口。单击"选择"按钮,打开"查询条件"对话框。

(2) 选择"入库调整单"选项,单击"确认"按钮,进入"生成凭证"窗口。

(3) 单击单据行前的"选择"栏,出现选中标志 1,单击"确定"按钮,出现凭证列表。

(4) 选择凭证类别"转账凭证",单击"生成"按钮,系统显示以下生成的转账凭证。

  借:原材料/生产用原材料 600
   贷:材料采购   600

(5) 确认"制单日期",输入"附件数",单击"保存"按钮,凭证左上角出现红色的"已生成"字样,表示该凭证已传递到总账。

■ **查询相关账簿**

执行"账表"|"分析表"|"入库成本分析"命令,查看"键盘"的入库成本从 28 500 变为 29 100。

4. 存货业务4

■ **在存货核算系统中录入调整单据**

(1) 执行"日常业务"|"出库调整单"命令,进入"出库调整单"窗口。

(2) 单击"增加"按钮,选择"成品库",输入日期"2009-08-30",选择收发类别"销售出库",部门"销售部",客户"昌新贸易公司"。

(3) 选择存货编码"006 计算机",调整金额 200 元。

(4) 单击"保存"按钮,再单击"记账"按钮。

(5) 最后单击"退出"按钮。

注意：
出库调整单是对存货的出库成本进行调整的单据，只能针对存货进行调整。

■ 在存货核算系统中生成出库调整凭证

操作步骤参加存货业务1。

5. 账簿查询

在存货日常业务处理完毕后，进行存货账表查询。

6. 数据备份

在存货日常业务处理完毕后，进行账套数据备份。

7. 月末处理

■ 期末处理

(1) 执行"业务核算"|"期末处理"命令，打开"期末处理"对话框。

(2) 选择需要进行期末处理的仓库，单击"确认"按钮，系统弹出"您将对所选仓库进行期末处理，确认进行吗？"信息提示对话框，单击"确定"按钮，系统自动计算存货成本，完成后，系统弹出"期末处理完成！"信息提示对话框，单击"确定"按钮返回。

注意：
- ◆ 如果存货成本按全月平均法或计划价/售价方式核算，当月业务全部完成后，用户要进行期末处理。
- ◆ 存货核算期末处理需要在采购管理、销售管理、库存管理系统结账后进行。
- ◆ 期末处理之前应检查需要记账的单据是否已全部记账。

■ 月末结账

(1) 执行"业务核算"|"月末结账"命令，打开"月末结账"对话框。

(2) 单击"确认"按钮，系统弹出"月末结账完成！"信息提示对话框，单击"确定"按钮返回。

■ 与总账管理系统对账

(1) 执行"财务核算"|"与总账系统对账"命令，进入"与总账对账表"窗口。

(2) 单击"退出"按钮返回。

【参考答案】

存货核算系统生成的各种出入库凭证传递到总账，最后在总账管理系统中可以查询到如下表所示凭证。

存货日常业务处理生成凭证一览

业务号	日期	摘要	会计科目	借方金额	贷方金额	来源
1	08-03	采购入库单	原材料/生产用原材料 材料采购	28 500	28 500	存货核算
2	08-17	销售出库单	主营业务成本 库存商品	48 000	48 000	存货核算
3	08-20	入库调整单	原材料/生产用原材料 材料采购	600	600	存货核算
4	08-30	出库调整单	主营业务成本 库存商品	200	200	存货核算

附录　财务部分分模块自测题

实验一　系统管理与基础设置

实验准备

安装用友 ERP-U8 软件(8.72 版)，将系统日期修改为"2009 年 1 月 31 日"。

实验要求

1. 设置操作员。
2. 建立账套(不进行系统启用的设置)。
3. 设置操作员权限。
4. 由 701 号操作员在"企业应用平台"中分别启用"总账管理"、"薪资管理"、"固定资产管理"、"应收款管理"及"应付款管理系统，启用日期为 2009 年 1 月 1 日。
5. 设置部门档案、人员类别、人员档案、客户分类、客户档案和供应商档案。

实验资料

1. 操作员及其权限

编号	姓名	口令	所属部门	角色	权限
701	李建	001	财务部	账套主管	账套主管的全部权限
702	王军	002	财务部	总账会计	
703	李强	003	财务部	出纳	总账管理系统中出纳签字及出纳的所有权限

2. 账套信息

账套号：700
单位名称：宏道股份有限公司
单位简称：宏道公司
单位地址：北京市东城区东四大街 1 号
法人代表：陈光明
邮政编码：100035
税号：100011010255689
启用会计期：2009 年 1 月

企业类型：工业
行业性质：新会计制度科目
账套主管：李建
基础信息：对客户进行分类
分类编码方案：
    科目编码级次：4222
    客户分类编码级次：123
    部门编码级次：122

3. 部门档案

部门编码	部门名称
1	综合部
2	财务部
3	市场部
301	采购部
302	销售部
4	加工车间

4. 人员类别

人员类别编码	人员类别名称
1001	企业管理人员
1002	采购人员
1003	销售人员
1004	其他人员

5. 人员档案

人员编码	人员姓名	性别	行政部门	人员类别	是否业务员	是否操作员
0000000001	张宏	男	综合部	企业管理人员	是	是
0000000002	江涛	男	综合部	企业管理人员	是	是
0000000003	李建	男	财务部	企业管理人员	是	是
0000000004	王军	男	财务部	企业管理人员	是	是
0000000005	宋风	男	采购部	采购人员	是	是
0000000006	张伟	男	销售部	销售人员	是	是

6. 客户分类

类别编码	类别名称
1	本地
2	外地

7. 客户档案

客户编码	客户简称	所属分类
01	强胜公司	本地
02	同达公司	本地
03	亿力公司	外地
04	银飞集团	外地

8. 供应商档案

供应商编码	供应商简称	所属分类
01	力兴公司	00
02	光明公司	00

实验二　总账管理系统

实验准备

已完成了"实验一"的操作,将系统日期修改为"2009年1月31日",由701号操作员注册进入700账套"总账"。

实验要求

1. 总账系统初始化

- 设置账套参数。
- 设置会计科目。
- 设置凭证类别。
- 输入期初余额。
- 设置结算方式。
- 设置项目目录。

2. 总账管理系统日常业务处理

由701号操作员设置常用摘要并审核凭证;由702号操作员对除"设置常用摘要"、审核凭证和出纳签字以外的业务进行操作;由703号操作员进行出纳签字。

- 填制凭证。
- 审核凭证。
- 出纳签字。
- 修改第2号付款凭证的金额为3 000元。

- 删除第1号收款凭证并整理断号。
- 设置常用凭证。
- 记账。
- 查询已记账的第1号转账凭证。

3. 总账期末处理

- 银行对账。
- 定义转账分录。
- 生成机制凭证。
- 对账。
- 冲销第1号付款凭证。

实验资料

1. 700账套总账管理系统的参数

不允许修改、作废他人填制的凭证；可以使用应收受控科目；可以使用应付受控科目。

2. 会计科目

(1) 增加会计科目

科目编码	科目名称	辅助账类型
100201	工行存款	日记账 银行账
122101	职工借款	个人往来
660201	办公费	部门核算
660202	差旅费	部门核算
660203	工资	部门核算
660204	折旧费	部门核算
660205	其他	部门核算

(2) 修改会计科目

"应收账款(1122)"科目辅助账类型为"客户往来"(受控系统为应收管理系统)；"应付账款(2202)"科目辅助账类型为"供应商往来"(受控系统为应付管理系统)；"应收票据(1121)"科目辅助账类型为"客户往来"(受控系统为应收管理系统)；"应付票据(2201)"科目辅助账类型为"供应商往来"(受控系统为应付管理系统)；"预付账款(1123)"科目辅助账类型为"供应商往来"(受控系统为应付管理系统)；"工程物资(1605)"科目及所属明细科目辅助账类型为"项目核算"。

(3) 指定"现金(1001)"为现金总账科目，"银行存款(1002)"为银行总账科目。

3. 凭证类别

类 别 名 称	限 制 类 型	限 制 科 目
收款凭证	借方必有	1001，1002
付款凭证	贷方必有	1001，1002
转账凭证	凭证必无	1001，1002

4. 期初余额

现金：14 000(借)

工行存款：196 000(借)

职工借款——宋风：10 000(借)

库存商品：60 000(借)

短期借款：60 000(贷)

实收资本：820 000(贷)

固定资产：870 000(借)

累计折旧：65 259(贷)

利润分配——未分配利润：204 741(贷)

5. 结算方式

结算方式编码	结算方式名称	是否票据管理
1	现金结算	
2	现金支票结算	是
3	转账支票结算	是
4	商业承兑汇票结算	

6. 项目目录

项目大类为"一号工程"，核算科目为"工程物资"及明细科目，项目内容为"办公楼"和"商务楼"，其中"办公楼"包括"1号楼"和"2号楼"两项工程。

7. 常用摘要

摘 要 编 码	摘 要 内 容
1	报销差旅费
2	提现金
3	业务借款

8. 2009年1月份发生的经济业务

(1) 1月8日，以现金支付办公费800元。

　　借：管理费用—办公费(财务部)　　　　　　　　800

　　　　贷：现金　　　　　　　　　　　　　　　　　　　800

(2) 1月8日,以建行存款3 300元支付销售部修理费。

借:销售费用 3 300
  贷:银行存款—工行存款(转账支票4455) 3 300

(3) 1月12日,销售给强胜公司库存商品一批,货税款70 200元(货款60 000元,税款10 200元)尚未收到。

借:应收账款(强胜公司) 70 200
  贷:主营业务收入 60 000
    应交税费—应交增值税—销项税 10 200

(4) 1月22日,收到宋风偿还借款8 000元。

借:现金 8 000
  贷:其他应收款—职工借款—宋风 8 000

9. 常用凭证

摘要:从工行提现金;凭证类别:付款凭证;科目编码:1001和100201。

10. 银行对账期初数据

单位日记账余额为195 000元,银行对账单期初余额为200 000元,有银行已收而企业未收的未达账(2005年12月20日)5 000元。

11. 2009年1月份的银行对账单

日　　期	结算方式	票　　号	借方金额	贷方金额	余　　额
2009-01-08	转账支票	1122		3 000	197 000
2009-01-22	转账支票	1234	6 000		203 000

12. 期末转账的内容

"应交税费—应交增值税—销项税"贷方发生额转入"应交税费—未交增值税";"期间损益"转入"本年利润"。

实验三　UFO报表管理系统

实验准备

已完成了"实验二"的操作,将系统日期修改为"2009年1月31日",由701号操作员注册进入700账套"UFO报表"

实验要求

1. 设计利润表的格式。
2. 按新会计制度设计利润表的计算公式。

3. 生成自制利润表的数据。
4. 将已生成数据的自制利润表另存为"1月份利润表"。
5. 利用报表模板按新会计制度科目生成700账套"2009年1月"的"资产负债表"。
6. 保存"资产负债表"。

实验资料

1. 表样内容

	A	B	C	D
1				
2		利 润 表		
3	编制单位：	年	月	
4	项　目	行数	本月数	本年累计数
5	一、营业收入	1		
6	减：营业成本	2		
7	营业税金及附加	3		
8	销售费用	4		
9	管理费用	5		
10	财务费用(收益以"－"号填列)	6		
11	资产减值损失	7		
12	加：公允价值变动净收益(净损失以"－"号填列)	8		
13	投资收益(净损失以"－"号填列)	9		
14	其中对联营企业与合营企业的投资收益	10		
15	二、营业利润(亏损以"－"号填列)	11		
16	营业外收入	12		
17	减：营业外支出	13		
18	其中：非流动资产处置净损失(净收益以"－"号填列)	14		
19	三、利润总额(亏损总额以"－"号填列)	15		
20	减：所得税	16		
21	四、净利润(净亏损以"－"号填列)	17		

2. 报表中的计算公式

位　置	单元公式
C5	fs(6001,月,"贷",,年)+fs(6051,月,"贷",,年)
C6	fs(6401,月,"借",,年)+fs(6402,月,"借",,年)

(续表)

位　置	单元公式
C7	fs(6403,月,"借",,年)
C8	fs(6601,月,"借",,年)
C9	fs(6602,月,"借",,年)
C10	fs(6603,月,"借",,年)
C11	fs(6701,月,"借",,年)
C12	fs(6101,月,"贷",,年)
C13	fs(6111,月,"贷",,年)
C15	C5-C6-C7-C8-C9-C10-C11+C12+C13
C16	fs(6301,月,"贷",,年)
C17	fs(6711,月,"借",,年)
C19	C15+C16-C17
C20	fs(6801,月,"借",,年)
C21	C19-C20
D5	?C5+select(?D5,年@=年 and 月@=月+1)
D6	?C6+select(?D6,年@=年 and 月@=月+1)
D7	?C7+select(?D7,年@=年 and 月@=月+1)
D8	?C8+select(?D8,年@=年 and 月@=月+1)
D9	?C9+select(?D9,年@=年 and 月@=月+1)
D10	?C10+select(?D10,年@=年 and 月@=月+1)
D11	?C11+select(?D11,年@=年 and 月@=月+1)
D12	?C12+select(?D12,年@=年 and 月@=月+1)
D13	?C13+select(?D13,年@=年 and 月@=月+1)
D15	?C15+select(?D15,年@=年 and 月@=月+1)
D16	?C16+select(?D16,年@=年 and 月@=月+1)
D17	?C17+select(?D17,年@=年 and 月@=月+1)
D19	?C19+select(?D19,年@=年 and 月@=月+1)
D20	?C20+select(?D20,年@=年 and 月@=月+1)
D21	?C21+select(?D21,年@=年 and 月@=月+1)

实验四　薪资管理系统

实验准备

已经完成了"实验二"的操作，将系统日期修改为"2009年1月8日"，由701号操作员注册进入700账套"薪资"。

实验要求

1. 建立工资账套。
2. 工资管理基础设置。
3. 工资类别管理。
4. 设置基本人员工资套的工资项目。
5. 设置人员档案。
6. 设置计算公式。
7. 录入并计算1月份的工资数据。
8. 扣缴个人所得税。
9. 银行代发工资。
10. 分摊工资并生成转账凭证。

实验资料

1. 700账套工资系统的参数

工资类别有两个；工资核算本位币为人民币；不核算计件工资；自动代扣个人所得税；进行扣零设置且扣零到元；人员编码长度采用系统默认。工资类别为"基本人员"和"编外人员"，并且基本人员分布各个部门，而编外人员只属于综合部门。

2. 人员附加信息

人员的附加信息为"学历"和"技术职称"。

3. 人员类别

企业的人员类别包括"企业管理人员"、"采购人员"、"销售人员"和"其他人员"。

4. "基本人员"的工资项目

工资项目名称	类型	长度	小数	增减项
基本工资	数字	8	2	增项
职务补贴	数字	8	2	增项
福利补贴	数字	8	2	增项
交通补贴	数字	8	2	增项
奖金	数字	8	2	增项
缺勤扣款	数字	8	2	减项
住房公积金	数字	8	2	减项
缺勤天数	数字	8	2	其他

5. 银行名称

银行名称为"工商银行"。账号长度为11位,录入时自动带出的账号长度为8位。

6. 工资类别

基本人员和编外人员(注:如果在建立工资套后已经设置了"基本人员"的工资类别,此处只需设置"编外人员"的工资类别,否则两处工资类别均需在此设置)。

7. 基本人员档案

职员编号	人员姓名	学历	职称	所属部门	人员类别	银行代发账号
0000000001	张宏	大学	经济师	综合部(1)	企业管理人员	11022088001
0000000002	江涛	大学	经济师	综合部(1)	企业管理人员	11022088002
0000000003	李建	大学	会计师	财务部(2)	企业管理人员	11022088003
0000000004	王军	大专	助理会计师	财务部(2)	企业管理人员	11022088004
0000000005	宋凤	大学		采购部(301)	采购人员	11022088005
0000000006	张伟	大专		销售部(301)	销售人员	11022088006

8. 计算公式

缺勤扣款=基本工资/22×缺勤天数

采购人员和销售人员的交通补贴为300元,其他人员的交通补助为100元。

住房公积金=(基本工资+职务补贴+福利补贴+交通补贴+奖金)×0.08

9. 个人所得税相关项目设置

个人收入所得税应按"实发工资"扣除2000元后计税。

10. 2009年1月份有关的工资数据

职员编号	人员姓名	所属部门	人员类别	基本工资	职务补贴	福利补贴	奖金	缺勤天数
0000000001	张宏	综合部(1)	企业管理人员	4500	2000	200	1800	
0000000002	江涛	综合部(1)	企业管理人员	3000	1500	200	800	
0000000003	李建	财务部(2)	企业管理人员	4000	1500	200	800	
0000000004	王军	财务部(2)	企业管理人员	2000	900	200	700	3
0000000005	宋凤	采购部(301)	采购人员	2000	900	200	1200	
0000000006	张伟	销售部(302)	销售人员	1900	800	200	1100	

11. 分摊构成设置

按工资总额的 14% 计提福利费。

计提类型	部门名称	人员类别	项　　目	借方科目	贷方科目
应付工资	综合部	企业管理人员	应发合计	管理费用—工资(660203)	应付职工薪酬/应付工资(221101)
	财务部	企业管理人员	应发合计	管理费用—工资(660203)	
	采购部	采购人员	应发合计	销售费用(6601)	
	销售部	销售人员	应发合计	销售费用(6601)	
应付福利费	综合部	企业管理人员	应发合计	管理费用—工资(660203)	应付职工薪酬/应付福利费(221102)
	财务部	企业管理人员	应发合计	管理费用—工资(660203)	
	采购部	采购人员	应发合计	销售费用(6601)	
	销售部	销售人员	应发合计	销售费用(6601)	

实验五　固定资产管理系统

实验准备

已经完成了"实验二"的操作，将系统日期修改为"2009 年 1 月 8 日"，由 701 号操作员注册进入 700 账套"固定资产"。

实验要求

1. 建立固定资产子账套。
2. 基础设置。
3. 录入原始卡片。
4. 修改固定资产卡片。
5. 增加固定资产。
6. 计提本月折旧并制单。
7. 生成增加固定资产的记账凭证。

实验资料

1. 700 账套固定资产管理系统的参数

固定资产账套的启用月份为"2009 年 1 月"，固定资产采用"平均年限法"计提折旧，折旧汇总分配周期为一个月；当"月初已计提月份=可使用月份－1"时将剩余折旧全部提足。固定资产编码方式为"2-1-1-2"；固定资产编码方式采用自动编号方式，编码方式为"类别编码+序号"；序号长度为 5。要求固定资产管理系统与总账进行对账；固定资产对账科目为"固定资产(1601)"；累计折旧对账科目为"累计折旧(1602)"；对账不平衡的情况下允许固定资产月末结账。

2. 部门对应折旧科目

部门名称	贷方科目
综合部	管理费用—折旧费(660204)
财务部	管理费用—折旧费(660204)
采购部	销售费用(6601)
销售部	销售费用(6601)

3. 固定资产类别

类别编码	类别名称	使用年限	净残值率	计提属性	折旧方法	样式
01	房屋及建筑物				平均年限法(一)	通用样式
011	办公楼	30	2%	正常计提	平均年限法(一)	通用样式
012	厂房	30	2%	正常计提	平均年限法(一)	通用样式
02	机器设备				平均年限法(一)	通用样式
021	办公设备	5	3%	正常计提	平均年限法(一)	通用样式

4. 固定资产增减方式

增加方式	对应入账科目	减少方式	对应入账科目
直接购入	银行存款—工行存款(100201)	出售	固定资产清理(1606)
投资者投入	实收资本(4001)	投资转出	长期股权投资-其他股权投资(151102)
捐赠	营业外收入(6301)	捐赠转出	固定资产清理(1606)
盘盈	待处理固定资产损溢(190102)	盘亏	待处理固定资产损溢(190102)
在建工程转入	在建工程(1604)	报废	固定资产清理(1606)

5. 固定资产原始卡片

卡片编号	00001	00002	00003
固定资产编号	01100001	01200001	02100001
固定资产名称	1号楼	2号楼	计算机
类别编号	011	012	021
类别名称	办公楼	厂房	办公设备
部门名称	综合部	加工车间	财务部
增加方式	在建工程转入	在建工程转入	直接购入

(续表)

卡片编号	00001	00002	00003
使用状况	在用	在用	在用
使用年限	30 年	30 年	5 年
折旧方法	平均年限法(一)	平均年限法(一)	平均年限法(一)
开始使用日期	2006-01-08	2007-03-10	2008-06-01
币种	人民币	人民币	人民币
原值	400 000	450 000	20 000
净残值率	2%	2%	3%
累计折旧	37 800	25 515	1 944
对应折旧科目	管理费用—折旧费	制造费用	管理费用—折旧费

6. 修改固定资产卡片

将卡片编号为 00003 的固定资产(计算机)的折旧方式由"平均年限法(一)"修改为"双倍余额递减法"。

7. 新增固定资产

2009 年 1 月 15 日直接购入并交付销售部使用一台计算机,预计使用年限为 5 年,原值为 12 000 元,净残值率为 3%,采用"年数总和法"计提折旧。

实验六　应收款管理系统

实验准备

已经完成了"实验二"的操作,将系统日期修改为"2009 年 1 月 8 日",由 701 号操作员注册进入 700 账套"应收款管理"。

实验要求

1. 应收款管理系统初始化

- 设置系统参数。
- 设置科目。
- 坏账准备设置。
- 账龄区间设置。
- 报警级别设置。
- 录入期初余额。

2. 应收款管理系统日常业务处理

- 录入应收单据(其他应收单)并在审核后制单。
- 录入收款单据并在审核后制单。
- 核销收款单据。
- 填制商业承兑汇票并制单。
- 应收冲应收暂不制单。
- 处理坏账发生业务并制单。
- 取消对同达公司的核销操作。
- 将未制单的单据制单。

实验资料

1. 700 账套应收款管理系统的参数

坏账处理方式为"应收余额百分比法";启用客户权限,并且按信用方式根据单据提前 7 天自动报警。

2. 基本科目

应收科目为"应收账款(1122)",销售收入科目为"主营业务收入(6001)",应交增值税科目为"应交税费—应交增值税—销项税额(22210102)",销售退回科目为"主营业务收入(6601)",商业承兑科目为"应收票据(1121)"。

3. 结算方式科目

现金结算方式科目为"现金(1001)",现金支票结算方式科目为"现金(1001)",转账支票结算方式科目为"工行存款(100201)"。

4. 坏账准备

提取比率为 0.5%,坏账准备期初余额为 0,坏账准备科目为"坏账准备(1231)",坏账准备对方科目为"管理费用(660206)"。

5. 账龄区间

总天数分别为 90 天和 120 天。

6. 报警级别

A 级时的总比率为 10%,B 级时的总比率为 20%,总比率在 20% 以上为 C 级。

7. 期初余额

开票日期为 2008 年。

单据名称	方　向	开票日期	客户名称	销售部门	科目编码	价税合计
其他应收单	正	2008-12-22	亿力公司(03)	销售部(302)	1122	20 000

8. 2009 年 1 月份发生的经济业务

(1) 1 月 2 日，收到亿力公司签发并承兑的商业承兑汇票一张，票据号 6612，面值为 20 000 元，到期日为 2009 年 5 月 20 日。

(2) 1 月 11 日，经三方同意将 1 月 15 日形成的应向"同达公司"收取的应收款余款 10 000 元转为向强胜公司的应收账款。

(3) 1 月 15 日，向同达公司销售产品，形成应收款共计 58 000 元；向银飞集团销售产品，形成应收款共计 33 000 元。

(4) 1 月 20 日，收到同达公司转账支票一张，还款共计 48 000 元。

(5) 1 月 31 日，将 1 月 15 日形成的应向银飞集团收取的应收账款 33 000 元转为坏账。

实验七　应付款管理系统

实验准备

已经完成了"实验二"的操作，将系统日期修改为"2009 年 1 月 8 日"，由 701 号操作员注册进入 700 账套"应付款管理"。

实验要求

1. 应付款管理系统初始化

- 设置系统参数。
- 基础设置。
- 报警级别设置。
- 录入期初余额。

2. 应付款管理系统日常业务处理

- 录入应付单据(其他应付单)并审核暂不制单。
- 修改应付单据并审核。
- 录入付款单据并在审核后制单。
- 核销力兴公司的付款单据。
- 填制商业承兑汇票并制单。
- 预付冲应付并制单。
- 查询并删除凭证。
- 取消对光明公司的转账操作。

- 将未制单的单据制单。

实验资料

1. 700 账套应付款管理系统的参数

启用供应商权限,并且按信用方式根据单据提前 7 天自动报警。

2. 基本科目

应付科目为"应付账款(2202)",预付科目为"预付账款(1123)",采购科目为"在途物资(1402)",采购税金科目为"应交税费—应交增值税—进项税额(22210101)",商业承兑科目为"应付票据(2201)"。

3. 结算方式科目

现金结算方式科目为"现金(1001)",转账支票结算方式科目为"工行存款(100201)"。

4. 报警级别

A 级时的总比率为 20%,B 级时的总比率为 40%,总比率在 40%以上为 C 级。

5. 期初余额

开票日期为 2008 年。

单据名称	方向	开票日期	结算方式	供应商名称	采购部门	科目编码	金额
预付款单	正	2008-12-23	转账支票	光明公司(02)	采购部(301)	1123	8 000

6. 2009 年 1 月份发生的经济业务

(1) 1 月 15 日,从力兴公司采购 10 吨原材料,单价为 500 元/吨,增值税率为 17%,原材料已验收入库,货税款尚未支付。

(2) 1 月 15 日,从光明公司采购 20 桶原材料,单价为 1 600 元/桶,增值税率为 17%,原材料已验收入库,货税款尚未支付。

(3) 1 月 18 日,发现 2009 年 1 月 15 日从力兴公司采购 10 吨原材料的单价应为 550 元/吨。

(4) 1 月 22 日,以转账支票向力兴公司支付采购 10 吨原材料的货税款 6 345 元。

(5) 1 月 22 日,向光明公司签发并承兑商业承兑汇票一张,票据号 56591,面值为 30 000 元,到期日为 2009 年 6 月 22 日。

(6) 1 月 28 日,经双方同意,将向光明公司 2009 年 1 月 15 日购买 20 桶原材料货税款的余款 7 440 元与预付款冲抵。

(7) 删除 1 月 22 日填制的签发并承兑商业承兑汇票的记账凭证。

(8) 取消对光明公司的转账操作。

用友ERP系列丛书

会计信息系统实验教程(用友 ERP-U8.72 第 3 版)
(ISBN:9787302489825)

会计信息系统实验教程(第 3 版)(用友 U8 V10.1)——微课版
(ISBN:9787302598749)

用友 ERP 财务管理系统实验教程(第 2 版)(U8 V10.1)——微课版
(ISBN:9787302538721)

用友 ERP 供应链管理系统实验教程(第 2 版)(U8 V10.1)——微课版
(ISBN:9787302552888)

用友 ERP 生产管理系统实验教程(第 2 版)(U8 V10.1)——微课版
(ISBN:9787302551577)

会计信息系统原理与实验教程(第 2 版)——基于用友 ERP-U8 V10.1 微课版
(ISBN:9787302581598)

用友 U8 财务管理系统原理与实验(第 2 版)(U8 V10.1)——微课版
(ISBN:9787302526872)

ERP 供应链管理系统原理与实验(用友 U8 V10.1)——微课版
(ISBN:9787302577539)

会计信息化实训教程(第 2 版)——财务链(用友 U8 V10.1)(云实训)
(ISBN:9787302584247)

会计信息化实训教程(第 2 版)——供应链(用友 U8 V10.1)(云实训)
(ISBN:9787302584179)